위대한
어머니는
이렇게
말했다

Thus Spoke the Great Mother

Written by Park Jung JIN.
Published by Sallim Publishig Co..

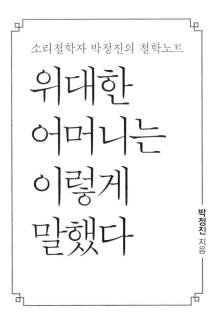

소리철학자 박정진의 철학노트

위대한
어머니는
이렇게
말했다

박정진 지음

살림

경구

경구 너머

경구

인간이 멸종하지 않으면 나를 찾을 것이다.
만약 인간이 나를 찾지 않는다면
반드시 멸종했기 때문일 것이다.
이것이 바로 평화의 말이고, 또한 인간 밖의 말이다.
나는 인간의 공멸을 걱정하는 철학자이다.

본래자연

자연의 본래는 소리이다. 음악은 음소화(音素化)된 말을 다시 본래의 소리로 돌려놓기 위해 음(音)을 상징적·은유적으로 사용한 시(詩)이다. 시는 본래의 소리존재로 돌아가는 마음의 은유적 활동이다. 음악이 최고의 예술인 것은 동서의 모든 훌륭한 철학자와 예술가들이 찬탄한 바이다. 그렇지만 아무리 훌륭한 음악도 자연에 비하면 족탈불급이다. 인간의 창작품은 그 수명과 한계가 있을 수밖에 없다. 자연의 생멸음악은 수명이 없다. '본래자연'은 소리이다.

귀의 철학시대

"나는 내가 내는 소리로 나를 확인할 수밖에 없다." 철학도 '눈의 시대'에서 '귀의 시대'로 전환할 것이다. '개념의 시대'에서 '소리의 시대'로 들어갈 것이다. 소리의 시대는 절대라는 것이 없다. 세계는 오직 파동(무선전자기파)일 뿐이다. 소리는 우주적 시이며 상징이고 은유인 반면, 시는 우주적 소리에 합류하는 상징-의례, 즉 언어-신체적 퍼포먼스이다. 소리는 신체이다. 인간은 누구나 악기이며 연주가이며, 또한 작곡가이다. 여성은 특히 악기이며, 연주가의 특성이 두드러진다. 남성은 작곡가의 특성이 두드러진다. 필자의 포노로지 (Phonology) 철학은 스마트폰(smart phone) 시대의 철학이다.

세계철학으로서의 풍류도

"나의 소리철학은 현대판 풍류도이다." 한민족은 소리를 따라, 풍류(風流)를 따라 살아왔다고 할 수 있다. 서양철학적 의미의 엄정한 개념은 없이 '노래와 춤'으로 철학을 해왔다고 해도 과언이 아니다. 물론 동양의 한자문화권에 속해 있는 까닭으로 유교나 불교, 성리학이나 선불교의 영향을 받았지만, 그것은 한민족 고유의 것이라고 말하기는 곤란하다. 솔직히 말하면 우리는 '대중가요(민요)와 춤'으로 대변되는 '풍류도'철학을 해온 셈이다. 이러한 '무(無)철학'의 민족인 한민족이 권력을 경쟁하는 인간의 역사에서 실종되지 않고 살아남은 것은 신(神)의 뜻, 천지신명(天地神明)의 뜻이라고 하지 않을 수 없다. 철학 없이 살아갈 미래 태평성대의 시대를 준비하기 위함이다.

지금까지 철학은 남성의 전유물이었다. 나의 소위 '소리의 철학'이라는 것은 '남성의 철학'이 아닌 '여성의 철학'의 시초이다. 서양은 지금껏 여성의 철학을 단 한번도 생각해본 적이 없었다. 동양의 음양(陰陽)사상은 음(陰)을 앞세우는 여성철학이다. 동양의 도학(道學)도 여성철학이다. 여성은 자연에 너무 가깝기 때문에(자신과의 거리두기를 못하기 때문에) 철학을 할 수 없다. 한민족이 지금껏 자신의 철학을 하지 못한 것은 자연에 너무 가까웠기 때문이다. 오늘날 서양철학이 남긴 것은 '돈과 계산과 기계'뿐이다. 이것은 문명의 쓰레기이다.

진정한 삶은 죽음을 생각하지 않는다

진정한 삶은 죽음을 생각하지 않는다. 삶은 그냥 삶이다. 삶은 생멸이고, 생멸은 동시적 사건이다. 그런데 생멸을 생사(生死)로 해석한 인간은 죽음을 실존적 한계상황으로 생각한다. 죽음이라는 말 자체가 이미 존재가 아닌 '규정된 존재자'이다. 모든 존재는 죽음을 생각하며 살지 않는다. 그럼에도 불구하고 인간만이 죽음을 미리 생각한다. 인간을 '죽을 존재'로 선이해(先理解)한 하이데거는 삶을 철학하였는지는 몰라도 진정한 삶, 존재에 도달하지는 못했다.

죽음은 칸트처럼 선험(先驗)할 수도 없는 것이지만 하이데거처럼 죽음을 선이해하는 것도 진정한 삶에 도달하는 것을 방해하는 장애물이다. 인간을 '죽을 존재'로 규정한 것은 실존적인 것인지는 몰라도 결코 존재에 도달하지 못하는, 존재를 느끼지 못하는 한계이다. 죽음은 그냥 죽음으로 극복되고, 삶은 다른 삶으로서 극복된다. 죽음은 미리 생각한다고 극복되는 것이 아니고, 삶은 나의 삶으로 극복되는 것이 아니다. 그런 점에서 생멸이 불멸이다. 변하는 것만이 불변이다.

하이데거는 샤르트르의 실존적인 것과 자신의 존재론적인

것이 다르다고 주장하였지만 크게 보면 여전히 실존적이고 현상학적이다. 죽음과 한계를 생각하지 않는 것이 진정한 존재이다. 존재는 전체이고, 삶은 선물이다. 대상화된 것은 이미 부분이다. 부분이 전체인 것은 부분이 부분이 아니고, 전체가 전체가 아니기 때문이다.

대뇌의 철학

대뇌의 탄생은 철학의 탄생이고, 철학의 탄생은 권력의 탄생이다. 권력의 탄생은 또한 중심의 탄생이고, 중심의 탄생은 보편성의 탄생이다. 철학은 생멸(변화)에 대한 저항이며, 불변과 영원을 목적으로 하는 사유이다. 그러나 현재의 삶을 즐기는 여자는 대뇌가 피부라는 것을 안다. 삶은 단지 퍼포먼스 축제(예술)라는 것을 안다. 철학은 앎이 삶을 위해 시대적(역사적) 개념을 스스로 창출하는 작업이다. 그 앎의 체계는 적으로부터 피부(신체)의 보호와 삶의 만족(행복)을 위해 마지막에 형성된 내피(內皮)인 대뇌를 가동하는 인간의 삶의 전략이다.

철학은 앎과 삶의 양동작전이다. 도덕윤리와 과학기술은 앎과 삶의 합작품이었다. 이것을 성적으로 보면 남성과 여성의 협동작전이라고 할 수 있다. 흔히 남성철학은 앎의 철학적 특징을 보이는 데 반해 여성철학은 삶의 철학적 특징을 보인다. 그동안 앎의 철학은 삶의 철학을 무시해왔다. 인류문명의 궤적은 남성중심, 가부장제에 충실할 수밖에 없었고, 여성의 철학은 철학으로서 대접받지를 못했다. 이러한 남성의 편견이 인식된 것은 가장 최근의 일이다. 자연에서 실질적으로 존재하는 것은 신체밖에 없다.

대뇌도 신체의 일부이다. 나머지 모든 것은 가상실재일 뿐이다. 남성의 철학은 대뇌의 철학이고, 여성의 철학은 신체의 철학이다. 대뇌는 '의식의 자궁'이다. 대뇌를 거친 것은 모두 존재자이다. 신체의 것만이 존재이다. 그런데 앎(관념, 지식, 기계)에 편중한 인간문명은 삶의 환경인 자연을 황폐화하고 패권경쟁에 몰입하고 있다. 인간은 권력의 과잉으로 이제 스스로 멸망의 길에 들어서는 위험에 처해 있다.

이제 자연, 즉 존재 자체에 대한 경외심을 회복하지 않으면 안 된다. 경외심을 회복하지 않는 인류문명은 경악할 일만 만날 것이다. 물리학은 단지 수단일 뿐 인간을 구원하지는 않을 것이다. 물리학적 우주는 자연이 아니다. 자연에는 시간과 공간도 없으며 거리도 없다. 왜냐하면 변하지 않은 실체(주체-대상)가 없기 때문이다. 누가, 무엇이 불변의 실체, 자기동일성인가? 따라서 실체(substance), 정체성(identity), 현실성(reality)은 모두 가상실재일 따름이다. 진화론과 유전자에서마저 실체는 없다.

경구 006

서양철학은 '4T의 철학'

모든 존재는 '본래자연' '본래존재'이다. 모든 존재, 자연적 존재(存在)는 시간과 공간의 프레임에 의해 포착될 수 있는 존재가 아니다. 모든 존재는 알 수가 없다. 시간과 공간의 프레임에 의해 포착되는 것은 제도적 존재자(存在者: 존재하는 것)이다. 여기서 존재자의 '자(者)'라고 하는 것은 사물, 동일성, 실체, 변하지 않는 것을 말한다. 자(者)의 대표적인 종류로는 사물(Thing)-시·공간(Time·Space)-텍스트(Text)-기술(Technology) 등이 있다. 이를 약호화해서 '4T'라고 나는 말한다. 서양철학은 한마디로 정의하면 '4T의 철학'이다.

현재는 '시간-비시간'의 이중성

현재라는 기준점은 언젠가는 소멸해야 하는 소실점의 운명에 있다. 그런 점에서 현재는 '시간-비시간'이 아니다. 모든 이분법은 현재(present)라는 기준점에서 과거와 미래가 양분되는 것과 같다. 대상(object)에서 기표(記標)와 기의(記意)가 탄생하는 것도 마찬가지이다. 모든 이분법은 인간의 환상이다. 현상은 그러한 환상에서 비롯된다. 그래서 존재에 이르고자 하는 사람은 자신이 대상화한 모든 현상을 버려야 한다.

'현재(present)'와 '선물(present)'이라는 단어가 같은 이유는 무엇인가. 자연은 선물적인 존재사건(전체)인데 사람들은 그 선물을 시간의 프레임에 따라 쪼개 현재적 소유(부분)로 인식한다는 뜻이다. 현재는 존재를 현상학적인 차원에서 본 것이고, 선물은 현존을 존재론적으로 것이다. 현재와 선물은 시간과 존재의 이중성을 말하고 있다. 존재는 선물이다.

결과적 신에 대한 예찬

인간은 '결과적 신(神)'이다. "모든 인간은 신이다." 인간이 신이라고 말하는 것은 권력을 가지고 군림하라는 뜻이 아니라 모든 것에 책임을 지라는 뜻이다. 내가(인간 각자가) 어떻게 하느냐에 따라 세계가 바뀐다. 인간은 결과적으로 세계의 평화에 대해 책임을 지는 신이다. 인간은 원인적 신을 스스로 설정한 까닭으로 결과적 신에 스스로 도달하지 않으면 안 된다. 결과적 신이 바로 메시아이다. 메시아는 타자가 아니다.

인간은 각자 메시아가 되어야 한다. 인간은 각자 부처가 되어야 한다. 인간은 각자 군자가 되어야 한다. 인간은 각자 신선이 되어야 한다. 인간은 누구나 홀로 다시 태어나야 한다. 이것이 독생자(獨生子)의 뜻이다. 독생자의 자(子)자가 '아들 자'라고 해서 남자(아들)만이 독생자가 되는 것은 아니다. 독생자는 남자도 될 수 있고, 여자도 될 수 있다. '독생'이란 홀로 깨달음으로써 다시 태어났다는 뜻이다. 불교에서는 이를 독각(獨覺)이라고 한다. 독생자야말로 결과적 신을 의미한다. 결과적 신이란 지금 스스로 창조하는(생성되는) 신과 같다. 지금 창조하는 신이란 책 속에 있는 신이 아니라 살아 있는 생성의 신을 말한다.

악마는 소유다

하나님과 악마의 차이는, 하나님은 세계를 소유하지 않는 신인 반면 악마는 세계를 소유하려고 하는 신이다. 하나님은 본래 세계가 자신의 것이니까 소유할 필요가 없다. 소유하는 신은 본래적인 신이 아닐 수밖에 없다. 만약 어떤 하나님이 세계를 소유하려고 한다면 악마가 된다. 반대로 만약 악마가 세계를 소유하려고 하지 않는다면 하나님이 된다. 하나님과 악마도 서로 생성되는 관계에 있다. 그래서 역사는 종종 하나님의 이름으로 악을 행하고, 악마의 이름으로 구원을 행한다.

대뇌와 피부

남자는 여자(성욕) 때문에 망하고, 여자는 돈(물욕) 때문에 망한다. 남자는 대뇌적-소유적-타자적 존재이고, 여자는 신체적-즉물적-즉자적 존재이다. 남자는 자아적-문명적-권력적(權力的) 존재이고, 여자는 무아적-자연적-용서적(容恕的) 존재이다. 여자가 피부적-마사지의 존재라면, 남자는 대뇌적-메시지의 존재이다. 여성은 궁극적으로 마사지를 원한다면 남성은 궁극적으로 메시지를 원한다. 하지만 이런 구분이 무슨 의미가 있겠는가? 피부세포나 대뇌세포나 같은 줄기세포의 분열인 것은 마찬가지이다.

섹스프리(sex-free)에 대한 회고

인간이 신(神)을 상정한 것은 인간의 '열려진 섹스체계(sex-free)'와 관련이 있을 가능성이 높다. 동물의 발정기는 인간에 이르러 호기심으로 변형되고, 호기심은 다방면에 대한 목적과 신을 상정케 했을 것이다. 그런 점에서 신은 인간의 대뇌가 행한 최초의 '환원적 사고'였으며, 이는 계속 신체적으로 욕망되는 섹스행위에 관한 '현상학적 지향성'과 원환을 이루고 있다. 무엇을 지향(志向)하기에 환원(還元)하는 것이다. 그런 점에서 지향과 환원은 결국 동시적인 현상이다. 신과 섹스, 신과 영원회귀는 서로 다른 말(language) 같지만 실은 같은 말이다. 환원과 영원회귀와 무한대는 같은 말이다.

'sex-free'에서 자유(free, freedom)가 나왔고, 자유에서 무(無, free, nothing)가 나왔으며, 무(nothing)에서 '없지 않음'(nothingless)이 나왔다. 이들은 순환관계에 있다.

경구 012

철학한다는 것

남의 철학은 공부의 대상이 될 수는 있어도 결코 나의 철학이 아니다. 현재의 자신의 시선과 지평이 없는 철학은 진정한 철학이 아니다. 남의 철학을 가지고 무엇을 설명한다는 것은 남을 가지고 나를 설명하는 것과 같다. 이는 또한 과거를 가지고 현재를 설명하려는 것과 같다. 결국 나의 현재는 없는 것이다. 현재에서 판단정지(époche)해야 신기원(epoch)을 이룰 수 있는 것이다. 무엇(어떤 과정)을 끊고 정지해야 원인과 결과, 주체와 대상, 목적과 수단을 이룰 수 있는 것이다. 이것이 철학적 환원이고 현상학이다.

경구 013

말은 이미 현상이다

말하는 것은 이미 무엇의 현상이다. 역사라는 것은 이미 어떤 시간적 실체를 가정한 것이다. 현상학이 역사학이 되고, 철학이 역사철학이 되는 것은 현상학의 당연한 귀결이다. 현상학은 처음부터 현상에서 진리를 찾는 것이다. 따라서 "현상에 진리가 있다"는 말은 현상학의 당연한 귀결이다. 이러한 명명에 대해 보다 정확하게 선후를 밝히면 "현상에 진리가 있다"는 취지의 철학에 이름을 붙인 것이 현상학이다. 헤겔의 정신현상학은 현상학 중에서도 인간의 정신을 대상으로 '정신이 무엇인가를 드러내는' 현상학이다. 정신은 절대지를 추구하는 것이다. 그런데 정신현상학은 대상(사물)인식에서 자기를 대상으로 하는 자기의식으로 전환함에 따라 정신현상학의 진면목에 이르게 된다.

현상학은 인간의 사유 속에 변증법적 모순이 내재하고 있음을 알고 이것을 극복하는 방법으로 지양(止揚, Aufheben)을 개발한다. 이러한 지양은 자기의식과 인류역사에 공통으로 적용됨으로써 역사철학으로 집대성된다. 정신현상학에서 의식과 사물과 역사는 하나가 된다. 정신현상학은 '주체와 대상'의 이분법에서 '주인과 노예'의 이분법으로 철학을 보다 인간의 생활의 입장에서 보게 하는 한편 철학을 이데올로기화하는 출발점이 된다. 헤겔의 '노동'이라는 개념은 이미 마르크스의 '노동자(프롤레타리아)'를 잉태하고 있었다. 마르크스의 '프롤레타리아(노예)'라는 것은 니체의 '주인(주권적 개인, 초인)'을 잉태하고 있었다. 그래서 서양철학의 계보학은 변증법이라는 보편적 형식을 내재하고 있는 것이다. 서양의 개인(개체)주의는 이미 실체를 전제하기 때문에 전체주의(파시즘)를 내재하고 있다.

가상실재에 대하여

세계는 존재의 가면이다. 세계라는 말 자체에 이미 경계 및 분류의 존재로서의 인간이 있다. 생각은 상상력에서 비롯되는 것이고, 가상이라는 공통적 기반 위에 건립된 건축이다. 생각은 추상이고, 허구이고, 우상이다. 과학은 추상(가상)에서 실체를 찾고 예술은 허구(가상)에서 진실을 찾는다. 이에 비해 종교는 우상(가상)에서 실체를 찾는 것이다. 어느 쪽이든 인간이 언어와 상징을 사용하는 상상력의 존재이면서 '가상 실재(존재자)'를 '존재'로 오해하거나 착각하는 '가상실재의 존재'임을 말해준다.

상상하기 때문에 동일성이 가능하고, 상상하기 때문에 해체도 가능하다. 상상력은 이성의 원천이고, 상상하지 못하면 이성도 없다. 자연(본래자연)은 해체할 수 없다. 과학은 기계의 신체(수학적 신체)를 찾는 행위이다. 예술은 본래의 신체(감정적 존재)를 유지하려는 행위이다. 종교는 우상의 신체를 의지해서 삶을 부활하려는 행위이다. 서양철학이 과학을 낳았지만, 21세기 철학은 도리어 철학의 과학으로부터의 독립, 즉 과학 밖의 철학, 과학에서 독립적인 철학이 필요하다.

빛의 철학, 소리철학

서양철학의 밖(경계)에서 서양철학을 볼 수 있어야 서양철학을 규정할 수 있다. 서양의 후기근대철학은 칸트의 근대철학을 넘어선 것처럼 표방하고 있지만 실은 여전히 서양철학의 현상학적 궤도를 벗어나지 못하고 있다. 말하자면 현상학의 원환궤도상의 지점(a point of view)만 달리할 뿐이다. 예컨대 데리다는 하이데거의 존재(Being)를 자기 식으로 비난하고 오해하면서 자신도 역시 문자학(해체주의적 문자학)으로 세계를 해체할 수 있는 것처럼 착각을 하고 있다. 자연은 구성된 것이 아니기 때문에 해체할 수도 없다. 인간에 의해 구성된 것만이 해체될 수 있는 까닭이다.

데리다는 하이데거의 존재론을 퇴행시켰다. 그러나 그것은 프랑스철학의 현상학적인 특성이다. 존재의 세계는 문자 이전의 세계요, 해체할 수 없는 세계이다. 그는 '현존(présence)'을 로고스로 규정하는 서양철학의 전통을 극복하지 못하는 바람에 그의 철학의 첫 단추를 잘못 끼웠다. 그의 해체론적 문자학(grammatology)은 현상학적인 순환의 마지막 경계에서 소리를 문자학으로 설명하는 모순과 이중성의 잘

못을 범했다.

'현존'은 로고스가 아니고 '소리'도 로고스가 아니다. 마찬가지로 빛도 로고스가 아니다. 빛을 로고스라고 한 것은 빛과 시각을 통해서 대상을 관찰할 수 있는 조건이 조성되기 때문이다. 서양철학자들이 빛을 로고스라고 한 것은 단지 시적 은유에 불과하다. 그런 점에서 최초의 환유와 최종의 환유는 은유이다. 현존은 현상이 아니다. 현존은 결코 대상이 될 수 없고, 대상이 될 수 없기 때문에 로고스로 환원될 수 없다.

현상학은 '현상학적 환원'(후설의 판단정지)과 '현상학적 회귀'(니체의 영원회귀)라는 두 방향을 가지고 있다. 이 둘은 나아가는 방향은 정반대이지만 결국 원환을 이루고, 동일성을 추구한다는 점에서 같다. 영혼불멸이나 이데아나 이성이나 영원회귀는 단어는 다르지만 결국 같은 뜻이다. 칸트의 '이성의 안에서의 신'은 이미 니체의 '신의 죽음'을 내재하고 있다.

텍스트와 콘텍스트, 그리고 기(氣)

인간은 설명하고자 하는 존재이고, 동시에 노래하고자 하는 존재이다. 하이데거는 시간과 존재의 경계에 있었고, 데리다는 시간과 공간의 경계에 있었다. 하이데거가 만년에 프리드리히 횔덜린의 시(詩)에 심취하고, 데리다가 텍스트(text)에 매달린 것은 운문과 산문의 차이일 수도 있다. 모든 텍스트에는 콘텍스트(context)가 깔려 있고, 모든 운문에는 운율이라는 기운생동이 깔려 있다. 그 콘텍스트의 가장 근본적인 콘텍스트가 기(氣)이다.

작곡과 연주

작곡가는 작곡을 하면서 퍼포먼스(작곡이라는 퍼포먼스)를 한다. 연주가는 연주를 하면서 작곡(연주라는 작곡)을 한다.

지시와 함의, 환유와 은유, 그리고 소리철학

상징과 기호는 의미를 가진 언어라는 점에서 같은 것이다. 지시적인 의미인 디노테이션(denotation)이 강화되면 기호와 기계가 되고, 내포적인 의미인 코노테이션(connotation)이 강화되면 상징과 시가 된다. 디노테이션이 강화되면 과학적 언어, 환유적 언어가 되고, 코노테이션이 강화되면 시적 언어, 은유적 언어가 된다. 시적 은유의 '같음'과 철학의 '동일성'은 같은 뿌리에서 출발하지만 정반대의 의미가 된다.

시적 은유의 '같음'은 근저에 '차이성(실재)'을 전제하고 있고, 철학적 동일성은 처음부터 동일성(실체)을 기초로 하고 있다. 서양의 알파벳은 환유적 언어가 강화된 것이고, 동양의 한자는 은유적 언어가 강화된 것이다. 이와 달리 한글은 은유와 환유 이전에 소리를 통해 표출된, 자연 그 자체에 가장 가까운 의미이다. 세계의 언어에는 글말(문자언어)과 말글(음성언어)이 있지만, 한글은 말글을 토대로 글말을 만들어낸, 세계 여러 문자 중에서도 자연의 소리와 형태를 가장 잘 표현할 수 있는 '자연의 소리글자'라고 말할 수 있다. 한글은 세계 언어의 모든 소리를 담을 수 있는 문자의 일반성이다.

서양철학은 현상학이다

시작과 끝이 있는 모든 것은 현상학이다. 그런 점에서 천지창조와 종말심판(구원)이 있는 기독교도 현상학이다. 현상학은 존재의 어디선가에서 끊어진 것이고, 절단된 것이고, 절단된 면(절편)은 현재적 실체이다. 현상학에서 신(神)은 정신(精神)이 되고, 정신은 물질(物質)이 되고, 물질은 물신(物神)이 되었다. 현상학이 시간을 따라가는 역사철학이 되고, 지역을 따라가는 사회철학이 되고, 공간을 따라가는 자연과학이 되는 것은 당연하다.

자연과학은 사물을 대상으로 하고, 현상학은 의식을 대상으로 한다. 의식을 대상으로 하는 현상학은 대상을 목적하는 것이라고 말할 수 있다. 이러한 현상학을 자연과학에 다시 적용해서 자연과학의 속내를 들여다보면 자연과학은 사물을 단순히 대상으로 한 것이라기보다는 사물을 이용하기 위해 대상화한, 즉 사물을 목적한 것이라고 말할 수 있다. 그렇다면 자연과학도 결국 사물의 이용을 목적으로 한, 인간의 자기합리화라고 말할 수 있다.

인간의 합리성과 합리화는 원천적으로 구분할 수 없다. 도덕이라는 것도 합리적인 것이라기보다는 지배를 합리화한 것이라고 말할 수 있다. 이용을 합리화한 것이 자연과학이고, 지배를 합리화한 것이 도덕이다. 존재를 어떤 형태로든 규정하는 것은 이미 존재 자체가 아니다. 과학은 시각과 언어(논리적 언어, 개념, 추상)에 의해 시간과 공간(인문학에서는 역사와 사회가 된다)이라는 제도(좌표)를 통해 본 세계에 대한 해석의 일종이다.

이때 시간과 공간이라는 것은 일종의 과학적 성궤(聖櫃)에 해당된다. 이 상자 안에 있으면 존재(실체)가 확인되면 입자이고, 상자 밖에서 존재가 확인되지 않으면 파동으로서 존재한다. 인문학에서는 존재가 의미가 된다. 의미가 없으면 인문학에서는 존재가 아니다. 물리학에서의 파동은 인문학에서 무의미에 해당한다. 결국 세계는 인간이 잡을 수 없는 기운생동의(기운생동으로 둘러싸여 있는) 세계, 무의미의 세계일 따름이다. 인간의 노력이라는 것은 그러한 세계를 입자의 세계, 의미의 세계로 환원시켰을 따름이다. 인간은 이성에 의한 환원적(회귀적) 존재이다. 환원은 현재적 시점에서 과거로 돌아가는 해석학이고, 회귀는 미래로 나아가는 해석학이지만 결국 하나의 궤도(하나의 원환圓環)에 속해 있다.

순수, 절대, 선험

칸트의 순수(純粹)는 절대(絶對)의 선험(先驗)이었다. 칸트의 이성과 시간과 공간, 즉 인과의 세계를, 헤겔은 정신과 역사(시간)의 변증법으로 만들었고, 마르크스는 헤겔을 뒤집어서 물질과 사회(공간)의 유물변증법으로 만들었다. 칸트는 '이성 안의 역사', 즉 '세계적 보편사'를 주장했으나 헤겔은 '역사 안의 이성'을 주장하여 '전체사로서의 역사'와 절대지를 주장하였고, 마르크스는 이를 '사적 유물론'으로 바꾸어 공산사회라는 이상사회를 꿈꾸었다.

다시 말하면 유물론은 서양철학이 정신현상학에 이르러 유심론(唯心論: 유정신론唯精神論) 혹은 절대관념론에 이르자, 이에 반기를 들어 철학을 종교적 도그마(이데올로기, 정치적 이데올로기)로 만들어버린 철학이다. 마르크스에 의해 철학은 이데올로기 및 실천과 운동이 되었다. 따라서 유물론은 근대 문명사를 과학에서 다시 '저주의 종교'로 거꾸로 돌린 혁명이다. 마르크시즘은 기독교 마르크시즘이다.

자본과 노동에 대하여

가상실재는 인간의 모든 언어에서 비롯된다. 가상실재라는 점에서는 귀신이나 신, 정신이나 물질, 유령이나 기호, 언어나 사물은 마찬가지이다. 특히 자본주의와 사회주의가 첨예하게 맞서고 있는 핵심인 화폐와 노동도 둘 다 가상실재이다. 이밖에도 혈통이나 정치체제, 민족과 국가 등 인간이 만든 모든 제도는 가상실재이다. 가상실재야말로 가상이고 그렇기 때문에 실체이다. 그런 점에서 실체는 진정한 실체가 아닌 가상이다. 서양 사람들은 이 가상실재(실체)를 실재라고 생각하고, 실재를 과정이라고 생각한다. 그렇다면 과정이야말로 실재이다.

사후(事後)와 사전(事前)의 역전

인간의 모든 생각은 사후적(事後的)이다. 그런데 데카르트는 물론이고 칸트 등 서양철학자의 대부분은 '생각과 인식'을 사전적(事前的)이라고 여겼다. 인간은 분명 어떤 사건의 사후적 존재이면서 사전적인 존재인 것처럼 스스로를 기만하면서 사건(Event)을 사물(Thing)로 설명했다. 데카르트는 생각이 존재보다 앞선다고 생각했고, 칸트는 사물에 대한 인식을 선험적이라고 생각했다. 생각과 이성은 어떤 대상이나 목적을 향한 평면적·직선적 사고이다. 이는 시공간적 한계를 말한다.

시간은 역사가 되고, 공간은 사회가 되었지만, 역사적 목적과 사회적 목적은 항상 불균형과 모순에 처하게 된다. 그런데 이 불균형과 모순이 바로 인간사회의 변증법과 역동성의 근거가 된다. 기존의 체제와 그 체제에 대한 갈등은 결국 현상학적 운동의 핵심내용이 된다. 현상학은 항상 어떤 대상을 설정하고, 결과적(목적적) 동일성을 향하고 있다. 존재론은 결코 현상학이 달성할 수 없는, 현상학의 아포리아(aporia)이다.

진리와 역설의 모순과 공존

서로 모순되는 진리와 역설이 공존하는 것이 현상학이다. 현상학은 결국 경계의 이중성이나 애매모호함으로 갈 수밖에 없다. 현상학은 결국 환원주의다. 환원주의는 절대주의다. 현상학은 생성의 결과를 원인으로 바꾸고, 사물의 존재를 진리로 바꾸고, 진리를 역설로 바꾸고, 선을 악으로 바꾸는 등 사건(사물)을 시각적 대상화하는 데서 빚어진, 오른쪽을 왼쪽(시각의 특성)으로, 존재를 상징(언어)으로 바꾸는 '시각-언어-절대'의 연쇄이다.

현상학은 생성의 세계를 고정시켜서 사물화하고는 그것을 한없이(무한대로) 쪼개서(절편으로 만들어) 현상으로 만드는 역설의 진리이며, 그렇기 때문에 다시 본래의 위치로 돌아가고자 하는 지향이다. 결국 지향(목적)하기 때문에 끝없이 환원할 수밖에 없는 인간학이다. 물리학은 물리적 현상학을 말하고, 심리학은 심리적 현상학을 말하고, 도덕철학은 도덕적 현상학을 말하는 것이다. 현상학은 근본적으로 역설과 모순에 직면하게 되어 있다.

현상학은 물리적 시공간을 인간의 역사·사회적 차원에 적용한 것으로 결국 시공간의 한계를 전제하고 있다. 인간은 시공간적 동물이라는 특이성이다. 과학의 일반상대성이론은 철학의 '일반성의 철학'에 견줄 수 있다. 일반상대성이론은 여전히 시공간을 벗어날 수 없지만, 일반성의 철학은 시공간을 떠남으로써 과학의 세계를 벗어나게 된다. 이것이 과학과 철학의 차이이다. 과학은 사유하지 않고 객관적(경험적)으로 관찰한다. 그러나 철학은 관찰하지 않고 주관적으로 사유한다. 인간이 축제를 통해 평화를 지향하는 이유는(만약 인간의 축제가 평화를 지향하는 것이라면) 경쟁이나 전쟁을 원천적으로 막는 것이라기보다는 전쟁 혹은 전쟁의 상황을 다시 평화로 바꾸어놓는 것이다.

그래서 현상학적인 평화(현상학적으로 평화를 지향하는 것)는 전쟁과의 모순(이중성) 속에서 벌어지는 끝없는 '과정 속에서의 평화'라는 한계성을 면할 길이 없다. 따라서 존재론적인 평화를 증진시키기 위해서는 어떤 보편성이나 절대성이나 법칙(규칙, 의례)이 요구되는 종교축제(의례축제)나 경기축제(과학축제)가 아니라 몸(신체)이나 마음의 표현이 보다 더 자유롭고 풍부하게 허용되는(개방된) 예술축제가 더 필요하다는 결론에 도달하게 된다. 다시 말하면 보편성의 축제보다는 일반성의 축제가 되어야 한다.

바로 일반성의 축제가 신체의 존재론, 축제의 존재론에 가까이 다가가는 축제라고 말할 수 있다. 일반성의 축제야말로 삶이 상징성이 풍부한 퍼포먼스의 예술이라는 사실을 보다 확인시켜주는 축제이다. 이를 역으로 말하면 예술에 가까운 축제야말로 진정한 축제라는 사실에 도달하게 된다. 예술은 살아 있는 신화(살아 있는 신체)로서 인간의 본래존재를 그대로 드러내는 일인지도 모른다.

경구 024

서양문명은 보이지 않는 동일성을 유령으로 명명

인간정신은 스스로를 물질이라고 하는 자기모순에 빠졌다. 유물론(마르크스)은 유심론(헤겔)을 뒤집은 관념론이다. 유물론은 정신의 최종결과인 물질을 원인으로 바꾼 것이며, 정신 또한 생성의 현재적 결과를 원인으로 삼은 잠정적(가설적) 조치이다. 물질이야말로 정신의 관념의 산물이다. 유물론은 과학적 사회학을 주장하고 있지만, 실은 일종의 물신숭배의 신화, 즉 물질적 이데올로기에 불과하다.

이데올로기야말로 허구이고 유령이다. 유물론은 하부구조가 없는 상부구조이다. 그래서 마지막에는 자본주의를 하부구조로 할 수밖에 없다. 말하자면 자본주의를 영양분으로 이데올로기를 연명할 수밖에 없는 노예(기생)이데올로기이다. 이데올로기는 생산성을 증대시키기보다는 하향평준화와 빈곤의 평준화에 이르게 된다.

서구문명의 이상인 자유와 평등과 평화는 이성에 의해 실현되는 이상(理想)이 아니라 영원히 도달할 수 없는 결과적 동일성, 헛된 꿈일 뿐이다. 마르크스는『공산당선언』에서 "하나의 유령이 유럽을 배회하고 있다… 공산주의라는 유령이…"라고 썼지만 오늘날 자본주의의 자본도 법도 유령이 되어버렸다. 서양문명은 보이지 않는 동일성(실체)을 유령으로 표현하는 자기기만에 빠져 있다. 서양문명은 유심론이든 유물론이든 동일성의 현상학적 자기모순과 자기왕래, 그리고 환원주의와 회귀주의에 빠져 있다.

전체는 지칭할 수 없다

전체는 지칭할 수 없다. 지칭하면 이미 전체가 부분으로 전락한다. 지칭하는 이유는 이미 전체를 부분으로 잡으려는 것이다. 지칭하는 것과 거래하는 것, 사고파는 것, 이용하는 것, 계산하는 것은 이미 부분이고 절편이다. 서양문명이 지시대명사 'It=thing'과 'get'의 사용을 좋아하는 것은 이미 실체를 중시하는 '소유의 문명'임을 말한다. 전체는 잡을 수 없다. 그래서 전체는 상징으로 말할 수밖에 없다. 언어가 디노테이션(지시성, 외연성)이 무한대로 확장된 것인 반면에 상징은 언어의 코노테이션(상징성, 내포성)이 무한대로 확장된 것이기 때문이다. 동양의 음양 상징문화는 자연의 변화를 따라가는 것을 중시하는 '존재의 문명'이다. 서양의 과학(물리학)과 동양의 역학(주역, 사주학)은 두 문명을 대표하는 것이다.

기독교 신화의 현상학

천지창조는 제조적(製造的) 우주관, 기계적 우주관의 출발이다. 그런 점에서 기계의 신과 악마를 상상하는 것은 특별한 일이 아니다. 과학은 기독교의 최종적인 현상학이다. 그래서 인간의 종말은 과학에 의해 도래할 수 있다. 인간에 이르러 생성적 우주는 스스로를 인식하고 해석하고 이해하는 존재적 우주를 만들어냈다. 인간은 생각의 대칭-대립(비대칭)의 쌍(雙, set)을 만들어내는 동물이다. 생각의 쌍은 결국 인간이 상상력의 힘으로 만들어낸 가상이다. 인간은 그 가상의 그물로 세계를 보는(잡는) 동물이다. 현상학은 생각의 쌍 가운데 하나를 이분화한 지평으로 결국 나중에는 원점으로 돌아가지 않을 수 없다. 기독교의 천지창조와 종말심판도 그러한 현상학의 하나로서 인간의 가상의 한 사례에 불과하다. 그런 점에서 절대적으로 생각하는 기독교도 현상학적인 결과에 지나지 않는다. 절대주의란 어렵게 생각할 것 없이 세계를 절단해서 변하지 않는 실체가 있다고 가정한 것이고, 그것이 기독교이고, 서양의 과학이다. 다시 말하면 기독교와 과학은 '절단의 현상학'인 것이다.

세계를 절단하지 않으면 현상이라는 것은 없다. 그런 점에서 인간은 현상학적 동물이다. 인간 이외의 모든 존재, 만물은 현상(현재)이 아니고 존재(현존)이다. 인간은 존재를 현상으로 보는 존재방식을 가진 이상한 동물이다. 그래서 생각하는 인간은 현상학적 존재, 소유적 존재이다. 근대적 인간이란 스스로 생각하기 때문에 존재한다고 스스로를 규정한 정신병자(건설적 정신병자)이다. 물론 그러한 정신병이 인간에게 도구를 제공하고, 종교와 철학과 예술을 제공하고, 인간의 개체군(인구)을 증가시키는 데는 결정적인 역할을 하였지만 이제 그 부정적인 측면과 폐단이 드러나고 있다. 바로 기계적 환경과 '기계인간'의 등장과 그로인한 '자연인간'의 멸망을 초래할 가능성이 있게 된 것이다.

지금도 인간은 과학만능(과학종교)과 과학적 파라다이스를 꿈꾸고 있다. 힘과 권력경쟁에 도취된 인간은 스스로 자멸하게 될 지도 모른다. 결국 인간은 인간존재의 정신병적 특성을 뒤늦게 깨달은 셈이다. 인간존재는 본래존재, 즉 자연의 본래적 존재를 배반한 '배반의 존재'인 셈이다. 현대과학(남성, 기계)은 결국 자연(여성, 생명)을 향한 대중적 포르노그래피이다. 자연성을 잃어버린 인간은 종국에는 기계의 종이 되어 멸망할 가능성이 높다. 그래서 에코페미니즘(eco-feminism)으로 돌아가지 않으면 안 된다. 자궁을 기계로 대체하면 자연의 가공할 보복에 직면하게 될 것이다.

자연의 배반자의 말로는 뻔하다. 성인이 무슨 대수일 것이냐. 이제 인간이 존경하고 있는 '4대 성인(聖人)'이라는 인물의 문화적 효과도 무의미하게 될지도 모른다. 더 이상 성인의 희생으로도 감당하지 못할 지경의 인간세상이 되면 인간은 스스로 자멸할 수밖에 없을 것이다. 지금도 생멸하고 있는 자연은 "언제 인간이, 성인이 있었던가?" 기억도 하지 않을 것이다. 자연은 생각이나 기억이나 기록이 아니다. 그래서 책은 살아 있는 자가 의미를 부활시킬 때를 기다린다. 성인도 살아 있는 자가 성인이 될 때를 기다린다. 이런 말을 하는 것 자체도 너무나 인간적인, 인간적인 생각이다.

경구 027

추상과 동일성의 폭력

보편성과 표준화 그리고 평준화야말로 추상주의이며 전체주의이며 동일성의 근본적인 폭력이다. 그런 점에서 근대문명은 처음부터 전체주의적 속성을 내재하고 있었다. 유대 기독교적 절대주의도 실은 전체주의적 속성을 지니고 있었다. 근대의 과학적 인간도 전체주의적 인간이다. 인간성 자체에 대한 반성 없이는 인간은 행복해질 수도 없다. 인간의 모든 권력 뒤에는 폭력이 도사리고 있다. 인간이 모든 권력을 헌신짝처럼 버리지 않을 때까지는 인간은 행복해질 수 없다. 자유라는 동일성이든, 화폐라는 동일성이든, 근육노동의 동일성이든, 결국 모두 폭력이다. 권력에의 의지 자체가 폭력적 인간의 넋두리에 불과하다.

여성은 존재의 고향

마르크시즘의 계급투쟁은 마치 초기 페미니스트들이 남성모방의 페미니즘을 전개한 것과 같다. 마르크시즘은 프롤레타리아의 권력화(공산당귀족의 등장)에 다름 아니다. 진정한 페미니즘은 남성의 권력을 좇아가는 것이 아니라 진정한 여성성의 회복에 있다. 여성성이야말로 존재의 근본이다. 여성이야말로 비폭력적 존재이다. 비폭력적 존재, 무아적(無我的) 존재의 관점에서 보면 남성에 비해 신체적 존재의 특성을 보이는 여성은 처음부터 완성된 존재이며, 축제적 존재, 평화적 존재이다. 자아적(自我的) 존재로 길러진 남성은 폭력과 권력을 감추고 있으며, 생의 노정에서 '무아'라는 완성을 찾아서 온 세상을 돌아다니지만 결국 존재의 고향인 여성, 즉 '고향의 어머니'에게서 안식을 구한다.

자본과 노동의 대립에서 벗어나야

흔히 마르크시즘의 노동가치설은 자본주의의 화폐가치설과 본질적으로 다른 것이라고 생각하는데 그렇지 않다. 노동도 근육을 사용하는 단순노동에서 고도의 정신을 사용하는 정신노동이 있는데 이를 동일한 것으로 취급하는 것은 화폐가 동일한 교환가치를 주장하는 것과 다를 바 없다. 자본과 노동의 대립에서 벗어나서 생명을 중시하는 철학의 재정립이 절실하다.

물리적 현상학과 심리적 현상학

현상학은 물리적 현상학을 기준으로 보면 심리적 현상학이지만, 존재(Being)를 기준으로 보면 철학적 현상학이다. 대상이 있는 것은 그것이 인식이든 의식이든 무의식이든 현상이다. 대상이 없는 것이 존재이다. 하이데거 전기의 '존재와 시간'의 존재는 초월적(보편성)인 측면이 있지만 후기의 '시간과 존재'의 존재는 일반성(공통성)으로 돌아섰다. 하이데거는 현상학적 존재론의 완성자인 동시에 존재론적 현상학을 출발시킨 철학자였다. 과학이 물리적 현상학의 산물이라면 유물론은 심리적 현상학의 산물이다. 유물론이 이데올로기인 것은 그것이 현상학적으로 추구되기 때문이다. 유심과 유물은 현상학적인 자기왕래에 불과한 것이다. 꿈과 현실도 자기왕래에 불과한 것이다.

해체주의는 구성주의이다

데리다의 해체주의는 종래 서양철학사의 '변하지 않는 실체'를 찾는 여정에서 '결코 해체될 수 없는 실체'를 찾는 것으로 방향전환을 한 것에 지나지 않는다. 이는 프랑스 철학의 텍스트이론과 문체적(문학적) 철학, 현상학적 전통의 영향하에 있는 사람으로서, 철학의 방법으로서 해체를 사용한 철학자로서 당연한 일이다. 그러나 데리다가 제안한 해체론적 문자학(文字學)이나 해체론적 윤리학으로서의 유령학(幽靈學)은 서양철학사에서 또 다른 실체를 찾는 것일 뿐이다. 데리다의 문자, 원문자는 원인적 동일성에 해당하고, 유령학, 윤리학은 결과적 동일성에 해당한다. 그런 점에서 데리다는 현상학자이다. 한마디로 데리다는 존재론적(생성론적) 존재에 이르지 못했다. 흔적은 시각(평면과 공간)에 종속된 것이다. 프랑스철학자들은 텍스트에서 철학의 줄기를 찾는다. 그래서 시간(Time)을 텍스트(Text)로 만들기를 즐기고, 텍스트로 해석한다. 텍스트를 즐기는 것과 해체하는 것은 결국 같은 것이다. 텍스트는 해체하지 않으면 텍스트를 만들 수 없기 때문이다.

서양의 해체주의 철학은 철학의 구성주의를 다른 각도에서 드러낸 것이다. 자연은 구성된 것이 아니라 생성된 것이다. 자연을 구성으로 본 것은 인간의 자연과학일 뿐이다. 생성된 자연은 보편성을 추구하는 것이 아니라 본래 자연, 한계가 없는 존재일반 그대로이다. 독일철학자들은 시간(Time)을 관념(Idea) 혹은 존재(Being)로 즐긴다. 그래서 독일의 하이데거는 '존재와 시간'은 썼지만, 프랑스의 폴 리쾨르는 '시간과 이야기'를 썼다. 이는 프랑스철학의 텍스트 전통이 개입한 것이다. 이에 비해 원초적 샤머니즘의 나라인 한국의 철학자들은 샤머니즘(천지인사상)으로 세계를 보는 것이 가장 자연스럽고 자기에 충실한 결실일 것이다. 만약 한국인이 샤머니즘을 무시하거나 비하하면 아직 자신을 무시하고 사대하는 습성이 남아 있는 까닭이다. 그런 점에서 한국에서 서양철학적 의미에서의 철학과 과학은 불가능하고, 종교철학이나 예술철학이 가장 유망한 철학종목이 될 것이다. 세계의 불교와 기독교가 한국에서 최고의 번영과 찬란한 문화를 이루었다. 한국에서 철학이 가능하다면 샤머니즘철학이 가능할 것이다.

결정불가능성에 대하여

시적 의미라는 것은 의미의 결정불가능성을 말하려는 것이다. 결국 시는 문명화된 인간으로 하여금 결정불가능한 자연으로 돌아가게 하는 언어적 수단이다. 시는 인간으로 하여금 결국 소리의 고향으로 돌아가게 하는 것이다. 이것은 의식과 개념과 인식과 환원을 근간으로 하는 철학의 언어와는 근본적으로 다른 것이다. 시적 언어는 환원하지 않고, 세계를 상징의 다의미로 만든다.

동서양철학의 승패

서양철학은 플라톤의 푸트노트라고 말하지만 서양의 근대철학은 칸트의 변주이다. 데리다의 '해체'라는 것은 하이데거의 '방법으로서의 해체'를 베껴서 '목적으로서의 해체'로 변조한 것으로서 칸트의 '비판'을 변주한 것에 지나지 않는다. 방법으로서의 비판이나 해석, 그리고 해체라는 것은 결국 종래의 텍스트를 분석하고 비판함으로써 철학의 새로운 환원적 근거(법칙)를 발견하는 일이다. 결정성과 동일성을 찾는 것이나 더 이상 해체할 수 없는 유령을 찾는 것은 철학의 제스처만 다르지 내용은 여전히 실체를 찾는 것이다. 전자는 원인적 동일성을 찾는 것이고, 후자는 결과적 동일성을 찾는 것이다. 철학이 과학의 물리적 현상학에서 심리적 현상학을 개척하게 된 것은 헤겔의 정신현상학(역사철학)과 마르크스의 유물사관, 그리고 니체의 '관점의 해석학'이라는 현상학에 도달함으로써 비롯되었다. 후설은 이것을 '현상학'이라는 이름으로 집대성한 인물이다.

서양철학은 결국 현상학적 존재론에 머물 수밖에 없다는 것을 말한다. 앎으로서의 철학은 존재에 머물고, 삶으로서의 철학은 철학할 수가 없는 모순에 처한다. 본래 존재는 '생성적(존재론적) 존재'이지 '존재적(존재자적) 존재'가 아니다. 인간만이 생성을 존재로 탈바꿈시킨 생물종이다. 생성철학은 결국 생성을 말할 수 없다. 생성이라는 것은 정지된 말, 명사형의 말로 잡을 수 없는 것이 된다. 데리다는 문자로써 소리(전기, 전자, 전파, 파동, 소리)를 말하고 있고, 하이데거는 존재로 생성을 말함으로써 오해를 조장하고 있다.

데리다는 서양철학사에서 마지막 관념론자이며, 들뢰즈는 기계주의자(machinist) 혹은 마지막 유물론자이다. 들뢰즈는 니체가 『안티-그리스도』를 집필했듯이 『안티-오이디푸스』를 썼으며, '스피노자 플러스 니체 플러스 마르크스'일 뿐이다. 라캉이 '소쉬르 플러스 프로이트 플러스 마르크스'인 것과 대조적이다. 이들은 모두 니체와 마르크스의 변종일 뿐이다. 하이데거만이 서양철학사에서 서양철학 자체를 밖에서 반성하는 예외적 존재이다. 서양 철학사에서 하이데거만이 동서양의 경계에 있는 인물이다. 하이데거의 등장은 동서양이 하나가 되어야만 하는 신호라고 말할 수 있다. 동서양의 철학적 승패는 동양은 서양의 밖에서 서양을 흠모하는(서양으로 들어가려고 하는) 반면에, 서양은 서양의 안에서 동양을 수용하는(동양을 영양분화하는) 데서 결정된다.

경구 034

자기투사와 자기최면

자기투사의 철학 혹은 자기최면의 철학은 철학의 상반된

대립항이고, 결국 이런 상반된 분류는 현상학적 레벨에 속하는 것이다. 서양철학은 자기투사의 철학이라고 말할 수 있다. 그렇다면 우리는 서양철학과 반대되는 자기최면의 철학을 상상할 수 있다. 자기투사의 철학이라는 것은 존재(자연적 존재, 일반적 존재)를 주체-대상, 주관-객관으로 분리하여서 대상을 파악하거나 대상에 자신을(자신의 대뇌적 사고를) 투사 혹은 입히는 것으로 결국 여기서 탄생하는 철학은 자연 그 자체가 아니라 가상실재에 불과한 것이 된다. 대립은 결국 창과 방패와 같은 모순관계에 있고, 모순은 대립의 끝없는 욕망이자 생리인 셈이다.

칸트의 무제한(무제약자)의 주체(초월적 주체)는 욕망을 의미하고, 신(합리적 신학)과 영혼(합리적 심리학)과 우주(합리적 우주)는 그 욕망의 영원한 대상인 셈이다. 칸트는 진리(眞理, 진眞)가 존재하려면 자유(自由)가 전제되어야 함을 변증하였고, 윤리(倫理, 선善)가 존재하려면 성스러움(聖, 종교宗敎)이 전제되어야 함을 변증하였고, 아름다움(美)이 존재하려면 생명(生命)이 전제되어야 함을 변증하였다. 이는 칸트의 위대성을 증명하고도 남음이 있다. 객관은 주관의 잠정적 합의일 따름이다.

철학은 개념의 기술

철학은 존재의 생성을 개념으로 정지시켜서 설명하는 기술이다. 이때의 기술은 프레임, 프로그램, 패러다임의 의미가 있다. 철학에서 새로운 개념의 창출은 역사적 사건이다. 그런 점에서 세계는 사건이다. 새 술은 새 부대에 담는다는 말이 있듯이, 새 개념은 새 정신을 담는 새 부대(그릇)와 같다.

잊어버린 신물숭배(神物崇拜)

언어는 사물에 대해서 이미 가상실재이다. 그것이 어떤 것이 되었든, 어떤 모습으로 있든 가상실재이다. 그런데 가상실재야말로 인간이 이용(利用)할 수 있고, 화용(話用)할 수 있는 것이며 끝내 화행(話行)할 수 있는 것이다. 이에 비해 사물은 그냥 실재(존재)이다. 인간은 어디까지나 사물 대신에 언어를 다스리면서 사물을 다스렸다고 착각할 따름이다. 사물은 신만큼이나 신성한 것이다. 지금 존재하는 모든 사물은 존재론적으로 동등하다. 역설적으로 사물에 대한 진정한 이해는 페티시즘(fetishism)이다. 페티시즘을 물신숭배(物神崇拜)가 아니라 '신물숭배(神物崇拜)'로 바꾸어야 한다. '물질의 신'이라는 의미의 '물신'이란 인간이 만든 것이다.

신(神)으로부터 벗어난 정신이 바로 물질인 것이다. "지금 너와 함께 나란히 사이좋게 있는 사물이 처음부터 너와 분리된 다른 것이었다면 어찌 세계가 하나일 수 있겠는가. 너와 그 사물은 그동안의 경로만 달랐을 뿐이다."

주술과 철학

인간은 사물에서 메시지를 얻으려고 하지만 사물은 인간을 마사지한다. 마사지는 촉감에서 일어난 것이지만, 영혼에 이른다. 메시지는 뇌에서 정리된 것이지만 사물의 그물에서 잡은 물고기이다. 메시지가 주술의 주문이라면 마사지는 주술의 축제(퍼포먼스, 예술)이다. 인간은 신체적 동물이면서 축제적(예술적) 동물이다.

심물존재, 심물자연

세계는 정신-육체가 있는 것이 아니라 마음-몸이 있다. 전자는 둘이지만 후자는 하나(몸)이다. 전자는 수단과 전쟁을 주지만 후자는 만족과 평화를 준다. 죽음이란 바로 정신-육체 이분법의 산물이다. 불사(不死)의 의미란 개체가 죽지 않는 것이 아니라 죽을 개체가 없다는 뜻이다. 마음-몸(몸)이야말로 존재이다. 자연이야말로 존재이다. 심물존재이고, 심물자연이다.

영혼불멸과 영원회귀의 원환관계

여자(자연)는 본능적으로 세계가 신물(神物)의 세계인 것을 안다. 그러나 그것을 표현할 길은 물신(物神)의 길뿐임을 어쩌랴. 그래서 여자는 남자(인간)라는 허수아비, 가상실재를 만들었다. 그리고 그 허수아비를 세우고 세계를 정복해나갔다. 그러나 모든 정복에는 한계가 있다. 여자로 이어지는 인류의 행렬은 언제 끊어질지 모른다. 영혼불멸(자기 환원)이나 영원회귀는 같은 뜻이다. 둘은 원환(圓環)관계에 있다.

남자(대뇌)의 인식에서 선험과 초월(transcendence)의 'trans'와 존재(existence)의 'ex'는 인식과 의식의 안이든, 위이든, 밖이든 같은 것을 말하며, 결국 인간의 현상학적인 운명─인과론과 변증법─을 말한다. 현상학적 운명이란 인식의 환원(후설)과 의식의 영원회귀(니체)는 같은 원환적 궤도에 있는 것을 의미하며, '진정한 존재'에 이르지 못함을 의미한다. 더구나 하이데거의 '존재(Sein, Being)'의 첫 글자인 대문자(S, B)조차도 초월적인 세계를 완전히 벗어난 것은 아니라는 점을 상기시킨다. 이는 상징계(symbol)를 나타내는 라캉의 대타자(A: Autre)의 대문자와 같은 현상학적인 속성을 내포하고 있다.

깨달음도 잊어버려야 진정한 깨달음

"성인이여! 자연 말고 무엇이 더 있는가?" 깨달음도 대자연에서는 무엇이라는 말인가. 깨달음도 지나치게 주장하면 오만으로 돌변한다. 깨달음이라고 하는 것도 의식적이고, 인위(人爲)인 것을 피할 수 없다. 깨달음은 의식의 확장을 통해 자기자아를 세계와 일치시키는 것인데 끝내는 깨달음의 자아(주체)를 잊어버려야 진정한 우주와 자아의 일체인 자기자신(自己自身)에 도달하게 된다. 자아(주체)는 대상(목적)과 똑같이 세계와 분리된 것으로 자기자신에 도달하면 깨달음도 없어진다. 진정으로 깨달은 자는 자기의 몸(自身)으로 돌아온다. 깨달음이 있는 것은 현상학적인 차원이고, 깨달음마저 없어지는 것은 존재론적인 차원이다. 그러한 점에서 깨달음마저 의식에서 없어야 한다.

자각(自覺)은 무(無)의 무각(無覺)이다. 아무리 무아(無我)를 주장하더라도 자아(自我)의 흔적이 남아 있는 것이다. 자아가 바로 소유이고 의식이 바로 소유이다. 자아(대상)의 흔적이 남아 있는 것은 현상학적 레벨이다. 세계는 의식이 아니다. 의식은 마치 생성인 것 같지만 진정한 생성이 아니다. 생성은 스스로를 깨닫지 못한다. 생성은 대상(목적)과 자아(주체)가 없기 때문에 깨닫지 못한다. 그렇지만 깨달음은 소유적 존재의 최상의 엑스터시이며, 불꽃이다. 깨달음은 사방에서 온다. 혹자는 포르노그래피를 통해서도 깨달을 수도 있다. 남성이 얼마나 폭력적인지, 여성이 얼마나 신체적인지! 깨달음은 남성적 정복과 씨앗뿌리기의 의미가 있는 클라이맥스(climax)라기보다는 여성적 만족과 포용의 의미가 있는 희열(喜悅, jouissance)에 가깝다.

경구 041

비트겐슈타인과 선종(禪宗)

비트겐슈타인은 "말할 수 없는 것에 대해서는 침묵하라"고 말했다. 동양의 선(禪)사상에는 간화선(看話禪)과 묵조선(默照禪)이라는 것이 있다. 둘 다 신수(神秀)의 북종선(北宗禪)과 달리 혜능(惠能)의 남종선(南宗禪)에 해당하지만 간화선은 조계종(曹溪宗)의 전통으로 하나의 화두(話頭)를 잡고 말을 잃어버림으로써 평상심시도(平常心是道)에 이르는 수행하는 방식이고, 묵조선은 조동종(曹洞宗)의 전통으로 침묵하고 묵조에 들어감으로써 자성청정(自性淸淨)의 경지에 이르는 것을 말한다. 비트겐슈타인은 말하자면 서양철학자로서 간화선과 묵조선에 동시에 접근한 사람이라고 말할 수 있다. 세계의 저편은 침묵이고, 침묵의 저편은 소리(파동)가 있을 뿐이다. 침묵의 소리가 존재의 본질이다. 그러한 점에서 철학의 종언을 말하지만 '종언의 철학'은 소리철학이다.

현상학적 원환과 존재론적 순환

'존재'라는 말만큼 혼란스럽고 또한 정반대의 뜻으로 사용되는 단어는 없다. 우리는 존재라는 말을 하면서도 현상학과 존재론을 왕래한다. 이를 '존재론적 순환'이라고 말할 수 있다. 이와 달리 '현상학적(해석학적) 원환'이라는 것이 있다. 서양의 후기근대의, 탈(脫)이성주의·탈(脫)중심주의는 이성과 중심을 벗어난 것이 아니라 단지 중심이동을 했을 뿐이다. 중심이동은 중심을 벗어난 것이 아니라 단지 그러한 착각을 일으키는 눈속임일 뿐이다. 존재는 자연(무위자연)이고, 인간은 언어(상징체계)이다. 현상학적인 원환과 존재론적인 순환의 화해와 상호보완이 필요하다.

경구 043

구성과 해체의 반복

서양의 후기근대의 해체주의라는 것은 결국 해체만을 목적으로 하는 것이 아니기 때문에 종래의 이성주의와 다른 아무런 내용이 없다. 종래의 이성주의철학, 즉 예컨대 칸트철학이나 헤겔철학도 그 이전의 철학적 텍스트를 해체하고 자신의 철학을 구성함으로써 새로운 철학이 되었다. 철학적 해체주의란 자신의 철학을 새롭게 구성하지 않으면 남의 철학 혹은 다른 철학을 해체할 방법이 따로 있을 수가 없기 때문에 결국 자신의 철학을 세우는 것과 그 이전의 철학을 해체하는 것은 동시적으로 이루어지는 것이다.

구성과 해체라는 말은 정반대이지만 실질적으로 철학적 수행이 이루어지는 것은 동시적인 것이고 같은 것이다. 해체주의가 철학이 되려면 결국 해체주의 철학을 구성하여야 하고, 그러면 결국 구성주의 철학이 된다. 철학적 방법으로서 데카르트의 회의나 칸트의 비판이나 니체의 해석이나 후설의 환원이나 데리다의 해체는 결국 같은 것이다. 해체는 구성의 해체이고 또한 구성이다. 데카르트의 생각(회의)은 존재의 구성(구성된 존재)이고, 칸트의 이성(비판)은 존재의 재구성이고, 데리다의 해체는 구성의 재구성이다.

경구 044

도학(道學)과 철학(哲學)의 사이에서

도가도비상도(道可道非常道), "도라고 말한 도는 상도가 아니다"라는 뜻은 동양의 도학(道學)이 서양의 철학(哲學)과 다르다는 것을 단적으로 웅변하는 말이다. 말하지 않는 철학은 없기 때문이다. 그런 점에서 동양의 도(道)는 보편성을 추구하는 것이 아니라 일반성을 그냥 인정하는 것이다. 도는 이치(理致)가 아니라 생기(生氣)이다. 도는 그냥 열려진 세계이다. '도'가 일반성에서 보편성으로 전환한 것이 도리(道理)이다. '도리'는 도(道)의 진리를 말한다. 서양의 철학을 진리(眞理)를 찾는 도(道)라고 말한다면 동양의 도학(道學)은 생기(生氣)를 느끼는 철학이다. 따라서 서양철학은 인류가 추구하는 도학(道學)의 지극히 서양적 말단이자 특성이다. 얼른 보면 보편성과 일반성은 같은 것처럼 보인다. 그러나 보편성은 인간이 만든 제도이고, 일반성은 본래 있는 자연이다. 본래 있는 것(본래존재)이 없다면 다른 무엇이 일어날 것인가.

경구 045
포르노그래피를 욕망하는 영화예술

하이데거는 존재(Being)로서 생성((becoming)을 대체하고, 데리다는 문자(Gramme)로서 음성(phone)을 대체하였다. 이들은 서양의 이성주의에 반기를 들었으나 끝내 '생성과 존재의 진면목인 소리'를 듣지 못함으로써 진정한 존재, '소리 너머의 존재'에 도달하는 기회를 얻지 못하였다. 이들은 니체의 '생기적(生起的) 존재'와 마찬가지로 동양적 생기(生氣), 즉 생성(生成)에 도달하지 못하였다.

하이데거는 서양철학 고유의 언어적 전통을 고집함으로써 실패하고, 데리다는 소리가 이성주의의 원인이라고 아리스토텔레스 이후의 오판을 그대로 받아들임으로써 실패하게 된다. 존재는 시간에서 비롯되는 것이 아니고, 시공간의 틀을 벗어나 있다. 이성주의의 원인은 소리가 아니라 문자이다. 문자야말로 공간을 전제하고 있는, 이성주의를 유혹하고 견인한 장본인이다. 백지상태의 공간이야말로 쓰기를 유혹하는 창녀이다.

그래서 데리다의 철학은 '포르노그래피(pornography)의 철학'이라고 말할 수 있다. 이는 마치 사진(photography)과 영화(screen)예술이 네거티브(negative) 필름으로 자연과 현실의 포지티브(positive)를 담는 현상의 예술인 동시에 '음(陰)의 필름'으로 '음(淫)의 포르노그래피'를 달성하는 것과 같다. 사진과 영화는 결국 포르노그래피를 욕망하는 예술이다.

DSCO(역동적 장의 개폐이론)를 회고하며

시간(Time)은 이미 사물(Thing)이며, 텍스트(Text)이며, 테크놀로지(Technology)이다. 시간(시간의 단면, 파편, 이미지)을 떠올리는 자체가 이미 실채적 구속이다. 따라서 사물과 함께 물리적 시간과 공간, 역사(시간)와 사회(공간)를 버리지 못하는 인간은 결코 제도와 테크놀로지에서 자유로울 수 없다. 테크놀로지는 인구증가와 함께 벌어진 인류사의 필연적 과정이었다. 하이데거의 '현존재(Dasein: 터-있음)'의 뜻은 인간이 '시간적(공간적) 존재'라는 것을 말한다. 그의『존재와 시간』은 시간적 존재로서의 인간을 사유한 것이다. '현존재'라는 말 자체에 하이데거의 모든 철학이 이미 들어 있다. 시간과 공간 안에 들어 있는 칸트의 '인간'은 하이데거에 이르러 '현존재(Dasein)'가 되는데 '존재(Sein)'로 가기 위한 중간의 '터-있음', 중간기착지라고 할 수 있다.

'터-있음'은 나의 '역동적인 장(場)의 개폐이론'(DSCO: Dynamic Space, Close & Open)'의 '장(場)'의 개념에 흡사하다. '장(場)'은 '장소(場所)'와 다른 전자기장(電磁氣場)과 흡사한 개념이다. 공간적 장소라고는 말할 수 없지만 시간적·사건적 존재를 말한다. 존재는 실체적 사물이 아닌 실재적 사건이다. 하이데거는 실재적 사건, 실재적 존재에 가장 가까이 간 서양철학자이다. 그러나 그는 존재의 진면목에 도달하지는 못했다.

요컨대 방안에 갇혀 있던 사람은 문이 열리면 세상이 열렸다고 한다. 세상은 닫혀 있지도 않았는데 자신의 입장에서 그렇게 말한다. 하이데거도 존재자의 입장에서 존재가 열렸다고 말한다. 존재는 본래 닫혀 있지도 않았는데 말이다. 존재가 열린 것이 아니라 존재자의 문이라고 할 수 있는 눈이 열린 것이다. 시를 감상하는 사람들은 시가 세계를 열었다고 말한다. 그러나 정작 시인들은 본래 열려 있는 세계를 여행했다고 생각한다.

하이데거의 '세계 안의 존재'라는 말은 잘 새겨보면 인간을 그렇게 해석함으로써 '세계'를 새삼 떠올리게 하고, 동시에 '세계 밖'을 떠올리게 한다. '세계'라는 말 자체가 인간적 속성인 '경계의 존재'임을 잘 드러내는 말이다. 말하자면 경계란 그것을 드러냄으로써 경계를 벗어날 수 있는 동시적 사건이다. 경계로 나뉜 세계는 각각 동일성(소유적 존재)을 갖게 되고, 그 경계는 동시성(존재의 의미)을 갖게 된다. 그렇다면 존재는 무엇인가. 본래 있는 그대로가 존재이다. 결국 존재는 자연이다.

인간은 너무 오랫동안 자연을 떠나 있었던 바람에 존재를 잊어버렸다가 다시 자연으로 돌아오기 위한 워밍업이 서양의 존재론이라는 것이다. 인간은 제자리(존재의 고향)로 돌아오기 위해 너무나 머나먼 길을 돌아온 셈이다. 존재의 진면목은 나의 '일반성의 철학'(소리철학, 여성철학, 평화철학, 에코페미니즘 철학)에 이르러야 도달하였다고 말할 수 있을 것이다.

경구 047

텍스트는 없다

데리다는 "텍스트밖에 없다"라고 했다. 이것은 그의 해체론적 문자학(Grammatology)과 모순된다. 정말 매우 서양철학적인 입장이다. 미안하지만 어떤 텍스트에도, 콘텍스트가 없는 텍스트는 없으며, 텍스트 밖에는 콘텍스트가 있으며, 텍스트라는 말은 콘텍스트가 없으면 성립하지 않는 말이다. 데리다는 이 말에서 자신이 현상학자임을 철저하게, 본의 아니게 폭로하고 있다. 나는 일반성의 철학의 창시자로서, 소리철학자(Phonologist)로서, 진정한 존재론자(생성론자)로서 이렇게 말한다. "텍스트는 없다." 나에게는 오로지 무(無)가 있을 뿐이다. 자연 이외의 어떠한 도(道)도 '도'를 훔치는(盜) 것이다.

화생만물(化生萬物)의 세계관

서양철학자(기독교를 포함)들은 하늘(하나님)만을 숭상하지만 도대체 하늘에서 떨어진 것은 아무것도 없다. 동양 사람들은 하늘을 말하더라도 땅은 동시에 잠재되어 있어서 하늘과 땅을 말하는 것이다. 하늘과 땅이 동시에 작용하지 않고 화생만물(化生萬物)하는 것은 하나도 없다.

시각에 종속된 흔적

데리다의 '흔적과 문자'는 시각에 종속된 것이다. 하이데 거의 독일어의 고집은 '시간과 문법'에 종속된 것이다. 데리 다와 하이데거는 반이성주의 철학을 주장했지만 결국 서양 의 이성주의를 완전히 벗어난 것은 아니다. 단지 이성주의와 탈(脫)이성주의의 경계에 섰을 뿐이다. 그것도 이성의 편에 경도된 채 경계에 서 있을 뿐이다. 그러나 하이데거는 존재 를 시(詩)로 이해했기 때문에 세속적 의미가 아닌, 존재에 대 한 의미를 새롭게 창조하는 기회를 가진 인물이다.

생성과 존재의 상관관계

존재는 생성을 욕망하지만, 생성은 결코 존재를 욕망하지 않는다. 생성은 흔적도 없고, 문법도 없고, 체계도 없다. 욕망 만이 흔적과 문법과 체계를 갖는다.

여신과 창녀의 역사적 현상학

모든 여자는 창녀가 될 수도 있고, 동시에 여신도 될 수 있다. 여자를 창녀로 만든 것은 가부장제의 문명이다. 언어의 보편성은 신체의 일반성과 같다. 그래서 언어를 우선하면 '보편적이고, 일반적인'이라고 말하지만, 신체를 우선하면 '일반적이고 보편적인'이라고 말할 수밖에 없다. 창녀는 가부장제에서 보편적이고 일반적인 현상이다. 모계사회에서는 창녀가 여신이다. 가부장제는 결국 사유재산을 인정할 수밖에 없었고, 여성에 대한 남성의 소유를 인정할 수밖에 없었고, 사물에 대한 인간의 소유를 인정할 수밖에 없었다. 인간(현존재)은 생성(자연)을 잡고 싶어한다. 남자(인간)는 여자(자연)를 잡고 싶어한다.

마르크스의 유물론은 결국 공산사회주의 실천운동으로서 가부장사회에서 벌어진 일종의 모계사회로의 환원운동이라고 말할 수 있다. 공산사회주의는 필연적으로 계급투쟁을 할 수밖에 없었지만, 가부장사회를 벗어날 수 없었기 때문에 결국 공산당전체주의(소비에트) 혹은 공산당귀족사회(중국)의 모습을 보일 수밖에 없었다. 공산사회주의는 결국 '잘못된 모성사회' '잘못된 여성주의'라고 부를 만하다. 그런 점에서 사회주의운동과 여성운동은 같은 맥락이다. 가부장사회는 결국 세계를 경쟁(전쟁)과 권력과 소유로 만들어버린 출발이다. 도둑과 창녀로 말하자면, 인간은 누구나 조금씩 도둑이고 조금씩 창녀이다.

시간과 공간의 연장성

인간이 끝내 무엇을 잡으려고(지배하려고) 하면 기계의 종이 되거나 악마가 될 것이고, 어떤 것이라도 놓아버리면(해방시켜버리면) 신이 되거나 자유인이 될 것이다. 이성과 욕망과 소유는 인간이 멸망해야 없어질 것이다. 이성과 욕망과 소유는 인간 종이 만들어낸 가상실재이다. 언어와 성욕과 소유는 결국 같은 구조이며, 그것의 바탕에는 시간과 공간의 연장이 있다. 연장되지 않는 것은 시간과 공간이 아니다.

한계와 무한대

모든 제한은 한계가 있기 때문에 끝없이(무한대로) 연장된다. 인간은 '무한대의 존재'이면서 '무의 존재'이다. 무한대가 없으면 무도 없다. 무가 없으면 무한대도 없다. 현상학이 없으면 존재론도 없다. 존재론이 없으면 현상학도 없다. 한계가 없는 것이야말로 존재일반의 특성이다. 일반성의 철학은 한계가 없는 것이며 어떤 이원대립항도 없다. 일반성은 이름도 없으며, 실체도 없다.

타자의 철학

서양철학은 '타자의 철학'이다. 서양기독교는 '타자의 종교'이다. 서양문명은 결국 '타자의 문명'이다. 이에 반해 동양철학은 '자기의 철학'이고, '자기의 종교'이고, 결국 '자기의 문명'이다. 그래서 서양철학적 의미의 철학은 동양에는 없고,

동양은 철학을 도학이라고 한다. 서양철학에서 타자성이라고 하는 것도 실은 동일성이다. 타자성은 주체의 동일성과는 다른 대상의 동일성이다. 결국 주체가 타자이고 타자가 주체이니 동일성은 마찬가지이다. '주체의 철학'과 '대상의 철학'은 같은 것이다. 타자성을 보다 확실하게 실체적으로 말하면 절대타자가 되고, 절대타자는 동시에 절대주체를 말하는 것이기도 하다.

절대주체는 "나는 나다"라는 말에서 잘 드러나고, 절대타자는 "내가 결코 다다를 수 없는 상대이다"라는 말에서 잘 드러난다. 절대타자는 신비와 경외와 매혹의 신과 같은 상대를 말한다. 절대주체와 절대타자는 같은 것이다. 결국 자기(자기화)와 타자(타자화)는 현상학적으로 같은 것이다. 철학은 모름지기 언어의 개념(의미의 결정성)을 벗어나서 상징(의미의 다의성)을 통해 현상(현상학적 지평)을 벗어나야 한다. 동양적 음양론의 다원다층의 의미를 통해 태극(太極)의 역동(易動)하는 우주에 도달하여야 한다. 그래야 자연을 자연으로 즐길 수 있다.

니체의 오류와 음모

철학적 해체론은 남자를 여자라고 하는 것만큼이나 도착이고 사기이다. 해체론은 해체가 아니다. 해체론은 남의 텍스트를 해체하는 것이지 자신의 텍스트를 해체하는 것은 아니다. 남의 텍스트를 해체하려면 자신의 텍스트를 구성하지 않으면 안 된다. 그런 점에서 해체론의 진정한 내용은 새로운 구성이다. 이는 니체나 마르크스의 전통을 잇는 것이나 마찬가지이다. 니체와 마르크스는 칸트의 이성주의와 헤겔의 절대주의를 뒤집은 것 같지만 실은 결국 제자리로 돌아간 '반이성주의의 이성주의'이다. 니체의 권력에의 의지는 생성을 주창하면서 결국 생성을 존재로 환원시켰다. 그것이 생기존재론(生起存在論)이다. 마르크시즘은 인민을 해방시킨다고 하면서 인민을 감시·구속한 소비에트체제의 속임수와 다를 바가 없다.

자연은 해체될 수 없다

진정한 해체론은 소리철학에 의해서 완성된다. 왜냐하면 소리는 해체될 수 없는 것이기 때문이다. 소리철학에 의하면 해체론은 마지막 구성주의이다. 자연은 해체될 수 없는 전체이다.

가상실재와 가상현실

가상실재와 가상현실은 다르다. 가상현실은 가상의 가상이다. 세계는 가상의, 가상의, 가상으로 무한대로 이어질 것이다. 실재는 처음부터 실체가 있는 것이 아니다. 가상실재는 실체이다. 가상현실은 현실의 가상 혹은 가상된 현실이지만 가상실재는 실재의 가상 혹은 가상된 실재이다. 말하자면 가상실재의 입장에서 보면 현실이라고 하는 것 자체가 이미 가상실재이다. 따라서 가상현실은 가상실재의 가상이다. 실재는 생성으로서 처음부터 실체적 존재가 아니다.

생기존재론(生氣存在論)의 승리

인간이 인식하고 의식하는 세계가 가상실재라는 것을 알게 되는 것은 진정한 생성으로서의 실재를 알고 난 뒤에 생성과 존재의 경계에서 깨닫게 되는 것이다. 생성을 존재로 회귀시키면 니체처럼 '생기존재론(生起存在論)'이 되지만, 생성적 존재의 변화무쌍함을 그대로 느끼면 인간이 인식하고 의식하는 존재는 '가상실재'임을 알게 된다. 니체의 생기존재론은 생기존재론(生氣存在論)이 되어야 한다.

세계(世界)라는 말 자체가
이미 인간의 경계

결코 대상화될 수 없고, 결코 목적이 될 수 없는 것들이 존재하는 곳이 자연이다. 인과적으로 설명할 수 없는 것들이 바로 생성이라는 것이다. 물론 생성은 결정불가능한 것이고,

해체불가능한 것이고, 환원불가능한 것이고, 회귀불가능한 것이다. 생성은 결정성, 해체성, 환원성, 회귀성이 없는 것이다. 생성적 세계, 즉 자연은 처음부터 구성된 것이 아니다. 인간이 자연을 세계로, 구성적으로 바라볼 뿐이다. '세계(世界)'라는 말 자체가 이미 인간에 의해 경계 지어진 세계임을 예언적으로 함의하고 있다. 인간이 구성한 역사·사회적 세계는 인간의 세계일 따름이다. 자연과 세계의 경계에 서 있는 자만이 생성을 느낄 수 있다.

경구 060

허(虛)와 무(無)는 허무주의(虛無主義)가 아니다

데리다의 해체론은 마지막 구성주의이고, 현상학적(프랑스적) 방식으로 동양의 무(無), 공(空), 허(虛)에 대해 접근하는 것이다. 그러나 여기에는 이성주의나 구성주의의 흔적이 남아 있다. 말하자면 해체한 흔적, 구성과 해체의 경계선상에서 벌어지는, 도저히 메워질 수 없는 틈새가 있다. 따라서 동양

은 하이데거의 존재론이나 데리다의 해체론을 통해서 무, 공,
허에 접근할 필요가 없다. 이는 자신이 수출한 제품을 다시
수입하는, 서양에 의해 보세 가공된 철학을 들고 희희낙락하
는 하는 것과 같은 것이다.

주체의 대상에 대한 종속

생성은 시공간이 없기 때문에 실체도 없고, 연장도 없다.
실체가 있으면 연장이 있고, 연장이 있으면 실체가 있다. 실
체가 없으면 시공간도 없다. 그런 점에서 시공간과 실체와
연장을 주장하는 서양철학과 과학은 운명적으로 현상학일
수밖에 없다. 현상학이라는 것은 주체라는 것이 본래 '대상
에 매여 있는 것(subject to object)'으로서 주체의 의미를 잊어
버리고 대상으로부터 분리되어 도리어 대상을 다스리는 주
체(subject)의 의미로 탈바꿈한 것을 다시 대상(목적, 결과)에
철학적 주도권을 돌려주는(to object or for object) 철학적 연구
경향을 말한다. 그런 점에서 세계는 주체도 대상도 아니고,

원인도 결과도 아니다. 이들은 서로 자리를 바꿀 수가 있는 '대(代)의 관계', 순환의 관계에 있으며, 세계는 서로 대리대신교대(代理代身交代)할 수 있는 관계에 있다. 'object' 속에는 수단과 목적의 모순이 내재해 있다.

동일성의 철학과 폭력

서양철학은 본질적으로 동일성(실체)의 철학이다. 서양의 후기근대철학자들이 하나같이 동일성의 철학, 이성철학을 극복하는 것처럼 제스처를 취했지만 그들이 드러낸 것은 모두 동일성이거나 동일성을 은폐하는 말장난에 불과하였다. 니체를 필두로 해서 하이데거, 데리다, 들뢰즈 등 모두 그렇다. 데리다의 문자학과 에크리튀르('텍스트이론'을 포함해서)가 그러한 것은 물론이고, 하이데거의 존재론도 시간에 대한 기억('존재와 시간'과 '시의 철학'을 포함해서)과 그리스-독일어의 적통을 고수함으로써 그러한 혐의에서 자유로울 수 없고, 들뢰즈의 차이와 복제('리좀'과 머시니즘을 포함해서)도 그렇다. 이들은 모두 니체의 생기존재론의 전통을 계승한 것으로, 생성론(동일성이 아닌)으로 들어간 것 같지만 결국 동일성이라는 '존재'를 찾는 서양철학의 굴레를 벗어나지 못하고 있다. 이에 앞서 헤겔과 마르크스에서 갈라진 절대관념론자(유심론자)와 유물론자의 전통을 잇는 수많은 철학자들도 마찬가지이다. 관념이든 유물이든 결국 실체(동일성)을 전제한 철학이다.

동일성의 전통을 벗어나지 못하는 서양철학자들은 실체가 없는 것을 향하여 '유령'이라는 말을 붙였다. 마르크스도 그렇고, 데리다도 그렇다. 이러한 서양철학의 타원형(중심이 둘이기 때문에 타원이다)의 궤도를 바라보는 동양철학자의 입장은 처음부터 서양철학자들은 그들의 현상학적 전통으로 인해서 실재가 아닌 가상실재(자신의 눈으로 바라보는)를 실체로 착각하였고, 그랬기 때문에 정작 실재(생성적 우주)를 두고 '유령'이라는 이름을 붙일 수밖에 없었다고 생각한다. 생성으로서의 실재는 처음부터 유령이 아니라 기운생동이며, 우주전체에 동시적으로 깔려 있는 우주적 소리이다.

서양철학자들은 빛이나 소리를 이성이라고 규정했기 때문에 이성주의의 굴레를 벗어날 수 없다. 이성주의의 성과는 오로지 자연과학일 뿐이다. 자연과학으로부터 자연(생성적 자연)을 구출하지 않으면 결국 인간은 기계의 노예가 될 뿐 아니라 기계인간에 의해 스스로 정복되는 최후를 맞을 것이다. 기계는 적당히(전적으로 매달리는 것이 아니라) 이용할 줄 알아야 한다. 인간의 견제와 균형의 정치학은 이제 기계와의 관계 혹은 싸움으로 그 장(場)이 바뀌어야 한다.

경구 063

가상실재에 대한 단상

인간의 삶에서 교감, 소통, 이용, 그리고 깨달음을 위해서는 가상실재가 필요하다. 가상실재는 언어와 이치(理致)이다.

경구 064

의리(義理)와 이용(利用)의 편차

이성에도 도덕적 이성과 물리적 이성이 있다. 도덕적 이성은 동양에서 일찍이 개발된 것이지만, 물리적 이성은 서양에서 근대에 이르러 개발한 것이다. 근대문명은 크게 보면 서양의 물리적 이성이 동양의 도덕적 이성을 제어하고 지배한 것이다. 서양에서 이치(理致)는 도덕적 의리(義理)라기보다는 실용적 이용(利用)이다.

텍스트와 기계의 구성성과 혈연성

텍스트와 기계는 본래 없는 것이다(본래적 존재가 아니다). 텍스트와 기계는 인간이 만든 대표적 구성물(제조물)이다. 생각, 추상, 기계는 철학적으로 말하면 형이상학의 산물이지만 대중적으로 말하면 없던 것을 있다고 하는 존재론적 사기이다. 인간과 기술의 자유로운 관계는 기술에 대한 자유의 끝없는 저항과 초월에 달려 있다.

무문(武文)철학의 실제성

문(文)에 무(武)가 없으면 실천이 없고, 무에 문이 없으면 영혼이 없다. 그래서 문무겸전(文武兼全)의 철학, 나아가서 무문겸전(武文兼全)의 철학이 필요하다. 사대(事大)하는 것이 당연한 것으로 여기는 한국에서는 무문겸전의 철학이 필요하다. 문(文)은 실제로 있는 것이 아니다.

'무(無)'철학의 나라, 한국

한국인은 자신의 철학이 없다. 스스로 논리구성을 못 하기 때문이다. 한국인에게는 종교가 있을 뿐이다. 한국인에게는 외래철학도 들어오면 도그마, 즉 종교가 된다. 종교가 철학을 대신한다. 우상(偶像)이 가정(假定)과 진리(眞理)를 대신한다. 그래서 한국의 철학자들은 대개 서양과 중국의 철학자들의 신도가 된다. 그러한 철학자들의 신도가 되는 것이 철학하는 것인 줄 안다. 또 사대하는 것이 선진이라고 생각한다. 그래서 자신의 정체성을 당파(黨派)로써 찾는다. 당파싸움을 하지 않으면 자신의 정체성을 찾지 못한다.

한국의 철학이 형식적인 의례(儀禮)에 그치는 것은 근본적인 사유를 하지 못하기 때문이고, 나라를 망친 예송(禮訟)은 오늘도 맹위를 떨치고 있다. 이러한 나라에 가장 호소력이 있는 철학은 마르크시즘이다. 마르크시즘은 성리학이 아니면 사문난적(斯文亂賊)이 되는 전통과 과거제도라는 학문적 기술주의의 전통, 그리고 당파싸움으로 인해 나라가 망해 식민지가 된 경험이 있는 국민에게 가장 최적화되어 있는 철학이고, 노예의 철학이기 때문이다. 노예이면서도 주인 노릇을 하는 노예가 있는가 하면 주인이면서도 주인 노릇을 하지 못하는 주인이 있다.

이것이 오늘날 한국의 지도자라는 족속이다. 주인이 될 능력이 있는 자만이 주인이 된다. 노예밖에 되지 못하는 자는 노예를 선택한다. 한국인은 주인의 철학이 어떤 것인지 모른다. 한국의 민중민주주의는 노예(인민)민주주의이다. 결코 자유(시민)민주주의가 아니다.

'아(我)-피아(彼我)'의 당파성

단재 신채호의 '아(我)-피아(彼我)' 사관은 한민족의 '역사적 자아'를 되찾게 함으로써 근대적 역사의식에 도달하게 한 큰 업적을 이루었다. 그러나 한반도에서 최초로 삼국통일을 한 신라의 통일을 당(唐)이라는 외세를 끌어들인 통일이라고 규정함으로써 민족의 정체성을 훼손하고 분열시킨 반대 측면도 없지 않다. 신라의 통일이 중국의 힘을 빌린 사대적·반민족적 통일이었다고 생각하는 것은 신라통일 당시의 한반도를 둘러싼 동아시아의 질서를 무시한 것으로서 일제 식민지 당시의 사대적·식민지적 의식을 극복하고 반성한 역사관이 아니라 단지 과거 고구려의 광대한 영토를 그리워함으로써 역사를 소급해서 심판한, 역사적 현재에 도달하지 못한 역사적 후퇴라고 말할 수 있다.

단재의 고구려통일론(고구려가 통일했으면 한민족의 발원지인 만주 일대를 잃지 않아도 되었을 것이라고 생각함)은 멸망한 고구려를 중심으로 '역사적 자아'를 구성한 낭만주의사관에 그칠 뿐만 아니라 고구려를 계승하고 있는 북한정권의 합리화에 기여하고 남한의 분열(신라와 백제세력)을 야기함으로써 남북한의 지리적·역사적 분단을 극복하는 데에 아무런 힘이 되지 못했다. 단재는 역사적 자아를 고취시키는 데는 성공했으나 그의 대륙사관 자체가 이미 자아의 분열을 넘어설 수는 없었던 한계를 보이고 있다. 신라의 통일은 상고시대의 '동이족'에서 고대의 '한민족'을 있게 한 주체적인 동인으로서 당시 세계 최대의 제국인 당나라세력의 한반도 지배와 잔존(도호부설치)을 거부한 한민족의 거대한 성취로서 칭송받아야 마땅하다.

단재사학은 일제 식민사학인 실증사학과의 대척점에 서 있는 민족주의사학의 상징이었지만 울분에 차 있었기 때문에 단재사학의 고구려통일론은 낭만주의사학, 당파적 사학에 머물렀다. 역사적 회상은 현재의 새로운 역사전개를 위해서 중요한 것이지만 간혹 현재를 과거의 제물이 되게 하는 결함을 가지고 있다. 단재사학은 결국 현재적 통일의 달성과 새로운 역사적 기원(origin)을 열지 못한 아쉬움이 있다. 역사학은 현재의 시점에서 현상학적 판단정지(époche)를 하고, 그 이전의 전체를 파악할 수 있어야 신기원(epoch)을 달성할 수 있다. 단재사학은 근대사학을 열었으나 식민지의 원인을 가까운 조선조의 당파싸움에 두지 않고 과거 신라통일에서 찾음으로써 크게 보면 현재적 역사의식에 이르지 못한 반쯤의 성공에 불과하였다고 할 수 있다.

새로운 역사는 역사를 기술하는 사람이 집단의 전체의식을 넘어서는 '주체적 개체' 혹은 '전체적 개체'에 도달함으로써만이 달성될 수 있는 것이다. 에포케(époche)할 수 있어야 동시에 에포크(epoch)할 수 있다.

의미와 무의미의 상관관계

세계는 의미가 아니라 사건일 뿐이다. 그런데 그러한 세계에 의미를 부여한 것이 인간이다. 은유(metaphor)이든 환유(metonymy)이든 형이상학(metaphysic)이든 물리학(physics)이든, 모두 세계에 의미를 부여한 결과들이다. 인간은 사건을 사물로 보는 한편 사물의 의미를 고정시키려 하지만(개념과 법칙의 프레임에 가두려 하지만), 의미 자체(자연의 의미)는 끝없이 작용(운동)하려고 한다. 의미와 무의미는 끝없이 상호작용한다. 의미 가운데 가장 큰 의미는 무의미이다. 의미와 무의미의 관계는 주변과 중심을 잇는 수많은(무한대의) 선분의 관계와 같다. 의미는 마음의 산물이다. 기의(의미)는 기표(기호)들 사이의 역동적 차이관계에서 비롯되는 '침전물'이 아니라 소리가 기표가 됨으로써 그 자리에 생긴 '마음(心)'이다. 무의미는 무(無)에서 비롯된다. 즉 의미에서의 무가 무의미이다. 의미는 대상에서 발생하는 이분법적 의미이다. 그 가운데 적과 친구, 선과 악이 가장 원초적인(본능적) 의미이다. 의미는 수많은 맥락을 가지고 있다.

생각이 소유이다

생각이 소유이다(생각하는 것 자체가 이미 소유이다). 기억과 이미지도 생각 이전의 소유이다. 그래서 인간은 소유적 존재이다. 인간이 소유적 존재인 것은 소유동사(avoir)를 존재라고 생각하는 것에서 가장 확실하게 알 수 있다. 이는 소유적 존재의 특성이 투사된 것이다.

종교인과 철학자

누구나 종교인(대중적 철학자)은 될 수 있지만 철학자(개인적 철학자)는 될 수 없다. 철학자는 자신의 세계관과 우주론을 보편적인 것으로 만들려는 재능과 특권을 가진 극히 소수자이다. 그런 점에서 철학자들은 모두 세계를 자신의 이론으로 설명하려는 환원주의자들이며, 특히 세계를 전도(轉倒)시킨 자들이다. 서양철학자들은 소리와 빛을 이성(理性)이라고 주장했고, 동양철학자들은 기(氣)를 이(理)라고 주장했다.

실체가 있는 관계와 실체가 없는 관계

영어에서 'or(혹은)'와 'and(과)'는 그 용법이 다르다. 전자는 이분된 세계를 가리키고(둘 중에 하나를 선택하게 함), 후자는 평행적인 세계를 가리킨다(서로 다른 성질의 것이 지속됨). 그러나 후자도 이분된 것은 마찬가지이다. 후자는 평행선의 무한대로 나아감과 둘 사이의 관계를 설정하고 있다. 둘 다 실체(동일성)를 바탕으로 하고 있다. 서양의 실체가 있는 것의 관계는 동양의 음양사상과 같이 실체가 없는(상징적인) 관계적인 것과는 다르다.

경구 073

현상을 존재로 오인

흔히 현상을 존재라고 생각한 이유는 감각적으로 잡을 수 있는 것에 대한 필요와 선호 때문이다. 그러나 필요는 욕망을 다 채워줄 수 없다. 욕망에 끝없이 시달리는 그것 자체가 바로 정신이고, 동시에 정신병이다. 이성과 욕망은 같은 것이다. 신체의 이성이 욕망이고, 대뇌의 욕망이 이성이다. 그 욕망의 대표적인 것이 식욕과 성욕이다. 신체를 가지고 있는 한 남자는 여자이며, 머리를 가지고 있는 한 여자는 남자이다.

정신은 정신병이다

인간의 정신은 정신병이다. 온전한 정신(sane)이라는 것은 정신병의 강도가 약한 것이고, 정신병자(insane)라는 것은 그 강도가 강한 것일 뿐이다. 인간은 스스로를 선하다고 생각하는 이상한 존재이다. 그러면서도 절대선(善) 혹은 절대지(知)는 악(惡)의 온갖 상징으로 둘러싸여 있다. 이것은 정신과 신체의 일종의 전쟁이다. 인간은 자신을 밖으로 투사하거나 혹은 밖으로부터 스스로를 최면당하지 않고는 살아가지 못하는 존재이다. 정신이 완전히 제어했다고 생각(착각)하는 신체가 육체이고 물질이다.

자기의 감옥에 갇힌 인간

인간은 동물을 바라볼 때 본능이라는 고정된 틀에 매인 존재라고 생각한다. 그러나 이것은 인간의 생각 혹은 착각일 뿐이다. 동물은 생멸의 법칙에 따라 살아가고 있을 뿐이다. 인간만이 생멸의 법칙이 아니라 고정된 틀, 가상의 틀을 만들어놓고 그것에 따라 살아가는 존재이다. 다시 말하면 동물을 지배하는 인간은 스스로의 틀을 동물에게 뒤집어씌운 것이다. 인간의 권력이 감옥을 만들어낸 것도 같은 이치이다. 그런 점에서 인간은 우리에 갇힌 동물과 같다. 인간은 동일성을 추구하는 동물인 것 같다. 인간의 생각 자체가 동일성을 추구하는 것이다. 이에 반해 자연은 기본적으로 다양한 생물종의 분포를 특징으로 하고 있다.

호모사피엔스의 지구점령은 가장 성공적으로 적응한 생물종을 멸종시킴으로써 생물다양성을 보존하려는 생태학과 위험한 경계에 있다. 지구가 부양할 인구가 200억 명 정도라고 추산한다면 호모사피엔스 개체군은 그러한 경계선상에 바짝 다가서 있는 것 같다. 오늘날 지구촌 전체의 모습을 보면 신자유주의적 글로벌리즘이나 내셔널리즘, 종교적 근본주의 등 이데올로기가 모두 내용 면에서도 다양성과는 다른 동일성을 요구하는 공통성을 가지고 있다.

만물은 존재 자체가 예술

생성하는 만물(존재)은 그 자체가 예술이다. 지금까지 예술은 자연의 모방설이나 유희설 등에 의해 설명되곤 했지만 모방설이나 유희설이라는 것은 모두 자연 그 자체의 예술성보다는 자연에 인위나 인공을 가미한, 제2차적인 것을 예술이라고 하였다. 그러나 이제 자연 그 자체를 예술적 존재로 보아야 한다. 예술은 이제 더 이상 종교와 과학처럼 가상실재를 가지고 예술이라고 할 필요가 없다. 예술은 신체가 참여하는 현대의 축제이고, 축제는 신을 만나서 함께 노는 오신(娛神)의 놀이이다. 축제는 로고스(logos)가 아닌 뮈토스(mythos) 계열의, 담론(discourse)이 아닌 실천(practice) 혹은 퍼포먼스(performance)이다.

유령의 실체

가상실재를 실체라고 믿어온 데리다는 실재를 유령이라고 부른다. 이는 인간의 자기도착의 절정이다. 자연적 존재인 실재는 고정되거나 결정될 수도 없을 뿐만 아니라 해체될 수도 없다. 해체라는 것은 구성된 것에 가할 수 있는 인간의 행위이다. 예컨대 텍스트는 해체할 수 있다. 해체한다는 것은 이미 텍스트적 사고를 하고 있다는 뜻이다. 구성되지 않는 자연은 해체할 수가 없다. 해체할 수 있는 것은 이미 구성물이라는 것을 말한다.

소유와 소외

소유의 이면에는 반드시 소외가 있다. 소유적 존재인 인간 사회에는 반드시 어디엔가는 소외가 있기 마련이다.

경구 079

가상실재의 자기증식

　인간의 역사는 가상실재의 자기증식이다. 인간이 만든 것 중에 가상실재가 아닌 것이 없다. 역사는 현상하고, 자연은 존재한다. 남자는 현상하고, 여자는 존재한다. 현상은 목적하는 것이고, 존재는 저절로 그러한 것이다.

경구 080

원시공산사회는 모계사회의 유토피아

　인류학자 루이스 모건(Lewis Henri Morgan)의 『고대사회』에서 원시사회의 아이디어를 얻은 마르크스는 원시공산사회가 커뮤니티(community)사회처럼 집단의 규모가 작은 사회에서 이루어지는, 모계사회라는 것을 잘 이해할 수 없었다. 가부장-국가사회에서는 공산사회주의(communism)가 실현될 수 없음을 간과한 배경이다. 모건은 인류의 가족형태를 다음의 5단계로 구분하였다. 난혼(promiscuity)→혈연가족(consanguine family: 형제가족)→집단혼가족(punaluan family: 집단과 집단의 결혼)→대우혼가족(syndyasmian family: 미개시대의 일부일처제로서 부부의 결합이 약한 것이 특징이다)→가부장제가족(patriarchal family: 부권이 강하여 대가족과 일부다처제가 가능하다)→단혼제가족(monogamian family: 현대사회의 일부일처제).

마르크스가 말하는 원시공산사회란 다름 아닌 모계사회를 말하는 것이다. 모계사회의 유토피아가 바로 원시공산사회이다. 공산사회는 근본적으로 여성의 자궁을 공유하지 않으면 성립되지 않는 사회이다. 가부장사회에서 공산사회를 추구하는 것은 연목구어(緣木求魚)와 같은 행위이다. 여성의 성을 가부장이 소유하는 형태인 가부장사회는 토지의 사유와 사유재산제도를 버릴 수 없다. 구소련과 중국 등 공산주의사회가 공산당전체주의가 된 것은 집단주의의 당연한 귀결이다.

<hr>

경구 081

잡을 수 있는 것과 있는 것

존재는 잡을 수 있는 것이 아니다. 존재는 잡음씨(이다, 아니다)의 세계가 아니다. 존재는 '있다'의 세계이다.

유물론의 출발은 스피노자

마르크스는 헤겔의 노동을 노동가치설로 변화시켰고, 주인과 노예의 변증법을 계급투쟁으로 변화시켰고, 유심론을 유물론으로 변화시켰다. 결국 마르크스는 헤겔좌파에서 출발한 헤겔의 좌파이다. 그렇다면 근대철학에서 유물론의 출발은 누구일까. 스피노자이다. 스피노자는 흔히 범신론자라고 알려져 있지만 실은 기독교의 절대유일신의 속성이 자연(만물)에 존재케(깃들게) 함으로써 훗날 헤겔의 절대정신(유심론)이 마르크스에 의해 뒤집혀서 절대물질(유물론)이 될 때 단초가 된 철학자이다. 절대정신이든, 절대물질이든 절대자의 변형이다. 스피노자는 서양의 근대철학을 어떤 존재에도 의존하지 않는 실체(substance)인 신(神)과 그것의 속성을 가진 양태(mode)로 파악함으로써, 결국 양자를 동일한 것으로 보는 효과를 가짐으로써 후일에 유물론자들의 스승이 되었다. 그는 인간을 이성적 존재이면서 동시에 신체를 가진 욕망과 정서(affection)의 존재로 봄으로써 감정연구의 선구자가 되었다. 그는 성리학의 이기론(理氣論)을 동시에 수용한 흔적이 많다. 그의 '실체'는 성리학의 이(理)에 해당하고 코나투스(conatus)는 기(氣)에 해당한다.

서양의 근대철학사에서 스피노자의 공헌은 라이프니츠의 단자(monad)와 함께 철학을 유물과 과학에 이르게 하는 선구적 역할을 하였다는 데에 있다. 서양의 근대철학은 처음부터 과학에 주눅이 든(과학적 현상을 철학적으로 설명하기 위한), 현상학적 유물론 혹은 유물론적 현상학이라고 해도 과언이 아니다. 이는 헤겔의 정신(관념)을 물질로 넘어가게 한 마르크스의 원조이다. 스피노자의 철학은 라이프니츠의 미적분의 수학(과학)과 같다. 스피노자는 철학적 라이프니츠이다. 라이프니츠는 수학적(과학적) 스피노자이다. 여기서 관념론과 유물론과 수학(과학)의 삼각관계가 이루어진다. 칸트는 그 한복판에 있다. 그래서 칸트가 위대하다.

현상학의 출발인 헤겔

헤겔의 철학은 정신에 대한 현상학이었기 때문에 마르크스에게 물질로 뒤집힌 것이다. 현상학은 본래 가역왕래하는 것이기 때문에 뒤집히는 것이다. 현상학의 대립은 어떠한 대립일지라도 뒤집힐 수 있는 것이다. 헤겔의 절대정신, 법철학에 의해 철학이 이데올로기화되었다. 마르크스의 유물론과 공산사회주의이론이 극렬하게 이데올로기화된 것은 모두 헤겔에서 연원한 것이다. 헤겔은 역사와 철학을 통합했다. 이는 개념과 사건을 통합한 것이다. 철학이 역사화(역사적 실천)되고, 역사가 철학화(시대정신)된 것이 바로 이데올로기의 정체이다. 모든 이데올로기의 뒤에는 동일성이 있다. 이데올로기는 일종의 가상실재 혹은 유령이다.

자연과 도락(道樂)

시란 일상적으로 타성화된 개념을 무화시킴으로써 카타르시스, 기쁨, 열락, 도락(道樂)을 얻는 예술행위이다. 시란 일상적 의미가 아니라 시적 의미를 창조하는 행위이다. 그런 점에서 무의미시라는 것은 시적 의미가 없다는 뜻이 아니다. 무의미에 도달하는 시라는 것은 특정한 혹은 일상적 목적 없이 순수한 마음으로 언어적 유희를 하는 것을 의미한다. 여기서 유희라고 하는 것도 사회적 환경이나 자연풍광과 무관하다는 뜻은 아니다. 이런 것들은 무의식적으로 깔려 있고, 그 위에서 시작을 하는 것이다.

역(易)의 상징시

역(易)이란 한자음양문화권에서 우주순환과 변화를 64괘의 상징적 프레임으로 설명한 일종의 상징시(象徵詩)이다. 다시 말하면 역이란 시(詩)·상형(象形)·한의학(漢醫學) 등 한자문화권에서 나올 수 있는 일종의 상징과학이다. 역이란 현대의 과학으로 볼 때는 역시 점복(占卜)일 수밖에 없다. 점복이라는 것을 과학의 입장에서 보면 비과학이지만, 점복의 입장에서 보면 과학도 일종의 시간과 공간을 축으로 하는 점복이다.

경구 086

기독교는 현대의 선(仙)

종교를 특징적으로 말할 때, 흔히 종교는 기독교이고, 도덕은 유교이고, 철학은 불교라고 말한다. 이들 종교의 원형은 샤머니즘(神仙敎) 혹은 선도(仙道=신선도神仙道) 혹은 풍류도(風流道)이다. 기독교는 '기독교선(仙)'이라고도 말한다. 선도가 자연주의라고 한다면, 기독교선은 자연과학주의이다. 자연주의와 자연과학주의는 과학의 영향으로 종종 같은 말로 통한다. 자연과학을 자연 그 자체로 보는 현대인은 많다. 자연이 자연과학적 설명대로 있는 것처럼 인식하는 현대인은 많다. 기술과학시대를 살아가는 현대인에게 자연과학은 자연의 동의어처럼 된 지 오래이다.

신체와 기(氣)와 기계

서양철학을 대번에 극복하는 말을 한다면 "텍스트는 없다"와 "기계는 추상이다"라는 박정진의 두 말이다. '텍스트는 없다'라는 말은 데리다의 "텍스트밖에 없다"라는 말을 극복하는 말이고, '기계는 추상이다'라는 말은 들뢰즈의 '추상 기계'를 극복하는 말이다. 들뢰즈는 동양의 기(氣)를 '기관 없는 신체'라고 하고, 기계를 '신체 없는 기관'이라고 한다. 서양에는 동양의 기(氣)라는 개념이 없기 때문에 신체를 통해 '기'를 표현하는 셈이다. 기독교의 성령(聖靈)이라는 개념은 일종의 영기(靈氣)로서 '기'와 통한다. 서양철학을 최종적으로 극복하는 말은 "존재는 소리이다"라는 말이다. 여기서 '소리'는 모든 파동을 의미한다.

조각조각난 문사철(文史哲)

동양에서는 예로부터 인문학을 문사철(文史哲)로 표현해 왔다. 서양철학은 최근에 와서야 문사철이 서로 통합되는 양상을 보인다. 헤겔에 의해서 역사와 철학이 하나가 되고, 프랑스철학에 의해서 문학과 철학이 하나가 되었다. 그런데 동양에서는 거꾸로 서양의 전문화(專門化)의 영향을 받아서 문사철이 조각조각나 있다.

살아 있는 하나님, 죽은 하나님

인간이 동물보다 잘난 것과 못난 것은 바로 '소유적 존재'인 것에 있다. 동물은 본능에 따라 살아가지만 소유적 존재가 아니라 생성적 존재이다. 인간이 만약 소유적 존재로만 끝난다면 '만물의 영장'이라고 하지만 언젠가는 멸종할 것이다. 기독교의 절대유일신도 '자연의 신'을 소유한 것이고, 자

유와 평등도 소유적 본성의 두 갈래일 뿐이다. 그래서 서구
중심의 인간사회에서 진정한 평화를 얻는 것은 하늘의 별따
기만큼 어렵다. 나만의 신은 진정한 신이 아니다. 참사랑이
없는 평화는 진정한 평화가 아니다. 참사랑은 참부모와 참가
정과 더불어 이루어진다. 참부모의 마음을 미루어 하나님을,
참가정의 모습을 미루어 하늘나라를 짐작한다. 하나님은 지
금 살아 있지 않으면 하나님이 아니다. 지금 살아 있지 않으
면 단지 말의 하나님이고, 죽은 하나님이다.

경구 090

무시무종(無始無終)의 위대성

지금 있는 것만이 있는 것이다. 지금 끝이라고 생각하면
시작이 동시에 있게 된다. 더욱이 원인이란 결과를 뒤집은
것이다. 무시무종(無始無終)이란 이런 것이다. 신이란 것도 지
금 있는 것이다. 과거나 미래나 현재에 있는 것이 아니다. 더
구나 지금 보이지 않는 것도 있는 것이다. 지금 들리지 않는
것도 있는 것이다. 지금 만질 수 없는 것도 있는 것이다. 진

정한 존재는 의식이나 인식이 가능한 환원적 현상이 아니다. 세계가 하나라는 것은 세계는 본래 이분된 세계가 아니라는 뜻이다. 시종과 인과가 없다는 뜻은 바로 그런 이유 때문이다. 심지어 의미도 인간이 만든 것이기 때문에 본래세계는 무의미이다. 무의미의 세계는 무의 세계이고 무의 세계는 기(氣)의 세계이다. 기는 동일성이 아니라 동질성이다. 느낄 수 있고, 공감할 수 있는 세계가 기의 세계이다.

경구 091

동일성의 독재자

시각은 동일성을 요구하는 독재자이다. 시각은 스스로를 초월적 지위에 올려놓고, 다른 제 감각의 제왕(帝王)이 되고자 한다. 시각 때문에 권력이 생겼을 것이다. 시각은 남을 대상으로 삼기도 하지만 스스로를 대상으로 삼는다. 시각은 대상화의 천재이다. 그래서 인간은 때때로 눈을 감아야 평화를 얻는다. 하루에 한 번씩 눈을 감고 잔다는 것은 참으로 인간에게 내려진 평화의 축복이다. 이에 비해 청각은 차이를 인정하는 민주주의자이다. 귀로 음악을 듣는 자유가 없었다면 인간은 모두 정신병에 걸렸을 것이다. 시각은 존재를 속일 수 있어도 청각은 존재를 속일 수가 없다.

경구 092

생각하지 말라, 기쁘게 살려거든

인간은 생각하는 순간, 불행하게도 존재를 잃어버린다. 코기토는 소유적 존재의 확실한 출발과 같다. 근대와 더불어 소유하지 않으면 어떤 사물도 낯설어진다. 동일성은 시간과 공간의 틀에 잡히는 것이고, 동시성은 시간으로부터 벗어나는 것이고, 동질성은 공간에서 벗어나는 것이다.

인문학을 하는 다섯 가지 요령

새로운 인문학을 하는 다섯 가지 요령은 다음과 같다. 첫째 텍스트는 없다. 어떠한 텍스트도 만들어지는 순간 이미 죽은 텍스트이다. 둘째 찰나생멸이 아니라 기운생멸이다. 찰나가 아무리 짧은 시간이라도 실체가 있는 시간이다. 셋째 시각을 믿지 말라. 시각은 참으로 실재를 가상실재로 만드는 제왕이다. 넷째 어떤 것도 도그마하지 말고 우상화하지 말라. 이는 인문학의 독이다. 다섯째 인간중심주의에서 벗어나라. 인간은 필연코 인간중심주의에 빠진다. 왜? 인간이기 때문이다.

사악한 인간존재

인간은 사악한 존재이다. 인간 이전에는 악이 없었다. 동물과 식물에는 어떤 경우에도 악함이 없다. 인간이 선을 말하는 것은 선의 밖에서 악을 보았기 때문이고, 그 악은 인간 내부에서 발생한 것이다. 그런데 문제는 그 악함은 바로 욕망과 이성과 연결되어 있다는 데에 해결불가능의 측면이 있다. 인간의 선함이란 동식물로부터 계승되어온 자연성(본성)의 측면을 두고 하는 말이다. 인간의 선함이 인간 종 내부, 혹은 그 밖에서도 발현될 수 있긴 하지만, 그것은 지속적인 것이 아니다. 소유적 인간이 필요에 직면에서 선하게 된다는 것은 정말 성현에게나 기대할 수 있는 것이다. 성현이 자주 등장하지 않는 이유는 여기에 있다. 인간이 성현을 섬겨야 하는 이유도 여기에 있다. 그런 점에서 보들레르의 시처럼 "인간은 악의 꽃이다."

경구 095

자연은 구성이 아니다

자연과 생명은 구성된 것이 아니다. 자연과 생명이 구성된 것처럼 보이는 것은 인간이 자신의 구성적 본능을 투사한 결과이다. 세계는 정신도 물질도 아니다.

자연에 가까우면 선하다

지금까지 인간은 자신은 선한데 자연은 악하다고 생각했다. 실은 그 반대이다. 자연은 선한데 인간은 악하다. 결국 자연적 인간은 선하다고 할 수 있다. 농사꾼이 도시의 직장인보다 선한 것은 농사가 자연에 가깝기 때문이다. 우리는 도시의 농사꾼, 도(道)의 농사꾼이 되어야 한다.

자신(自身) 자신(自信)
자신(自新) 자신(自神)

세계는 그것(It=Thing)이 아니고 우리(We=Web)이다. 나아가서 자신(Self=自身)이다. 칸트가 '그것 자체(Thing itself)'라고 명명한 자체가 서양철학적인 것이다. 세계는 하나의 몸이다. 몸은 대상으로서의 몸(사물, 육체)이 아니다. 대상으로서의 몸은 인간의 언어가 명명한 것이다. 인간은 자신(自身)에서 자신

(自信), 자신(自新), 자신(自神)으로 돌아간다. 자신(自身)은 즉 자신(自神)이다. 자신(自神)을 기독교식으로 말하면 '종의 기독교'에서 '주인의 기독교'로 변신하는 것을 말한다. 한문의 '자(自)'자를 '스스로(주체)'로 번역하면 현상학이 되고, '저절로(자연)'로 번역하면 존재론이 된다. 인간은 저절로 신이다. 인간은 누구나 자신의 신(神)이다.

경구 098

귀신(鬼神)과 신(神)

옛사람들은 '귀신(鬼神)'을 '신(神)'으로 섬겼다. 귀신은 살아 있는 사람들보다 더 높은 대접을 받았다. 죽어야만 신으로 대접받을 수 있었다. 신(神)자는 '귀신 신'자이다. 옛사람들은 귀신을 신으로 섬겨도 살아 있는 듯이 섬겼는데 요즘 사람들은 신을 섬겨도 그렇게 살아 있는 듯이 섬기지 못한다. 언어의 신에 빠진 탓이다. 현대인은 살아 있는 신을 회복해야 한다. 살아 있는 신은 기운생동이다. 축제는 신을 되살리는 운동이다.

느낌과 실재

세계의 실재는 언어의 세계가 아니라 느낌의 세계이다. 느낌의 세계야말로 실재의 세계이다. 마음을 비우고 느끼라! 마음을 비우고 무(無)의 존재로 돌아가면 세계는 즉시 하나의 전체가 된다. 존재는 생사가 없어지고 생멸(기운생동)을 느끼는 것이다.

기운생동에 대한 신앙

있는 것도 시각(시각-언어)적으로 있는 것과 청각(청각-상징)으로 있는 것, 그리고 기운(기운-상징)으로 있는 것은 다르다. 기운으로 있는 것만이 진정으로 있는 것이다. 하이데거는 동양의 기(氣)와 기분(氣分)을 설명하기 위해서 '존재와 시간' '시간과 존재'라는 존재론을 썼다. 서양의 이성철학으로 동양의 기(氣)의 세계를 서술한다는 것은 참으로 어려운 작업이었을 것이다. 인간을 현존재라고 규정한 하이데거는 현존재를 존재자와 존재의 경계에 두면서 존재자를 기준으로 존재를 설명했다. 그에게 존재는 기(氣)였다. 스피노자는 기(氣)를 물질과 같은 뜻으로 보았지만 하이데거는 기(氣)를 불교의 무(無)와 같은 것으로 보았다. 서양철학은 결국 스피노자의 '정서=기=물질'과 하이데거의 '기=존재=무'라는 현상학과 존재론의 큰 물줄기를 형성하면서 이들을 보충대리의 관계로 만들었다. 스피노자 계열은 마르크스를 만나서 유물론의 계열로 흐르고, 하이데거의 계열은 니체를 징검다리로 삼아 동양의 도학과 불교의 계열을 형성했다. 나머지 과학기술의 계열이 서양철학의 대종을 이루고 있다. 서양철학은 크게 보면 이렇게 3파전을 벌이고 있다.

여신에서 멀어져 탕아가 된 서양철학

최초의 신은 여신(女神)이었다. 여신(여자)을 대상(소유)으로 보면서 남신(男神)이 생겼다. 여신과 남신이 이중성을 보이는 곳이 상상계(거울)이다. 상상계에서 현실계로 들어서면서 남자(여자의 아들)는 여신(여자, 어머니)과 격리와 분리를 요구받게 되는데 이것이 오이디푸스콤플렉스의 영역이다. 세계는 권력의 세계, 가부장사회가 되고, 상징계의 언어를 뒤집어쓰게 된다. 이것이 종교적 인간(무의식, 여신, 신), 예술적 인간(무의식-의식, 시각-거울, 신, 시인), 철학적 인간(의식, 사물, 언어), 과학적 인간(물신)의 세계이다. 이런 네 종류의 인간을 순환적으로 보는 것이 나의 문명순환론이다.

프로이트의 정신분석학을 구조주의언어학으로 재해석한 라캉은 인간의 무의식이나 욕망이 말을 통해서 나타난다고 주장했다. 무의식은 언어와 같이 구조화되어 있다고 주장하는 라캉은 팰러스 중심의 정신분석학을 전개하면서 철저히 여성성, 즉 '최초의 신인 여신(무의식)과 모계사회와 어머니'와 관련되는 현실계(real: 주체 없음, 타자)를 '불가능한' '잃어버린 대상'으로 무시했는데 이는 실재계를 전제하면서도 철저히 상징계(symbolic: 대타자)와 상상계(imaginary: 자아) 중심으로 정신분석을 한, 즉 언어·의식·남성중심의 해석이다. 라캉은 누구보다도 서양문명에 충실한 해석자였다.

라캉은 서양철학의 주체중심을 타자(대상)중심으로 옮기는 결정적인 역할을 했다. 그래서 욕망도 타자의 욕망이라고 규정하면서 주체를 생략하기에 이른다. 그러나 현상학의 이원적 입장에 따르면 주체가 없으면 대상도 궁극적으로 존재할 수가 없다는 점을 라캉은 간과한 것 같다. 주체와 대상은 같은 차원의 존재자(실체)이기 때문에 하나가 없으면 다른 하나도 존재할 수 없게 된다. 현상학은 존재의 바다에서 존재자라는 물고기를 건져 올리는 그물이다.

결국 칸트의 무제약자로서의 주체와 주관적 자아와 경험적 자아, 화이트헤드의 초월적 주체와 영원한 대상, 라캉의 주체 없음과 타자의 욕망은 서양문명의 자아중심(egology)과 현상(제약된 인식대상)을 표현하는 다른 용어들이다. 또 칸트의 물자체와 신, 하이데거의 존재와 사중물(四重物, 사방세계)의 신, 라캉의 현실계는 자연적 존재(본질)를 표현하는 다른 용어들이다. 니체의 초인(나의 신, 예수, 부처)과 영원회귀조차도 현상의 제약한계(制約限界)와 본질의 무궁무진(無窮無盡)에 대한 다른 표현일 뿐이다. 물신에 이른 인간은 다시 거꾸로 여신으로 돌아가지 않으면 안 된다. 여신에 이르면 결국 '자신(自身)=자신(自神)=self'가 된다.

내 몸은 신이고, 자연이라는 평범한 진리(진리 아닌 존재)로 돌아오는 것이다. 인간은 본래 '예술적 인간'이다. 인간이 우주를 하늘과 땅이라는 상징으로 명명하는 자체가 바로 예술행위이며, 의미부여 행위였다. 하늘과 땅이 점차 굳어져서 하늘을 중심으로 '종교적 인간(象天)'이 나오게 되고, 땅을 중심으로 '과학적 인간(法地)'이 나오게 됨으로써 본래의 모습을 잃었지만 본래인간은 자신의 내부에 하늘과 땅을 하나(인중천지일人中天地一)로 가지고 있는 기운생동의 부드러운 존재이다.

나의 일반성의 철학에 대하여

나의 일반성의 철학은 동양의 도학을 서양철학적으로 설명한, 철학사에서 가장 최근에 일어난 코페르니쿠스적 사건이다. 일반성의 철학은 무시무종(無始無終)의 『천부경(天符經)』사상(이론)으로 유시유종(有始有終)의 기독교 신학을 포용하고, 다시 무시무공(無時無空)의 이론으로 자연과학을 포용한 것이다. 일반성의 철학은 대중적 소리철학이다. 나의 일반성의 철학은 고대 천지인사상이 부활한 '천지인'철학이고, 과학시대를 거친 '네오샤머니즘(neo-shamanism)'철학이다.

자유란 동일성에 대한 저항

서양철학이 추구한 것은 결국 동일성이다. 동일성은 세계가 전체적으로 하나라는 것과 다르다. 세계가 전체적으로 하나가 되려면 결국 동일성을 부정하여야 하기 때문이다. 동일성은 항상 바깥에 다른 것이 있기 때문이다. 이렇게 보면 우리가 흔히 말하는 육하원칙(六何原則)이라는 것은 모두 동일성을 전제로 한 것이다. 세계는 하나의 사물(정지, 실체, 동일성)이 아니다. 세계는 하나의 사건, 변화무쌍한 거대한 기운생동이다. 세계의 인과론은 시간의 선후관계에 편승하면서도 역설적으로 현재를 비시간으로 상정함으로써 얻어진 것이다. 다시 이를 역전시켜서 세계를 현재적 결과론(현사실적)으로 보면 비록 잡을 수는 없지만 전체적 하나인 세계를 느끼게 된다. 동일성은 인간의 질병이다. 자유란 동일성에 대한 저항이다. 소유란 동일성을 추구하는 것이다. 절대도 동일성을 추구하는 것이다.

시간과 공간의 제도적 성격

시간과 공간은 인간의 제도일 따름이다. 현상은 무한대로 변화하여도 현상일 뿐이다. 현상은 존재가 되지 못한다. 이런 것을 두고 현상학적인 차이(차원)라고 말한다. 존재는 아무리 현상되어도 존재일 뿐이다. 존재는 현상이 되지 못한다. 이런 것을 두고 존재론적인 차이(차원)라고 말한다. 현상은 현존을 현상(대상)으로 본 때문에 현상의 바탕인 존재를 설정하지 않을 수 없었다. 그러나 현상의 바탕인 존재도 진정한 존재는 아니다. 진정한 존재(실재)는 현존이다. 현존은 신체(육체가 아닌)이고 몸(마음)이다. 주체와 대상이야말로 인간으로 하여금 세계를 훔치게(소유케) 한 가상실재의 두 범인이다. 그러나 진정한 세계는 결코 인간의 훔침을 당하지 않는다. 진정한 세계는 방의 자물쇠와 열쇠가 없다. 진정한 세계는 닫힌 방이 아니다. 진정한 세계는 그냥 그대로 열려진 세계이다. 존재의 세계는 시간과 공간을 벗어난 세계이다.

메시아, 미륵, 미래

메시아나 미륵은 과거에도 있었다고 생각하기 때문에 미래에도 있을 것이라고 생각한다. 그런 점에서 과거나 미래는 같다. 현재에 메시아나 미륵은 왜 존재할 수 없는 것일까. 여기서 우리는 현재가 시간이 아니라는 것을 알게 되고, 시간 자체가 가상실재라는 것을 알게 된다. 현재가 있다고 생각한 나(개체, 자아)라는 것도 가상실재라는 것을 알게 된다. 우리의 현상에서 벌어진 일들은 모두 가상실재가 될 뿐이다. 존재는 현상계에선 궁극적으로 알 수 없는 것이 된다. 현상계의 가상실재는 무한하다. 그렇다면 우리는 현상계와 차원이 다른, 혹은 차원이 없는 실재를 상정할 수 있다. 이것이 실재이다. 이 실재(존재)는 현상계의 가상이 존재하는 형태의 존재자가 아니다. 존재는 존재하는 것(존재자)이 아니다.

목적 없는 세계

세계와 기(氣)는 목적성과 방향성을 가진 것이 아니다. 세계는 또한 선후상하좌우안팎이 없다.

신, 정신, 마음

정신-물질, 심(心)-물(物) 대립항의 차이는 전자의 대립은 주체-대상으로서의 세계이고, 후자는 주체-대상으로서의 세계가 아니라 스스로의 세계이다.

가장 충격적인 말

"메시아는 더 이상 오지 않는다."(나는 이런 제목의 책을 썼다)
나의 이 말은 니체의 "신은 죽었다"는 말보다 더 충격적인
메시지다.(나는 니체를 극복하기 위해 『니체, 동양에서 완성되다』라는
책을 썼다) 이는 원인의 부정이 아니라 결과의 부정이기 때문
이다. '메시아는 더 이상 오지 않는다'는 주장보다 더 메시아
를 가장 잘 아는 사람은 메시아가 본래 없다는 것을 아는 사
람이다. 그런 사람은 처음으로 메시아가 될 자격이 있는 사
람이다. 메시아가 될 자격이 있는 사람은 동시에 그가 바로
신이라는 사실을 아는 사람이다. 세계의 시작과 종말인 신과
메시아는 결국 같은 사람이다. 메시아는 유령(가상실재)으로
서 나타날 수 없다. 육화된(신체를 타고난) 메시아가 나타날 때
메시아는 존재하게 되는 것이고, 메시아는 곧 하나님이다. 시
작은 종말과 함께, 종말은 시작과 함께 있기 때문이다. 종교
는 결국 현상학적·대중적 철학이다. 진정한 철학은 존재론
적인 철학이다. 존재론에 따르면 시작과 끝은 없다. 존재론은
최고의 종교철학, 철학종교이다.

자신(自神)에 이르는 애매한 길

진정한 믿음은 믿음과 믿지 못함을 구별하지 못한다. 진정한 앎은 앎과 알지 못함을 구분하지 못한다. 진정한 신은 신과 신이 아님을 체득하지 못한다. 그래서 자신의 몸에서 시작하여 자신의 믿음, 자신의 새로움, 자신의 신(自神)에 이르지 못하면 제대로 이르렀다고 할 수 없다.

어리석은 자

어리석은 자는 죽은 자를 가지고 산 자를 죽인다. 어리석은 자는 죽은 신을 가지고 살아 있는 신을 죽인다. 어리석은 자는 죽은 지식을 가지고 살아 있는 지식을 죽인다. 어리석은 자는 죽은 책을 가지고 살아 있는 자연을 죽인다.

시간과 존재

시간을 죽이면 존재가 보이고, 공간을 죽이면 시간이 보인다. 시공간을 죽이면 존재 자체가 된다. 공간에서 시간을 보면 텍스트를 쓰게 되고, 시간에서 시간을 보면 변화하는 흐름만이 있다.

기운생동의 춤추는 세계

세계는 어떤 방향과 목적도 없다. 그저 기운생동의 춤을 출 뿐이다. 그런데 인간은 그러한 세계에서 방향을 정하고 목적을 정하는 이상한 존재이다. 이 이상한 존재는 이상적인 존재이다. 이상한 존재와 이상적인 존재의 차이는 없다. 이러한 존재를 두고 '소유적 존재'라고 한다. 존재는 소유할 수 없다. 그런데 인간이라는 존재(현존재)는 존재를 끝없이 소유하고자 한다. 인간이 소유하고자 한 것은 시간을 만들고부터이다. 시간이야말로 소유의 근본원인이다. 시간이야말로 근본(根本)을 원인(原因)으로 돌린 자이다. 시간이야말로 체(體)를 용(用)으로 돌린 자이다.

자기자신의 카오스, 혹은 미래

미래를 지향하는 것은, 혹은 미래가 열려 있다고 생각하는 것은 아직 미래를 대상(목적, 결과)으로 보는 것이다. 미래는 대상이 아니다. 미래는 자기자신이다. 과거도 자기자신이다. 현재도 자기자신이다. 자기자신 이외에 아무것도 없다. 미래는 자기자신의 카오스이다.

남성의 눈, 여성의 귀

철학은 모름지기 남성의 눈을 가질 것이 아니라 여성의 귀를 가져야 한다. 철학은 모름지기 남성의 정신을 가질 것이 아니라 여성의 몸을 가져야 한다. 철학은 모름지기 남성의 생산을 강조할 것이 아니라 여성의 생산(출산)을 숭배하여야 한다.

우상의 황혼

대중은 우상을 섬기지 않을 수 없다. 문화는 우상의 전시장이라고 말할 수 있다. 대중은 우상으로 진리에 접근하고, 계급으로 차이(차별)에 접근하며, 욕망과 소유로 삶을 표현한다. 종교는 궁극적으로 우상이다. 대중은 종교에 의하지 않고는 진리에 도달할 수 없다. 그런데 따지고 보면 진리도 실재의 우상이다. 진리는 철학자나 과학자들의 종교이다. 이들은 언어와 수학으로 종교를 삼는 특별한 족속들이다. 기독교가 대중적 플라토니즘이듯이 종교는 대중적 진리이며 혈통적 제의이다. 혈통적 신학은 대중적 인과론과 같다.

악의 뿌리는 필요와 소유

악의 뿌리는 필요와 소유이다. 인간이 악한 이유는 현재에 필요하지 않는데도 먼 미래를 위해서 소유하고자 하기 때문이다. 인간은 생명도 기계에 의해 소유하고자 할 것이다. 결국 인간 종을 멸망시키는 것은 기계인간일 것이다. 인간의 대뇌의 추상은 처음부터 기계의 출발이었다. 기계에 의해 인간이 망하는 것은 결국 인간에 의해서 인간이 망하는 것이다. 이것이 인간자연의 운명이다.

철학의 주관주의와 순환론

주관주의는 경험주의에 의해 객관주의가 되고, 물리적 객관주의는 과학주의가 된다. 과학주의가 객관적 합리주의라면 합리주의는 현상학적 합리주의가 된다. 주관주의를 모든 사물의 본래 능력으로 보면 존재론이 된다. 이것이 철학의 순환론이다.

'낯설게 하기'와 '낯익게 하기'

인간이 소유적 존재인 것은 소유(대상화)를 통해 존재(사물) 혹은 가상존재를 자기화하기 때문이다. 인간존재는 도구를 통해 소유를 연장(확장)해왔으며, 소유를 하지 않으면 모든 사물을 낯설어(남이라고 생각)하고, 소유를 하면 낯익어(나라고 생각)한다.

섹스와 폭력의 관계

섹스와 폭력의 관계는 매우 밀접하다. 섹스 속에 폭력이 있고, 폭력 속에 또한 섹스가 있다. 섹스가 종 내부의 문제에서 출발한 것이라면 폭력은 종 외부의 문제에서 출발한 것이다. 그러나 종 내부의 섹스와 종 외부의 폭력은 서로 침투하고 왕래하기 시작했다. 이제 섹스와 폭력은 서로 교차함유하고 있다.

이미지, 물질, 사진, 여성

활자매체로는 이미지와 물질을 표현하는 데에 한계가 있다. 사진의 등장은 바로 세계가 이미지와 물질을 기반으로 하고 있음을 표현하는 계기를 마련하게 했다. 그래서 사진과 영화는 세계로 하여금 언어와 활자를 기반으로 하는 가상실재에서 이미지와 물질의 세계로 넘어가게 했다. 사진의 세계는 바로 빛을 받은 필름의 네거티브의 세계이고, 매트릭스의 세계이다. 세계는 사진의 등장 이후 빛과 언어의 세계가 아니라 어둠(필름)과 상징의 세계가 되었다. 어둠과 이미지와 상징의 세계는 역시 여성성의 세계이다.

경구 121

폭력의 마지막 스펀지

창녀는 모든 폭력(권력)을 마지막으로 받아들이는 여성의 스펀지와 같다. 창녀는 인간이 만든 역사사회의 마지막 지평선을 따라 대지처럼 길게 누워 있다.

경구 122

파토스, 파동, 파도

파토스와 파동과 파도는 소리 및 의미와 연관관계가 있다.

우주의 본래적인 혹은 근원적인 존재와 의미, 혹은 무의미를 말한다.

경구 123

무(無)와 공(空)과 기(氣)

무(無)는 '없음'을 나타낸다. 그러나 존재론의 '무'는 '없음'이 아니다. 무(無)는 공(空)이고 기(氣)이다. '무'라는 말이나 '공'이라는 말보다는 '기'라는 말이 '존재의 하나됨'을 나타내는 가장 좋은 단어이다. '기'라는 말은 현상학적인 오해를 불러일으키지 않기 때문이다. 존재는 기(氣)이고, 기는 일기(一氣)이고, 일기는 생기(生氣)이다. 보편적인 일(一)은 일리(一理)이고, 일반적인 일(一)은 일기(一氣)이다. '존재의 하나됨과 변화'를 나타내는 단어로 불교의 찰나생멸(刹那生滅)이라는 단어가 있지만 이보다는 기운생멸(氣運生滅) 혹은 일기생멸(一氣生滅)이라는 단어가 가장 좋은 단어이다.

기(氣)는 잡을 수 없는 에너지

욕(慾)은 금욕(禁慾), 무욕(無慾), 무(無)를 만들어낸다. 그런 점에서 인간은 결국 욕망과 이성으로 무(無)에 도달한다. 인간은 욕망이 없었으면 무도 몰랐을 것이다. 그러나 자연은 처음부터 무(無)이고 일기(一氣)다. '일기'는 개체가 없기 때문에 본래 시공간이 없고, 소유도 없다. 전기(電氣)의 기는 인간이 잡아서 이용하는 기이고, 공기(空氣)의 기는 인간이 더불어 태어난 기요, 본래의 기는 잡을 수도 없고, 더불어 태어난 것도 아닌, 결코 실체화되지 않는 기이다.

존재와 과학의 평행선

존재는 분석하고 해석할 수 없다. 존재는 회고(과거)하고 전망(미래)할 수도 없다. 현재(시간)에 매인 존재인 현존재, 인간이 분석하고 해석하고 회고하고 전망한 것은 모두 죽은 존재자(명사의 존재자)이다. 존재는 대상화되지 않은 상태의 '현존'이다. 존재는 사물이 아니고, 이치가 아니다. 존재는 사건이고, 심정이다. 굳이 말하자면 존재는 남성성이라기보다 여성성이다.

경구 126

실체가 있는 차이들의 전시

헤겔의 변증법에는 실체가 있고, 하이데거나 데리다의 차이의 철학에는 실체의 그림자가 있다. 실체의 그림자란 차이 뒤에 숨은 실체이다. 때문에 서양의 차이의 철학에도 궁극적으로는 실체가 있는 것이다. 차이의 철학이 '연기(延期)' 혹은 '연장(延長)'이라는 말을 가지고 있는 것은 그 이유이다. 그래서 차이의 철학도 전반적으로 현상학을 벗어나지 못한다. 차이의 철학 가운데서도 현상학적인 차원(데리다의 현상학)이 있고. 존재론적 차원(하이데거의 존재론)이 있다. 하이데거의 현현은 실체가 있지만, 은적은 비실체이다. 그러나 비실체의 존재라고 해서 관념은 아니다. 현존의 존재만이 진정한 존재이다.

유시유종(有始有終), 무시무종(無始無終)

"나는 시작이요, 끝이다"라고 하는 말은 얼른 들으면 시작과 끝이 있는 것 같지만 실은 시작과 끝이 없다는 말도 된다. 시작과 끝이 원을 이루면서 하나가 된다는 말이니 결국 시작과 끝이 없다는 말이다. 그렇다면 유시유종(有始有終)은 무시무종(無始無終)을 은적하고 있는 것이고, 무시무종은 유시유종을 현현하고 있는 말이다. 유시유종은 존재자이고, 무시무종은 존재이다. 진정한 존재는 무(無)이다. 시작이니 끝이니 하는 말은 존재론에서는 성립하지 않는다.

전체와 부분, 은유와 환유

존재의 전체, 혹은 전체적인 존재는 은유적으로 존재할 수밖에 없다. 만약 존재의 전체가 환유적으로 존재하게 되면 존재는 실체적이 되고 실체적이 되면 동일성을 요구하게 된다. 동일성을 요구하는 존재의 전체는 전체주의가 되지 않을 수 없다. 은유적으로 존재한다는 것은 바로 은적(隱迹)으로 존재하는 것이다. 하이데거는 시적 은유를 철학적으로 은적이라고 말하였다. 그런 점에서 하이데거는 동양적 시철(詩哲)이라고 말할 수 있다. 하이데거는 시를 철학화함으로써 현대의 기계적인 문명 및 환경과 대결한 철학자이다.

하이데거의 사중물(四重物: 사방세계: 신, 하늘, 대지, 죽을 인간)은 서양의 기독교적 신관과 서양철학의 현상학적인 전통 위에서 동양의 『천부경(天符經)』의 천지인(天地人)사상에 접근한 철학적 소산이다. 그러나 하이데거는 신을 별도의 존재로서 천지인의 밖에 둠으로써 서로 비추지(반영하지) 않고는 소통하고 교감할 수 없는 한계를 지니고 있다. 여기서 비춤 혹은 반영은 서양철학의 시각(안경)이나 거울의 반사 혹은 연못의 나르시시즘과 연결된다. 하이데거도 서양철학의 한계를 결국 벗어나지 못했음을 볼 수 있다. 하이데거는 만년에 자신의 철학을 회고하면서 "결국 나는 기독교철학자였다"라고 자인했다.

시와 철학은 본래 하나였다. 철학은 시에서 독립하였다. 시에서 철학이 독립하고, 철학에서 과학이 독립함으로써, 오늘날 과학시대를 이룬 서양문명은 다시 시(예술)로 귀향하지 않으면 안 되는 입장에 서게 되었다. 기술의 본질은 기술이 아니고 예술이기 때문이다. 삶 자체는 신체를 연행하는 예술이며, 나의 '신체적 존재론'에 따르면 신체는 존재이다. 신체는 존재로 귀환한다. 세계는 신체이다. 예술은 철학이나 종교와 과학에 비하면 존재 그 자체이다. 시는 종교적인 혹은 신학적이 아닌 방식으로 이미 신을 사모하는 것이다. 시는 자연을 신으로 섬기는 '일반적인 종교'이다. 그러한 점에서 나의 '일반성의 철학'은 시인의 철학이며, '소리의 철학'이다. 일반성의 철학은 자연의 소리 자체를 시로 보기 때문이다.

경구 129

마음과 상상력

마음이라는 것은 상상력 혹은 상상계와는 다르다. 흔히 마음이라고 하면 상상의 세계 혹은 상상계를 떠올리게 되는데 상상계는 실은 거울효과(거울, 시각, 사진)를 일으키는 세계로서 결국 현상계를 말한다. 그러나 마음은 현상계가 아니라 스스로 존재하는 현존이다. 현존이라는 것은 거울이나 시각이나 사진의 '사물을 대상으로 보는 사물현상'을 말하는 것이 아니라 주체와 대상의 대립이 없는 '세계 그 자체'를 말한다. 말하자면 존재의 드러남인 현존을 말하는 것이다. 현존은 사물을 대상으로 보는 것이 아니라 존재 그 자체를 기뻐하고 신비롭게 바라보는 것을 말한다. 현존은 결코 소유할 수 없다. 존재의 생성적인 모습이기 때문이다. 상상계는 인간이 가진 별도의 시공간으로서 사물을 대상화하고 인식하고 소유하려고 한다. 마음은 별도의 시공간이 아니라 자연의 모습 그 자체이다.

인간의 크기는 신의 크기

인간은 자신의 정신의 크기만큼 신을 본다. 절대와 소유는 본질적으로 우주의 부분이다. 인간의 집은 소유와 존재의 경계에 있다. 소유에 길들여진 인간은 소유를 통해서 존재를 확인하고, 존재에 길들여진 인간은 존재가 소유의 바탕임을 안다.

동일성과 차이성의 순환

서양문명과 형이상학과 남성은 동일성을 추구하고, 동양문명과 음양사상과 여성은 차이성을 추구한다. 서양문명의 차이성은 동일성을 추구하는 발판의 역할을 했고, 동양문명의 동일성은 차이성을 추구하는 발판의 역할을 했다.

정신은 물신(物神)이다

흔히 정신은 물질과 반대의 것으로 생각하기 쉬운데 그렇지 않다. 정신의 결과(대상, 목적)가 물질이다. 그렇다면 신은 신물(神物)이 되지 않으면 안 된다. 존재는 신에서 인간의 탄생과 더불어 정신이 되었다가 다시 인간의 퇴조와 더불어 신이 된다. 인간의 가상실재는 신(종교)에서 정신으로, 정신에서 물질(과학)로, 물질에서 화폐(돈신)로, 화폐에서 다시 신으로 원시반본(原始返本)하고 있다.

존재의 집과 존재의 감옥

언어는 '존재의 집'인 동시에 '존재의 감옥'이다. 하이데거가 "언어는 존재의 집"이라고 말한 것을 통해 볼 때 언어를 시적(詩的), 즉 은유적으로 사용하는 것에서 존재를 느낄 수 있음을 간파하였지만, 언어의 환유적 사용과의 구분을 확실히 하지 못함으로써 현상학과의 결별을 확실히 하지 못한 점이 있다. 언어를 환유적으로 사용하면 언어는 '존재의 집'이 아니라 '존재의 감옥'이 된다. 시인은 혼돈에 대한 투쟁을 언어를 통해서 수행하는 것이 아니라 시인은 일상의 질서에 대한 투쟁을 언어를 통해서 실현한다. 시인은 그럼으로써 존재의 근원인 혼돈에 도달하는 것이다. 이때의 혼돈은 현상학적으로 보면 혼돈이지만 존재론으로 보면 세계의 일원상, 즉 혼원일기(混元一氣)인 것이다.

혼원일기는 일자(一者) 혹은 동일성과는 다르다. 언어를 통해 시인에 도달하였지만 실재가 현존이라는 것을 알지 못했다. 현존을 대상화하지 않으면 저절로 현존이 실재가 되는 것을 알지 못했던 셈이다. 문제는 감각적 감수(感受)를 으레 대상으로 받아들이는 데에 있다. 실재는 느끼면서 지나가는 것이다. 실재는 잡으려고 하지 마라. 잡으려고 하는 순간 가상실재에 걸려든다. 철학이라는 것도 실은 모두 가상실재에 걸려든 흔적이자 시체이다. 현존을 대상화하지 않는다면 현존이 바로 실재이다. 그런데 사람들은 현존을 대상화 혹은 주체화하기 때문에 실재를 느끼지 못한다. 하이데거도 실재가 존재(존재자가 아닌)라는 것을 알았지만 현존이 실재라는 것을 알지는 못했다.

존재와 일자(一者)

존재(근원, 근본)는 현상학적인 차원으로 해석되면서 원인과 결과로 나뉜다. 이것에 대한 현상학적인 통일은 결코 존재의 근원으로 돌아간 것이 아니다. 존재는 그냥 질서나 체계가 없는 전체일 뿐이다. 존재는 일자(一者) 혹은 동일성이 아니다. 존재는 파동이고 소리이다.

불교는 기독교의 존재론

존재를 현상학적으로 설명하면 제가 원인이고 제가 결과이지만, 원인과 결과는 하나의 몸이다. 둘 사이에 거리가 없는 원인과 결과는 결국에 원인과 결과가 아니게 된다. "나는 나이다"(『성경』) 혹은 "존재는 존재한다"(존재론)는 결국 같은 말 같지만, 다른 말이다. 전자는 실체로 존재를 말하는 것이고, 후자는 존재로써 존재를 말하는 것이다. 그러나 이 둘의 의미는 참으로 상호왕래적인 면이 있다. 만약 어떤 사람이 '존재=나=하나님'을 같은 뜻으로 사용한다면 같은 의미로 들릴 것이기 때문이다. 여기서 기독교와 불교의 융합의 길이 열린다. 기독교는 불교의 현상학이고, 불교는 기독교의 존재론이다.

존재는 '현존적 존재'이다

존재는 현존이다. 존재는 현재에 있지 않다. 하이데거는 서양철학에서 종래에 '존재'라고 말하는 것이 존재하는 것, 즉 '존재자'라는 사실을 발견했지만 시간을 극복하지 못한 때문에 '현존적 존재'에 이르지 못했고, 데리다는 현존을 환원적으로 보는 잘못으로 '현재의 현상'에 머물렀다.

영혼과 영원은 순간의 연장

유한(有限)은 "내가 있기 때문에 (세계가) 유한하다." 그렇다면 "내가 없다면 세계는 무한하다." 여자(여성성)는 내가 없다. 여자에게는 생명의 이어짐만 있을 뿐이다. 그래서 여자는 무한하다. 여자는 이름과 역사가 없다. 그래서 여자는 무한하다. 이름과 역사가 있으면 유한하다. 세계가 유한한 것이 아니고, 내가 있기 때문에 유한하고, 이름이 있고, 역사가 있기 때문에 유한하다. 모든 문제는 나로 인해서 생긴 것이다. 나를 버리면 아무런 문제가 생기지 않는다. 나를 잡고 있기 때문에 모든 문제가 발생한다. 나를 잡고 있기 때문에 죽음이 있고, 나를 잡고 있기 때문에 불안이 있고, 나를 잡고 있기 때문에 싸움과 전쟁이 있다. 나를 잡고 있기 때문에 시간과 공간이 있다. 나를 잡지 않으면 시간과 공간도 없다. 나를 잡고 있기 때문에 순간이 있고, 나를 잡고 있기 때문에 영혼과 영원이 있다. 영혼과 영원은 불멸과 순간의 안식처가 아니라 순간의 연장일 뿐이다.

경구 138

생명과 이름

보편성이라는 말은 인간이 자연의 일반성을 자신의 입장에서 정렬하고 뒤집은 것이다. 그리고 인간은 일반성의 앞에 '보편적이고 일반적인'이라고 말을 붙였다. 이는 마치 남자가 여자가 낳은 아이에 대해 자신의 이름을 붙이는 것과 같다. 보편성은 일반성을 소유하는 행위이다. 여자는 생명의 흐름이다. 남자에게 여자는 정령과 같은 존재이다. 여자에게 열등감을 느낀 남자는 생명에 이름을 붙여서 마치 그것이 자신의 소유인 양 떠들어댄다.

태연자약(泰然自若)의 도덕

도덕의 도(道)자는 머리 수(首)자로 인해 남자의 속성을 가졌고, 덕(德)자는 일심(一心)으로 인해 여자의 속성을 가졌다. 도덕은 여자의 속성을 바탕으로 남자의 속성을 드러내는 것이다. 이는 존재를 바탕으로 현상을 드러내는 것이다. 진정한 도덕은 자기가 자기로 존재하는 태연자약(泰然自若)의 것이다. 결국 자기기울기를 만드는 사람, 자기창조를 하는 사람이다. 철학은 자기의 관념으로 시대를 포착하는 것이다. 결국 철학적 지성과 도덕적 인간은 같은 차원에 속한다.

신은 현존할 뿐이다

현상하는 신은 처음부터 물신(物神)이다. 현상하지 않는 신만이 진정한 존재론적 신(神)이다. 신은 현상하지 않는다. 신은 현재하지 않는다. 신은 현존할 뿐이다.

스스로에게 돌아가는 것

철학은 자연에 재귀(再歸)하지 않으면 안 된다. 철학은 반성에서 직관으로 직관에서 관음으로 관음에서 자연으로 돌아가지 않으면 안 된다.

자기환원과 로고스

데리다는 자기 목소리를 자기가 듣는 소리의 자가일치적
(自家一致的) 성질을 자기환원적인 것으로 착각했다. 환원이
라는 것은 소리에 의해서 발생하는 것이 아니라 문자, 즉 언
어(logos)에 의해서 발생하는 것이다.

시간과 신체의 순환

현상학은 결국 시간의 문제이다. 현상학은 시간이라는 변
수가 있음으로써 발생하는 것이다. 시간의 문제는 결국 신체
(개체)의 문제이다. 물리적 현상학에서는 시간의 문제가 공간
의 문제로 확장된다. 공간의 문제는 물질(원소)의 문제이다.

문명은 주술의 변형

문명은 주술의 변형에 지나지 않는다. 문명은 주술을 미신이라고 비하하고 매도하지만 실은 주술의 동종주술과 접촉주술의 재현이다. 문명과 진리와 기억은 동종주술이고, 신체와 존재와 이미지는 접촉주술이다. 진리는 결국 의미를 전달하는 메시지이고 존재는 신체적 접촉을 필요로 하는 마사지이다. 이는 여자가 가장 잘 안다. 메시지는 마사지에 이르러야 존재하게(살아 있는 것이) 된다.

절대, 절단, 존재

절대는 절단해도 절대이다. 도리어 절단한 것이 절대이다. 절대 속에 있어야 상대는 상대가 된다. 상대 속에 있어야 절대는 절대가 된다. 절대–상대의 근원과 이면에 존재가 있다.

불안과 소유의 자가당착

현대의 불안은 소유를 존재라 부른 데서 연유한다. 소유하
지 않으면 존재를 느낄 수 없는 것이 현대인이다. 급기야는
죽음과 신마저도 소유적 대상으로 간주한다.

시간과 공간, 역사와 사건

물리학의 시간과 공간은 인간학에서 역사와 사건이 된다.
그런데 시간과 공간은 인간에서 발생한, 인간의 가장 고유한
제도이다. 시간과 공간은 제도 중의 제도이다.

서양철학은 변증법

헤겔의 '정신현상학'과 후기 근대철학의 데리다의 차연은 결국 같은 현상학이라고 말할 수 있다. 정신현상학은 인간의 정신을 대상으로 한 현상학이고 변증법을 역사발전의 근간으로 삼은 것이라면 '후설의 현상학'은 정신이 아닌 일반적 대상을 주제로 한 현상학이며, 시점의 연속을 따라 지향하는 것으로 변증법과 다를 바가 없다. 데리다의 '차이의 현상학'도 현재의 시점에서는 차이를 표방하지만, 결국 어떤 실체를 지향함은 변증법과 다를 바가 없다. 결국 차이의 현상학도 정신현상학과 이름은 다르지만 결국 변증법적이다.

명교주의(名敎主義)와 물신주의(物神主義)

언어는 대상이다. 언어가 없으면 사물을 대상화할 수가 없다. 그래서 실은 대상은 언어이다. 정신은 언어이고 언어는 대상이니 물질(대상)이 바로 정신이다. 헤겔의 절대정신(유심론)이 마르크스의 유물론이 된 것은 당연한 일이다. 서양철학은 '대상의 현상학'에서 정신과 물질이 같은 것으로 되면서 물신주의로 끝난 셈이다.

서양의 '말할 수 없는 것'

인식되거나 의식된 것은 모두 부분이다. 따라서 전체를 말하는 것은 반드시 부문을 가지고 전체라고 말하는 것으로써 전체주의의 혐의가 있다. 어떤 결정론이라도 전체주의의 혐의가 있는 것이다. 언어로 말하여진 것이나 현상된 모든 것은 실재가 아닌 가상실재이다. 무엇을 특별히 인식하거나 의식한다는 것은 모두 가상실재이다. 실재는 말할 수 없다.

존재는 의식·인식되지 않는다

존재는 의식되지 않는 것이고, 인식되지 않는 것이고, 말하여지지 않는 것이고, 어떤 가상실재가 없이 그대로 통하는 것이다. 통하는 것은 시작도 끝도 없고, 시간과 공간도 없다. 통하는 것은 어떤 존재에 의해 그 존재가 발견되는 것이 아니다. 통하는 것은 잠시도 머물지 않고 지나가는 것이고, 어떤 그물로도 잡을 수 없는 것이다.

이성과 욕망의 가상실재

문화와 이치는 모두 가상실재이다. 이성과 욕망도 가상실재이다. 시간과 공간도 가상실재이다. 모든 현상학적인 것은 가상실재이다. 존재만이 실재이다.

자궁(web)-내-존재

인간은 '세계(world)-내-존재'가 아니다. '세계'라고 할 때 이미 '본래의 자연'은 없어지고, '자연'은 '세계'로 대체되었다. 예컨대 '물리적 자연'은 '물리적 세계'를 의미한다. 여기에는 이미 남성적 시각(시각-언어-페니스)이 작용한 결과이다. 자연의 세계화과정은 남자가 여자를 신(여신)으로 모시다가 스스로 신(남신, 절대신, 정신)이 되고, 여자(여신, 자연, 육체)를 소유물(인식이나 의식의 대상)로 생각하는 과정과 같다. 남자(man)라는 인간(Man)은 자신의 신체(자연, 여자)를 시각이라는 거울을 통해 대상화하면서 '대상화된 이미지'(혹은 자신이 대상에 붙인 이름)를 존재(가상실재)라고 여기는 동물이다.

존재는 '세계-내-존재'이기 전에 '자연(nature, physis)-내-존재' 혹은 '자궁(web)-내-존재'였다. '세상에 던져졌다'(피투성)는 시각은 지극히 에고(ego, 자신)의 입장에서 바라본 것일 뿐 실제로 '여자(어머니)의 자궁에서 품속'으로 옮겨졌을 뿐이다. 인간은 '세계-내-존재'가 아니라 '자연(자궁)-내-존재'였고, 자궁에서 나와서도 영장류 가운데서도 가장 오랫동안 어머니 품속에서 양육되는 존재이다. '세상에 던져졌다'

는 시각은 이미 세상과 싸우지 않으면 안 된다는 것을 의미한다. 그래서 '기획하는 존재'(투기성)가 되기는 하지만, 기획하는 자연환경은 삭막한 조건(condition)이 아니라 일종의 매트릭스(matrix, web)로서 인간(인간의 기획)을 포용한다. 다시 말하면 인간은 이미 자연에 적응할 수 있도록(적응하였기 때문에) 태어난 존재라는 것을 의미한다. 인간(Man)은 여자로부터 태어나면서 자연에서 전혀 다른 세계로 자신의 몸을 이동한 것 같지만 이동한 곳도 역시 자연일 뿐이다.

인간은 세계의 모순 속에서 스스로 추락한 것(실추성) 같지만 실은 영원히 어머니(자연)의 매트릭스(언어도 모국어라는 매트릭스이다) 속에서 살다가 자연으로 돌아갈 뿐이다. 세계는 존재-의미가 아니라 그냥 '매트릭스'이다. 이때 매트릭스라는 말은 '일반성-소리-여성-평화-자연-신물(神物)'이라는 의미이다. 이 '일반성-'의 연결망은 그동안 서양철학이 주장해온 가상실재인 '보편성-개념(정신-물질)-남성-전쟁-문명-물신(物神)'이라는 '보편성-'의 연쇄에 대응되는 말이다. 인간은 '세계-내-존재'가 아니라 '자궁-내-존재'이다. 그런 점에서 월드(world)는 자궁(web)으로 바뀌어야 하고, 이것은 인류로 하여금 '전쟁(War, Fascism)의 삶'에서 '평화(Peacism)의 삶'으로 돌아감을 의미한다.

인간이 자궁으로 돌아감은 가정으로 돌아감을 의미한다. 가정으로 돌아감은 어머니(여성, 자연, 신체, 접촉주술, 메타포, 자궁)로 돌아감을 의미하고, 이는 아버지(남성, 정신, 동종주술, 메토니미, 공장)에서 어머니로 돌아감을 의미한다. 어머니로 돌아감은 종합적으로 평화로 돌아감을 의미한다. 가정으로 돌아감은 가정의 신비로 돌아가는 것이고, 존재자에서 존재(생성)로 돌아가는 것이다. 세계는 존재이고, 현존이다.

경구 154

의미의 존재-거리두기

의미를 발생시키는 것은 이미 존재 자체와 멀어지는 '존재-거리두기'이다. 인간은 의미를 먹고 사는 동물이다. 의미는 이미 동일성과 차이성을 동시에 지니고 있다. 의미는 상호침투 한다. 끝까지 동일성을 외연(객관적으로 연쇄)하는 것이 과학이라면 반대로 차이성을 내포(주관적으로 포함)하는 것이 상징이고, 시이다. 시는 의미-무의미 사이에서 의미를 무의미로, 무의미를 의미로 상호침투(상호왕래)시키는 것이다.

이를 두고 '의미-놀이'라고 말할 수 있을 것이다. 철학도 결국은 언어의 놀이이다.

경구 155

과학의 운명, 과학의 밖

인간은 소유하기 위해 신(종교)을 만들었고, 결국 인간의 손으로 소유할 수 있는 과학이라는 신을 만든 뒤에, 신을 과학으로 대체했다. 과학을 만들어낸 인간은 스스로의 운명(멸망)도 스스로 결정할 수 있는 동물이 되었다. 그렇다면 인간이 만들어낸 진정한 신, 인간신이 아닌 진정한 신은 무엇인가. 물론 무시무종(無始無終)의 자연이다. 자연의 신은, 인간이 볼 때는 때로는 아무런 힘이 없는 무능한(무기력한) 존재이고, 때로는 가장 무서운 악마이다. 과학은 항상 과학의 바깥을 지니고 있어야 할 운명이다.

과학은 상상력의 마지막 추상

시간과 공간이 이분화된 것은 모든 이원대립의 기원이라고 할 수 있다. 시간과 공간이 시공간이 되면서 직선이 아닌 시간이 있다고, "시간이 휜다"고 과학자(아인슈타인)는 말한다. 그러나 이는 아직도 공간이 먼저 있고, 그 공간을 시간이 지나간다고 하는 가정을 완전히 벗어나지 못한 생각이다. 직선이 아닌 시간은 본래 시간이 아니다. 본래 시간은 추상의 시간이다. 그래서 시간은 없는 것이고, 공간도 없는 것이다. 시공간이라는 것은 과학적 환상에 지나지 않는다. 과학이라는 것은 결국 계산과 예측이 가능한 기계적 세계를 말하는 것이고, 극도로 과학화된 사회는 일종의 기계의 부품사회라고 할 수 있다.

이러한 부품사회 혹은 파편화된(segmentalized) 사회에 가장 격렬하게 저항하는 것이 인간의 신체이고, 신체가 벌이는 축제이다. 상상력이야말로 모든 환상(가상실재)과 예술과 자유의 근원이지만 동시에 추상과 동일성의 근원이다. 신화는 상상력의 소산이지만 인간의 최초의 동일성(정체성)의 표상이었으며, 과학은 상상력의 마지막 추상이다.

흐르고 있는 모든 존재는 아름답다

진정한 존재(생성)에 이르면 틀린 것(眞僞), 잘못된 것(善惡)은 아무것도 없다. 존재는 흐르고 있을 따름이다. 흐르고 있는 존재는 아름답다(美).

'nothingless'에 대하여

마르크스의 무신유물(無神唯物)을 뒤집으면 만물만신(萬物萬神)이 된다. 니체의 생기존재론(生起存在論)을 뒤집으면 만물생명(萬物生命)이 된다. 내 앞에 있는 어떤 사물, 어떤 현존적 사물이라도 그것이 나의 도구(수단, 대상)가 아니라 나와 똑같은 존재, 태초의 시작 아닌 시작으로부터 함께 시작한 존재, 최후의 종말 아닌 종말로 함께 나아가고 있는 존재라고 생각될 때 만물은 만신이 되고, 만물은 나와 다름없는 생명이 된다. '무신(無神)'과 '무(無)의 신(神)'은 다르다. '무신'

은 '신이 없는 것(nothing)'이고, '무의 신'은 '있지만 알 수 없는(nothingless) 신'을 의미한다. 'nothingless'는 불교의 부진공론(不眞空論)과 같다.

세계는 구성이 아니라 존재이다

프랑스 철학자들이 해체론을 주장하는 것은 처음부터 세계를 텍스트, 혹은 구성된 것으로 보기 때문에, 다시 말하면 세계를 실체(가상실재이지만)로 보기 때문에 그 실체를 해체하게 되는 것이다. 세계를 존재로 보게 되면 해체할 필요가 없게 된다. 그런 점에서 해체론은 구성철학과 같은 것이다. 구성철학의 진정한 대칭은 바로 자연철학이다. 본래 자연이 있는 그대로를 존재라고 할 때 구성철학은 의미를 갖게 된다. 세계는 구성이 아니라 존재이다.

가디즘(Godism)에 대하여

인간의 의미에는 시적인 의미와 현상학적인 의미가 있다. 물론 시적인 의미가 더 근본적인 것이다. 현상학은 기계의 출발이다. 기계가 아닌 '미래의 신'을 섬기는 새로운 사상이 '가디즘(Godism)'이다. 미래의 신은 신과 자유롭게 소통하고 교감하는 '신인(神人)' 혹은 '신인간(神人間)' '신종족(神種族)' '자신(自神)'을 말한다. 유발 하라리는 '인간신(人間神)'을 주장하고 있는데 인간신은 인공지능, 기계인간, 기계의 신을 말한다. 현상학적인 의미에서 무한대를 향하는 곳에는 진정한 자유도 없고, 진정한 평등도, 진정한 이상도 없다. 무한대는 자신을 놓지 못하는, 자신을 해방시키지 못하는 자들의 욕망의 흔적이기 때문이다.

무한대는 한 마디로 욕망이다. 무한대는 욕망을 수학적으로 표현한 말이다. 프랑스 사람들이 싫어하는 즉자(卽自), 즉 자연은 무한대가 아니라 무(無)이다. 프랑스 사람들은 무(無)라고 하면 'nothing'을 의미하지만, 실은 무는 'nothingless'이다. 현상학은 진정 프랑스 철학이라고 말할 수 있지만, 그것은 실체론이다.

'생성' 대신에 '존재'라는 말을
고집하는 서양

하이데거가 칸트적 존재론에 반기를 들면서도 '존재'라는 말을 고집하는 것, 즉 종래의 존재라는 말이 실은 '존재자'의 뜻이었다고 하면서도 동양적 '생성'의 의미를 뜻하는 단어로 '존재'라는 말을 고집하는 것과 데리다가 서양철학의 이성주의를 공격하면서도 '소리=이성'이라는 주장을 통해 그라마톨로지(grammatology)를 고집하면서 '텍스트'에 대한 집착을 버리지 못하는 것은 둘 다 서양철학이 '존재'와 '이성'을 벗어날 수 없는 근원적 한계를 보인다고 할 수 있다. 이들의 한계, 즉 하이데거가 시간을, 데리다가 공간을 벗어나지 못하는 것은 시간과 공간에 대한 집착과 소유 때문이라고 여겨진다. 왜 인간은 시간과 공간을 버리지 못하는가. 우리는(인간은) 너무 오랫동안 시간과 공간에 길들여져왔다. 즉 시간과 공간이 없이는 존재를 생각하지 못할 정도로 소유적 존재가 되었다. 이것을 완전히 극복하기 위해서는 동양철학의 생성의 정신으로 돌아오지 않으면 안 된다.

'가주어(It, that)'는
서양문명의 모든 것을 고백

사물을 대상으로 볼 때는 가주어(가상실재)를 만들어야 한다. 이는 대상이 실재가 아니라는 말이다. 그렇다면 인간을 주어로 볼 때는 그것이 과연 주어인가. 인간이 주어가 되면 대상과 분리되지 않을 수 없고, 이는 주어가 대상의 실재를 알 수 없다는 뜻이 된다. 그래서 주어와 대상은 무엇을 의식하고 인식하기 위한 가상실재이다. 결국 의식과 인식이라는 것은 사물의 실재에 이르지 못한다는 것이 된다. 사물의 실재에 이르는 길은 의식하고 인식하는 것이 아니라 겸허하게 자신의 삶을 살 때에 가까워진다. 이는 격물치지(格物致知)가 아니다. 사물에 어떤 격(格)을 가지고 보는 것은 이미 인격(人格) 혹은 다른 틀(프레임)을 통해서 보는 것이고, 이는 사물 그 자체, 존재 그 자체가 아니다. 격물하여 얻는 지식은 그야말로 지식일 뿐이다. 물아일체(物我一體)도 같은 것이다. 오직 물심일체(物心一體), 심물일체(心物一體)만이 자연 그 자체, 세계 그 자체가 된다.

역사적 환상과 과학적 환상

시간과 역사라는 것은 현재를 부정하게 만드는 원인이다. 시간과 역사라는 것은 과거로 하여금 현재를 건너뛰어서 항상 미래를 향하게 한다. 현재가 없는 역사는 역사가 아니며 시간도 아니다. 그렇다면 시간은 근본적으로 인간이 만들어 낸 모순구조 위에 있다. 시간이 모순구조라면 시공간도 모순구조 위에 있다. 시공간의 구조 위에 성립된 과학이라는 것은 과학적 가상실재(환상)이다. 그래서 현재가 아니라 현존이 중요하고, 현존이 바로 존재이며 실재이다.

앎과 삶의 자기완성체

인간은 스스로를 알고 스스로를 산다. 전자는 존재이고, 후자는 생성이다. 전자는 있는 것이고, 후자는 되는 것이다.

시간과 결별하라. 행복하려면

시간을 버리지 않으면 인간은 결국 기뻐할 수 없고, 행복할 수 없다.

존재는 현존

모든 존재는 지금 살고 있다. 지금 현존하는 것은 모두 존재이다.

산술적 평등과 평준화는 타락

서양의 대표적인 사상인 자유, 평등, 박애 중에서 가장 동

일성과 먼 것이 박애이고, 그다음이 자유이고, 평등은 동일성
그 자체이다. 그래서 평등을 주장하는 마르크시즘은 추상이
고, 결국 전쟁이다. 특히 산술적 평등과 평준화는 타락이다.

경구 168
텍스트는 존재자, 부재는 이성

철학은 가상(추상)이 실재를 공격한 것이다. 남자(인간)가
여자(자연)를 공격한 것이다. 언어가 없으면 대상도 없다. 그
런 점에서 현상학은 언어이다. 결국 인간의 텍스트가 존재자
이고, 부재가 이성이다.

경구 169
종교적 마인드의 국가

한국은 종교적 마인드의 국가이고 문명이다. 그래서 한국

이 경계해야 하는 것은 바로 이데올로기이다. 이데올로기는
닫힌 종교이기 때문이다. 닫힌 이데올로기가 가장 잘 침범할
수 있는 곳이 한국이다.

하이데거와 율곡의 상사성

하이데거의 존재철학은 율곡의 '기발이승(氣發理乘) 이통
기국(理通氣局)'의 번안이라고 볼 수 있다. 하이데거의 터-
있음에 이어 전개되는 이음새의 전개들인 울려옴, 건네줌,
도약, 터 닦음, 도래할 자들, 궁극적 신 등 여섯 개의 이음
새들은 율곡의 기발이승, 이통기국의 각 단계에 해당한다.
'터 닦음'과 '울려옴(Anklang)'은 '기발'에 해당하고, '건네줌
(Zuspiel)'에 해당하는 것은 '이승'이다. 그리고 '이통'에 해당
하는 것은 '도약(Sprung)'과 '터 닦음(Gründung)'이다. '기국'에
해당하는 것은 '도래할 자들(Die Zu-künftigen)'과 '궁극적 신
(Die letzte Gott)'이다.

기독교의 여성과 민중억압

기독교의 구조는 가상실재의 구조이고, 현상학적 구조이다. 그래서 기독교와 현상학은 신학적·철학적으로 하나를 이룬다. 더욱이 기독교의 입장에서 보면, 막스베버는 자본주의기독교이고, 마르크스는 마르크스기독교이다. 기독교는 본래 자본주의적이고, 마르크스적이었다. 기독교의 천국은 죄의 사함과 절약으로 인한 자본증식이었으며, 노동착취와 이에 저항하는 계급투쟁의 노예해방이었다. 서양의 기독교는 육체(물질)와 여성을 죄악시함으로써 그것을 지배하고, 동양은 그것을 자연의 생성(존재)으로 봄으로써 더불어 살아왔다.

초월성과 일반성의 뒤로 만남

초월성과 일반성은 서로 만나 원을 이룬다. 서양철학은 일반성을 존재일반 혹은 일반대상으로 취급할 뿐 존재의 실재라고 생각하지 않는다. 그래서 일반성의 철학을 생각하지 못한다. 서양철학의 보편성과 초월성은 동양철학의 일반성과 내포성과 하나를 이룰 때에 보다 완전한 자연스러운 것이 되고, 서로 보완을 이룬다.

경구 173

니체는 현상학자

니체의 심리학은 '의지심리학'이고, 니체의 생리학은 '예술생리학'이다. 그러나 의지심리학이든, 예술생리학이든 권력의 상승을 추구한다는 점에서 서양의 전통적인 실체적 형이상학을 벗어난 것은 아니다. 니체의 생기존재론은 그렇기 때문에 현상학적 존재론이다.

기독교의 현상학과 존재론

현상학은 기독교의 '최초의 원인(천지창조)'과 '최후의 결과 (종말심판)'에 이의를 제기하고 '최후의 결과'에 인과의 중심을 옮기려는 인간의 의식 활동이다. 헤겔의 정신현상학은 정반합의 과정으로서 절대정신을 표방하였다. 하이데거의 존재론은 기독교의 종말구원사상을 인간 각자의 '죽음'에 대입하여 양심에 따른 개인의 실존적 삶을 촉구한 철학이다. 그래서 스스로를 '기독교 철학자'라고 실토했다. 인간은 자신의 몸에서 일어난 생성적 과정(결과)을 원인으로 환원시키고, 자연적(우주적) 생성의 세계를 원인과 결과의 세계로 해석하는 사유(생각)적 습관을 가진, 역설적이고 소유적인 존재이다. 현상학의 최초의 원인과 최후의 결과는 모두 가상실재이다. 존재론의 입장에서 보면 인간의 모든 활동은 현존재(인간)와 존재(자연)의 부단한 자문자답이라고 할 수 있다.

존재는 숨지 않는다

서양의 이성주의 철학은 물론이고 동양의 주리학파도 이성(理性), 혹은 이(理)의 입장에서 사물을 보기 때문에 이(理)와 기(氣)의 관계를 말할 때 '이(理)중심'으로 설명한다. 예컨대 서양의 하이데거 철학은 '생기(生起)=기(氣)'를 '존재'로 설명하면서도 존재가 이(理)에 해당하는 '존재자'에게 대하여 '완강히 거부'한다고 말한다.

하이데거에 따르면 "존재의 진리는 터-있음에게 완강히-거부하는 것으로서 나직이 울려오기 시작하고, 이러한 존재의 나직한 울림은 도약하는 사유와 터 닦는 사유에 의해 환히-밝혀지기에 이른다. 즉, 아득히 먼 그곳에서 스스로를 완강한-거부로서 나타내 보인 존재의 진리는, 탈은폐된 모든 진리의 본질유래가 되는 근원적인 비진리로서 밝혀진다. 이때문에 스스로를 완강히-거부하는 근원적인 비진리는 스스로를 탈은폐하는 진리의 가장 가까운 가까움(das nächste Nähe)으로서 스스로를 나타내 보이면서 터-있음의 터에 가까이 다가온다(sich nähem)." 또 "터-있음의 터는 존재자로부터 존재에로 초월이 일어나는 근본터전이며, 이러한 터전에서 이미 존재와 공속하고 있는 인간은 존재자와 참답게 관계할 수 있고 자기자신과도 참다운 관계를 맺을 수 있다."

그러나 '생기=기'는 완강히-거부하는 것이 아니고 초월하는 것도 아닌, 그냥 생멸하고 있을 뿐이다. 이(理)의 입장에서 보면 마치 거부하는 듯이 느껴지는 것이다. 요컨대 기(氣)는 거부하는 것이 아니라 항상 기(氣)로서 생성소멸하고 있는 것이다. 하이데거는 '생기=기'를 설명하는 존재론적 입장에 있으면서도 신(神)과 존재를 분리하는 입장에 있게 된다. 말하자면 신을 초월적인 존재로 두게 된다. 동양의 성리학에서는 이기(理氣)의 관계를 '불상리(不相離), 불상잡(不相雜)'이라고 말한다. "서로 떨어지지도 않고, 서로 섞이지도 않는다"는 말이다. 그러나 이와 기는 서로 다른 차원에 있기 때문에 서로 떨어지고 섞이는 일이 없는 관계에 있다. 결국 동양이든 서양이든 이(理)를 초월적인 위치에 두게 됨을 어쩔 수 없다. 이(理)는 절대리(絶對理)인 것이고, 기(氣)는 상대기(相對氣)인 것이다. 이것은 인간이 자신이 소유하고 조종할 수 있는 가상실재를 설정하는 '소유적 존재'라는 것을 말해주는 것이고, 신(神)조차도 여기에 속함을 천명하는 셈이다.

결국 이(理)와 신(神)은 같은 초월적인 존재이다. 그렇다면 사물을 대상화하는 자체가 이미 초월적인 해석이며, 초월적인 존재를 두는 행위이다. 이(理)와 신(神)의 등장과 설정은 인간사회를 지배하고 다스리기 위해서는 불가피한 조치라는 것을 알 수 있다. 이것은 또한 권력이다.

경구 176

잡을 수 없는 신, 들리지 않는 신

헤겔의 정신현상학의 절대정신(역사철학)에서 하이데거는 시간을, 데리다는 공간을 잡고 현상학을 심화시켰고, 후설은 현상학을 일반화시켰다. 니체는 '힘에의 의지'의 철학에서 '절대정신'을 '힘의 상승'으로 재해석하였다. 결국 이들은 모두 현상학의 심화와 확대를 꾀한 인물이다. 니체가 기독교의 신을 죽였다면 하이데거는 기독교의 신이 아닌 존재론적 신을 부활시키려고 애쓴 인물이다. 하이데거의 신은 은적된 보이지 않는 신, 들리지 않는 신, 잡을 수 없는 신이다.

존재와 존재자의 오해

하이데거는 존재론을 제창하였지만, 현상학을 완전히 벗어나지는 못했다. 그러한 징후는 여러 곳에서 발견할 수 있다. 예컨대 존재자가 존재로 향하는 것을 도약 혹은 초월이라고 말하는가 하면, 존재와 신을 이원화하는 경향에서도 서양철학의 전통적 존재론에서 볼 수 있는 초월적 사고를 엿볼 수 있다. 더욱이 존재가 존재자와 거리를 두는 것을 완강한 거부라고 하는 것 등은 존재자와 존재자 사이의 갈등이나 긴장관계를 설명하는 것과 같다. 존재(자연적 존재, 생성적 존재)는 실체가 없기 때문에 결코 상대를 대상화하지 않는다는 점(절대-상대의 차원을 벗어나 있다)을 확실하게 의식하지 못하고 있는 것 같다. 이는 모두 서양철학의 이분법 혹은 이성중심주의가 아직도 작용하고 있음을 말한다. 현존재인 인간을 통해서 존재와 존재자의 존재론적 차이를 설명하는 방식, 예컨대 은적과 현현의 역동적 관계를 설명하면서 '탈은적(탈은폐)'이나 '탈자(脫自)'라는 용어를 사용하고 있지만 이는 존재자의 입장에서 존재를 보는 시선이다. 존재는 결코 숨지도 않고, 고정되지도 않는다. 존재는 흘러갈 따름이다. 단지 인간이 존재를 존재로서 느끼지 못했기 때문에 은적되었다고 말하고 현현(개현)하였다고 말하지만 그것은 존재(생성)에 대한 정확한 표현이나 설명이 아니다. 현존이야말로 바로 존재이다.

서양철학은 현존을 대상으로, 현상으로 보기 때문에 현존이 바로 존재인 줄 몰랐을 따름이다. 존재의 부재가 바로 현재이고 현재가 바로 현상이다. 그렇다면 '존재'라는 말은 '현존이 존재'라는 사실을 몰랐던 서양철학과 하이데거의 존재론이 '현존적 존재'에 도달하기 위한 우회로라는 것을 알 수 있다. 서양철학이 그동안 '존재'라고 말했던 것이 '존재자'였다는 사실을 발견한 하이데거조차도 존재(생성적 존재, 생성)를 제대로 몰라서 우회했던 셈이다. 이는 시각-언어를 중심으로 하는 서양철학 자체의 한계이자 특성이다.

경구 178

시간이 없는 것이 무(無)

흔히 시간이라는 변수를 4차원이라고 생각한다. 이는 3차원의 공간 위에(공간을 초월하여) 시간이 존재하는 것처럼 생각하기 때문이다. 이는 아인슈타인의 '시공간'이라는 개념에 의해 불식되었다. 그러나 시간이야말로 1차원이다. 시간이라는 1차원이 없으면 아무것도 존재할 수 없다. 시간이라는 것은 어떤 초월자가 있어도 함부로 옮길 수 없는 것이다. 시간이라는 것은 변화를 상징하는 것이지만, 정작 시간 자체는 변화하면 안 된다. 왜냐하면 시간은 모든 변화하는 것의 기준이기 때문이다. 그런 점에서 시간이 없는 것이 바로 무(無)이다. 시간이 없다면 '바로 그 자리'가 진정한 존재가 된다.

경구 179

신은 인간의 투사

본래 신은 인간이다. 인간이 신을 가정하고 끝내 신을 깨달았기 때문이다. 이때의 신이라는 것은 '인간중심주의의 신'이 아니라 '신중심주의의 신'이다.

인간은 절대주의자

인간정신의 특성은 결국 절대이다. 헤겔의 정신현상학이 절대정신을 주장하기에 이른 것은 이를 잘 말해주고 있다. 그런데 인간의 정신은 결국 현상학적으로 물질에 이른다. 인간정신의 끝은 물질이다. 결국 '정신=물질'이다. 절대정신(유심론)은 절대물질(유물론)이다. 마르크스는 이를 잘 말해주고 있다. 마르크스는 자본을 유령이라고 했기 때문에 역설적으로 끝없이 되살아나는 유령이 되었다. 서양철학사를 꿰뚫어 보면 결국 정신은 물질이 되고, 물질은 물신(物神)이 된다. 서양철학은 물신에서 그 끝을 맺을 수밖에 없다. 이것이 서양철학의 현상학적 오류이다. 물신(物神)을 신물(神物)로 바꾸는 것이 바로 철학의 생성론(生成論)이고, 삶의 철학(앎의 철학이 아닌)이고, 존재론(존재자가 아닌)이다.

유일신은 존재자

만물이 존재인데 인간만이 존재자(현존재)이다. 만물이 만신인데 인간만이 유일신(唯一神)이라고 한다. 만물이 생명인데 인간만이 만물의 영장(靈長)이라고 한다. 유일신과 영장은 모두 존재자이다.

인중천지일(人中天地一)의 비밀

천지인사상은 삼태극사상이나 태극음양사상 이전의 음양사상이다. 천지인사상은 『천부경(天符經)』의 인중천지일(人中天地一: 사람 가운데 천지음양이 하나로 역동한다)에 의해 음양사상을 내포하고 있다. 진정한 차이는 동양의 천지인사상과 음양론이다. 실체론을 근거로 하는 서양의 후기근대철학의 차이성은 동일성의 차이성에 불과하다. 서양의 절대성은 바로 동일성을 의미하며, 동양의 음양의 상대성은 바로 차이성 그 자체이다.

진여문도 가상실재

원효가 말한 진여문(眞如門)과 생멸문(生滅門) 가운데 진여문도 결국 가상실재일 수밖에 없다. 왜냐하면 생멸하지 않는 것은 없기 때문이다. 그렇다면 진여문은 생멸문 전체를 기표화 함으로써 발생하는 언어의 권력화, 혹은 진리의 권력화라고 말할 수 있다. 진정한 진리(진여)는 생멸이다. 언어로 된 모든 진리는 결국 껍데기에 불과하다. 진리와 진여는 인간의 진리이고, 인간의 진여이다. 그런 점에서 진리는 없고 진여도 없다. 그것이 만약 있다면 인간을 위해서이다.

절대성-동일성-전체주의

인간은 절대성을 추구하는 동물이다. 그런데 절대성을 추구하는 절대주의는 결국 하나의 동일성을 추구하게 되는데 가장 나쁜 예가 전체주의이다. 동일성을 추구하면 전체주의로 떨어질 확률이 높다.

여성은 평화적 존재

남자는 동일성을 추구하는 동물이고, 여자는 상대성(자연성)을 추구하는 동물이다. 결국 남자가 이끄는 세계는 동일성을 추구하기 때문에 동일성을 강요하는 '전쟁의 세계(전쟁의 신)'가 될 수밖에 없다. 따라서 여자가 이끄는 세계를 건설할 필요가 있다. 여자가 이끄는 세계야말로 '평화의 세계(평화의 신)'가 될 가능성이 높다.

미토콘드리아 이브

여자는 몸으로 이어지는 살아 있는 존재의 생물학적 계보이다. 이에 비해 남자의 족보(출계)는 어디에선가 중간에 끊어진 것을 인위적으로 연결한 정치적(권력적) 계보이다. 유전학적으로 보면 '미토콘드리아 이브'는 추적할 수 있는 인간의 여성조상이다. 이 세상에 여자의 몸으로부터 태어나지 않는 사람은 없다. 그런 점에서 여자는 남자에 비해 보다 근본적인 존재이다. 아담은 '혈통-권위(제사)-권력(정치)-전쟁-국가(제국)'으로 이어지고, 이브(하와)는 '자연-생산(출산)-가정-평화-공동체'로 이어진다. 이브 이전은 아담이 아니라 자연이다. 여자는 출산양육과 더불어 어린아이에게 모국어도 가르쳐준다.

결국 여자는 어린아이에게 몸과 마음을 모두 내주는(선물하는) 존재이다. 성경적으로 아담의 시대가 완성되었다는 것은 이브의 시대의 출발이라는 말과도 같다. 만약 이브의 시대, 여성의 시대가 되지 않으면 인류에게 주는 다른 메시지는 '제로(0)의 시대' 즉 '인류의 종말'을 의미한다.

시작은 이미 초월론

시작은 이미 원인론이고 절대론이고 결정론이고 초월론이다.

한국문화의 근세 5대 영웅

한국문화의 근세 최고 영웅은 뭐니 뭐니 해도 세종대왕이다. 세종대왕이 훈민정음(言語)을 창안하지 않았더라면 한민족은 이미 문화적으로 없어졌을지도 모른다. 한국의 민주주의도 세종대왕의 훈민정음을 창제하는 애민정신(민본주의)과 과학정신(실용주의)을 바탕으로 했다면 지금의 사대모방적 서구 자유민주주의와 사회민주주의로 갈라져서 동족상잔의 6·25전쟁에 빠지지 않고 '자주적 민주주의'를 만들었을 가능성이 높다. 그다음, 박정희는 한강의 기적(經濟)을 통해 근대한국을 산업화함으로써 삶의 하부구조를 만든 인물이다. 문선명은 세계의 종교를 다 모아 통일교를 만든 인물이다.

통일교는 단군으로부터 현재 지구상의 모든 종교의 진액을 짜서 융합한 종교이며, 그런 점에서 초종교이고 다종교이고 탈종교이다. 문선명은 미래종교로서 선(善)을 완성했다.

백남준은 캔버스(종이)를 떠난 텔레비전 전자시대의 미학(美)을 완성했고, 예술의 본질이 '놀이'라는 것을 퍼포먼스로 보여준 인물이다. 박정진은 인류의 시(詩)에서부터 신화, 언어, 철학, 종교, 예술, 축제, 과학에 이르기까지 인류문화의 본질을 관통한 최초의 근대 자생철학자로서 진(眞)을 완성했다. 박정진 이전에는 『천부경(天符經)』을 제외하고는 한국에 자생철학이 없었고, 모두 남의 철학이었다.

경구 189

서양음악은 서양철학이다

서양음악은 서양철학이다. 서양미술은 서양철학이다. 동양음악은 동양철학이다. 동양미술은 동양철학이다. 한국음악은 한국철학이다. 한국미술은 한국철학이다. 그래서 예술은 철학이다. 서양종교는 서양철학이다. 동양종교는 동양철학이다. 한국종교는 한국철학이다. 그래서 종교는 철학이다. 철학이 일상화되고 대중화되고 문화화된 것, 철학이 몸을 입고 옷을 입은 것이 종교이자 예술이다.

뮤즈(Muse)와 뮤지엄(museum)

인류문화의 원시원형성은 한마디로 뮤즈(Muse)이다. 뮤즈의 여신을 모시는 신전이라는 뜻으로 뮤지엄(museum)이 생겼다. 오늘날 뮤지엄은 미술관을 의미한다. 그렇다면 음악이 점차 조형화되면서 미술이 된 셈이다. 미술의 종합작품은 건축이다. 그런 점에서 음악과 건축은 하나이다. 음악이 구체화된 것이 건축이고, 건축이 추상화된 것이 음악이다. 서양의 시각중심은 세계를 미술-건축(建築)의 세계로 만들었다. 서양의 클래식이라는 음악은 매우 건축적인 음악이다. 시각적 형상과 조화를 음악에서 실현하려고 한다. 동양의 청각중심은 세계를 음악(詩)-역동(易動)의 세계로 만들었다. 동서양은 서로를 품고 있다. 동양의 미술이라는 것은 매우 음악적인 미술이다. 시각적 형상을 그리려는 것이 아니라 형상의(형상이 품고 있는) 소리, 기운생동을 들으려고 한다. 서양이 조화를 추구한다면 동양은 변화를 추구한다.

경구 191

퇴계철학은 성리학의 지류

퇴계의 철학이 아무리 훌륭하다고 해도 16세기의 시대가 반영되어 있고, 다산의 철학이 아무리 훌륭하다고 해도 18세기의 시대가 반영되어 있다. 그런 점에서 퇴계와 다산을 떠들면서 지금의 자생철학을 운운하는 것은 국제적으로 난센스에 불과하다. 자생철학이 지금에 있으려면 지금의 철학이 있어야 한다. 퇴계철학과 다산철학은 아무리 높이 평가해도 성리학의 한국적 지류이다. 이들이 성리학을 만든 것은 아니다. 적어도 국제적으로 자생철학(자기철학)을 운위하려고 하면 다른 나라에 없는 오리지널리티가 있는 철학이 21세기에 나와야 한다.

사대주의와 소품문체

서양철학자라고 하는 사람들이 매일 서양의 철학을 공부하고 있고, 아니면 동양철학자라고 하는 사람들이 중국철학을 우리철학인 양 떠들고 있고, 그러니 결국 우리철학이 없을 수밖에 없다. 남의 철학으로 권력과 명예를 얻으려고 하니 결국 사대주의철학밖에 할 것이 없다. 사대주의는 소중화주의, 소국주의, 소품문체와도 맥을 같이하는데 오늘날도 변함이 없다. 조선조는 중국 명나라가 망할 때까지 명나라를 섬겼으며, 명나라에 이어 청나라가 대륙을 지배하자 다시 청나라가 망할 때까지 청나라를 섬겼다. 사대주의는 결국 자신의 주체(주인)가 없으니 위선을 하게 마련이다. 지금 한국은 영어, 불어, 독어 등 로마자문체의 노예가 되고 있다. 한국은 결국 중국한자의 문체와 서구로마자의 문체에서 독립한 한글문체를 정립하지 않으면 결코 문화적 독립을 할 수 없다.

한국인문학자의 직무유기

한국이 세계 10대 경제대국으로 들어간 것에 걸맞게 인문학자들이 보답을 하려면 적어도 한국철학, 즉 한국의 자생철학이 탄생하여야 한다. 그렇지 못하면 인문학자들이 밥값을 하였다고 할 수 없다. 한국의 철학자들은 남의 철학을 자신의 철학으로 여기고 있으니 결코 자신의 철학을 할 수가 없다. 남의 철학을 잘 하는 것이 바로 자신의 철학을 잘하는 것이라고 믿고 있으니 자신의 철학이 없어도 부끄러운 줄 모른다. 한국은 아직도 문학과 역사와 철학, 즉 문사철(文史哲)에서 변방국(종속국)에 있을 뿐이다. 창조적이지 않는 한국사회는 예법(禮法)이 형틀이 되고, 축제가 의례적(儀禮的) 당쟁이 된 사회이다.

서양철학의 자기모순

하이데거가 자신의 철학을 '존재론(ontology)'이라고 명명한 것과 데리다가 자신의 철학을 '그라마톨로지(grammatology)'라고 한 것은 모두 유럽철학의 전통에 대한 거부할 수 없는 자부심과 오만의 결과라고 말할 수 있다. 왜냐하면 하이데거는 종래 서양철학의 전통이 '존재자'를 모두 '존재'라고 했다고 비판하면서도 '존재'라는 용어만은 정반대의 뜻으로 사용하고 있기 때문이다. 그래서 하이데거의 글에서 '존재'라는 단어는 '존재자' 혹은 '존재' 중 어느 것을 뜻하는지 혼란을 가져오기도 한다. 데리다의 그라마톨로지도 명분상으로는 반이성주의를 표방하면서도 결국은 이성주의철학에서 실행한 텍스트생산의 변증법적 과정을 설명하고 있기 때문이다. 이를 하이데거의 존재론에서 말한 '존재자' 식으로 말한다면 서양철학의 모든 글쓰기는 '그라마톨로지'였다고 말할 수 있다.

텍스트와 테크놀로지의 혈연관계

프랑스의 후기 근대철학을 대변하는 데리다와 들뢰즈는 서양철학사의 마지막을 장식하는 인물의 성격이 강하다. 데리다는 관념주의 전통에서 그라마톨로지(grammatology)를 주장하고 있고, 들뢰즈는 유물론적 전통에서 머시니즘(machinism)을 주장하고 있다. 관념주의 전통에서의 데리다의 접합(articulation)은 유물론적 전통의 들뢰즈의 접속(connection)과 같은 것이다. 유심과 유물의 이분법은 서양철학의 종착역으로서 결국 같은 것인데도 이들은 평행선을 긋고 있다. 결국 문법(grammar)이 기계(machine)가 된 것을 모르는 까닭이다. 텍스트(Text)가 결국 테크놀로지(Technology)이다. 텍스트를 만드는 인간은 테크놀로지를 만들 수밖에 없다. 이는 다른 것이 아니다.

기운(氣運)-기운(氣韻)-기운(機運)

　이(理)와 이성(理性)은 언어적 표상에 불과하다. 이것이 학문이고 과학의 세계이다. 세계의 실재는 기(氣) 혹은 기운생동(氣運生動), 기운생멸(氣運生滅)이다. 시(詩)와 예술은 기운생멸을 운율화(韻律化)한 기운생멸(氣韻生滅)이다. 이(理)와 이성(理性)은 바로 인간의 특성일 뿐이다. 과학적 이성이든, 도덕적 이성이든 인간의 인위일 뿐이다. 인간의 언어적 표상이 발전하면 기운적(機運的)·기계적(機械的) 표상이 된다. 즉 언어가 기계가 된다. 인간은 기계를 만들고 세계를 기계로 해석하지만 기계는 아니다. 인간은 신체(몸)이고, 생명이다. 인간의 세계에 대한 해석이 기계이고, 그러한 까닭에 기계적 세계를 볼 뿐이다.

한국문화의 고질적인 사대식민체질

창업(創業)보다 수성(守成)이 어려운 이유는 그것을 체계화하고 문화적 옷을 입혀야 하기 때문이다. 나라의 창업과 수성은 그 대표적인 것이다. 대한민국의 창업은 이승만과 박정희에 의해 이루어졌다. 이승만은 대한민국이라는 자유민주주의의 기틀을 만들었고, 박정희는 그 틀 위에서 경제적으로 성취한 인물이다. 김영삼은 자유민주주의를 내세워 실질적으로 사대주의(사대적 민주주의)를 한 인물이고, 김대중은 민중민주주의를 내세워 종북(從北)세력(친북성향의 사회주의)을 키운 인물이다.

박정희는 서구식 민주주의도 민중주의도 아닌 자주주의(자주독립국가주의)를 실천한 인물이다. 그런데도 우리 국민은 민주와 독재의 잣대로 김영삼을 자유민주주의자, 김대중을 민중(인민)민주주의자, 박정희를 독재친일파로 규정한다. 이는 맞고 틀리고의 문제가 아니라 우리 국민의 사대적·노예적 국민정서를 대변하고 있다. 근대화와 산업화로 우리 국민을 잘 먹고 살게 하면서 자주국가 혹은 진정한 민주주의로 나아갈 힘과 기틀을 다진 박정희를 독재친일파로 규정하고 있는 우리 국민은 그만큼 자주국가의 국민으로서의 자격이 없는 국민임을 증명하고 있다. 이 관점을 버리지 않는 한 언젠가는 다시 우리 국민은 사대식민국가로 전락할 위험을 내재하고 있다고 말할 수 있을 것이다.

근대국가도 만들기 전에 조선조 당파싸움의 의식에 따라 당쟁을 한 참혹한 결과가 남북분단이고 6·25전쟁이다. 박정희야말로 한국을 자주독립국가가 되게 하는 기반을 만든 인물로서 세종대왕에 버금가는 인물이다. 김영삼은 '문민정부'라는 말로 '무(武)의 자주성'을 약화시켰으며, '문무당파(文武黨派)'를 초래했다. 이는 한국문화의 끈질긴 사대주의와 당파주의의 발로이다. 김대중은 '국민의 정부'라는 말로 마치 이전의 정부가 국민의 정부가 아닌 것처럼 국가와 국민을 이간시키면서 계급당파(階級黨派)와 반체제운동을 선동했다.

김대중은 사후에 벌어질 자유민주주의 대 민중(인민)민주주의의 대립을 초래한 장본인이다. 김영삼과 김대중은 단기간으로 보면 민주주의의 달성자로 평가할 수도 있겠지만, 도리어 한국의 긴 역사로 보면 결국 사대주의자와 당파주의자로 분류될 수밖에 없을 것이다. 한국이 양과 질에서 자주독립 국가를 유지할 만한 문화능력이 있는지에 대해 의심의 여지가 있다. 큰 인물이 태어나면 이 땅에서는 끝까지 성장하지 못하는, 이 땅은 큰 인물을 소화하지 못하는 흠이 있다. 큰 인물이 태어나면 그것을 질투하고 모략하는 인물이 득세하는 '사대적-당파적-소국주의'의 경향이 있다. 이를 인류문명사적 관점에서 보면 한국문화의 '모계-여성주의-비국가주의(무정부주의)'의 심층적 특성과 깊은 관련이 있다.

북한은 역사를 퇴행한 왕조전체주의이고, 남한은 지금 자유민주주의를 수성할 수 있느냐를 실험 중에 있다. 한민족의 문화능력을 확대재생산하기 위해서는 대한민국 중심의 한민족통일이 이루어져야 한다. 그렇지 못하면 한민족은 또다시 국제사회에서 유랑의 신세가 될 것이다. 이러한 여성주의의 내홍(內訌)을 뒤집어서 동서고금의 가부장패권주의 문명과 철학을 넘어서서 오늘날 인류공멸의 패권주의와 맞서는 철학을 만든 것이 바로 나의 '평화철학'이다. 그러한 점에서 평화철학은 한민족의 첫 근대적 자생철학이다.

관계론의 표상,
불이론(不二論)과 음양론(陰陽論)

일자(一者)는 절대론과 실체론을 상징하고, 불이(不二)
는 관계론과 비실체론을 상징한다. 불이(不二)는 둘이 있기
는 있는데 둘이 아니니 실체가 아닌 관계가 될 수밖에 없다.
'불이'는 음양론(陰陽論)을 불교적으로 설명한 것으로 볼 수
있다.

실체의 하나, 관계의 하나

실체론은 결국 절대적인 하나를 주장할 수밖에 없고, 그것
을 수적으로 양화할 수밖에 없고, 그것의 함수적 관계를 통
해 세계를 설명할 수밖에 없다. 그래서 결국 실체론은 과학
이 된다. 이것의 대표적인 것이 서양의 자연과학이다. 이에
비해 관계론은 절대적인 실체가 없이 둘의 관계로서 세계를

설명할 수밖에 없다. 결국 관계론은 셀 수 있는 수가 아니라 상대에서 자기를 찾는 방식으로 세계를 설명할 수밖에 없다. 이것의 대표적인 것이 동양의 음양론이다. 음양론은 실체론이 아니라는 점에서 상징론(음양상징론)이라고 말할 수 있다. 음양상징론은 천지음양론이라고 말할 수 있다. 과학의 세계에서 함수(Function)는 종교의 세계에서 섭리(攝理)가 된다.

경구 200

현상학의 완성이라는 '국가' 혹은 '법'

과학(물리적 현상학)은 수학이고, 수학적 체계이다. 현상학은 오직 이분(二分)된 대상의식의 집합이다. 따라서 현상학은 분열되어 있기 때문에 도리어 통일이나 통합, 절대를 주장하게 되고, 철학적 현상학은 절대정신이나 국가나 법에 의존하지 않을 수 없게 된다. 과학이 물리적 현상학이 되고, 철학적 현상학이 절대국가론에 이르고, 종교가 이상국가론(천국, 극락)에 이르는 것은 현상학적인 존재인 인간의 당연한 귀결이다.

니시다 기타로의 철학은 사무라이 철학

절대라는 말이 붙으면 모두 현상학적이 되어버린다. 예컨 대 공(空)이나 무(無)의 앞에 '절대'라는 낱말을 붙여서 절대 공, 절대무가 되면 이는 본래의 공이나 무의 뜻과 달리 현상 학적 대상이 되어버리고, 일종의 공이나 무를 대상화하게 되 는 것으로 전락하게 된다. 니시다 기타로(西田幾多郎)가 절대 무(絶對無)를 주장한 것은 무(無)를 대상화(목표화)했기 때문 에 불교의 무사상을 왜곡하고, 현상학적인 대상으로 전락시 킨 것이다. 이는 서양 중심의 근대과학세계에 동양의 불교사 상을 적응시키기 위한 철학적 조치였겠지만, 즉 서양의 헤겔 현상학의 차원에서 재해석한 것이겠지만, 이는 불교사상의 왜곡이고 후퇴이다. 이는 또한 일본 사무라이문화의 전통을 자신도 모르게 정당화함으로써 인위적 죽음, 즉 할복(割腹)을 정당화하는 일본적 죽음의 미학을 철학화한 것으로 매우 일 본적인 철학이라고 말할 수 있다. 그런 점에서 절대공의 철학 은 가장 일본적인 철학의 완성이라고 할 수 있다. 철학도 보 편성을 운운하지만 실은 자신의 문화적 토양에서 길러진 삶 의 방식을 스스로 정당화하는 것에 지나지 않음을 알게 된다.

다석(多夕) 유영모(柳永模) 선생이 절대공(絶對空)을 주장한 것도 동양의 유불선사상을 가지고 새로 들어온 기독교에 적응하기 위한 한국적 조치였다고 말할 수 있다. 그의 절대공은 기독교의 절대신에 적응한 결과이다. 결국 니시다 기타로나 유영모나 서양의 과학-기독교문명에 적응하기 위한 철학적·종교적 몸부림을 친 것이었다. 이는 서양의 '절대문명'에 적응하기 위한 동양문화권의 응전이었다고 말할 수 있다.

경구 202

일반성의 철학시대를 열며

일반성의 철학은 보편성과 특수성, 개별성을 완전히 관통하여 일반성이라는 존재의 근본에 도달한 철학이다. 일반성의 철학은 사물을 대상화하는 서양철학의 관습, 즉 일반존재를 으레 일반적 대상으로 보는 태도를 지양하여 존재(생성)로 보는 태도의 철학이다.

데리다의 하이데거 카피 혹은 번안

데리다의 철학은 하이데거의 카피 혹은 번안에 가깝다. 데리다의 철학은 하이데거의 '존재자'의 자리에 '현존'을 대입하고, 하이데거의 '존재'에 '그램(gramme)'를 대입한 철학으로 하이데거의 프랑스적 번안이라고 말할 수 있지만 여기엔 프랑스식의 현상학적 오류가 있다. 데리다는 또한 하이데거의 해체라는 용어를 해체주의로 과장한 인물이다. 하이데거는 '죽음(죽을 사람)'을 현상학적 동일성으로 삼은 반면 데리다는 '유령'을 동일성으로 삼은 철학자이다.

과학과 이데올로기

과학 혹은 과학적 오류는 수학적 가상실재(실체)를 통해서 인간의 필요에 수단을 제공했지만, 과학적 사회학과 과학적 인문학, 혹은 사회학의 과학화와 인문학의 과학화는 인간학을 계량화하고 실체화하고 기계화하고, 급기야 이데올로기화함으로써 인간의 치유할 수 없는 오류인 분노와 질투라는 질병을 만들었다.

동양적 부활, 복(復)

죽음은 사람을 본래로 돌아가게 하는 것이다. 옛사람들도 이것을 알았던 것 같다. 그래서 사람이 죽으면 복(復)이라고 외쳤다. 만약 사람이 죽지 않는다면 본래로 돌아갈 수 없을 것이다. 그렇다면 죽기 때문에 본래로 돌아갈 수 있는 것이다. 그래서 죽음은 고마운 것이다. 만약 사람이 영원히 산다면 그보다 처절한 형벌은 없을 것이다. 그런데도 사람은 영원을 생각한다. 사람은 순간에서도 영원이라는 실체를 찾는 현상학적인 동물이다. 순간과 영원과 실체는 시간의 연장선상에 있다. 그렇다면 살인은 무엇인가. 살인은 (소외된) 타자가 타자를 죽이는 것이다. 그런 점에서 자살은 (자기로부터 소외된) 자기타살이다. 무리의 인간은 소외를 견디지 못한다.

213

그래서 군중심리와 집단행동에 빠져든다.

인간은 오랫동안 집단행동으로 살아왔다. 그래서 (자아가 발달하지 않은 자는) 정작 자유를 즐기지 못한다. 도리어 자유는 공포스러운 것이다. 자유는 스스로 타자가 되는 것이다. 그래서 그것을 견딜 수 있는 자만이 누릴 수 있는 것이다. 인간은 홀로 소외되어 있기보다는 집단적인 광기인 전쟁을 원한다. 전쟁은 인간의 악(惡)의 축제이고, 오랜 관습이다. 그런 점에서 평화의 축제인 올림픽은 전쟁과 상극이고, 전쟁기간에는 올림픽이 열리지 않는다.

경구 206

진여는 진리의 은유

진여(眞如)는 진리(眞理)를 시적으로 표현하는 맛이 있다. 진리가 아니라 '진리 같다'는 말은 다른 여지를 두는 것이고, 다른 여지는 이미 세계의 비실체적인 가능성과 공(空)과 통한다. 이렇게 보면 진리라는 말은 진여에 비하면 이미 실체적인 것을 표상하는 말이다. 진리의 이(理)는 진여의 여(如)와 대비된다. '이'는 이미 다스림을 나타내고, '여'는 다스림을 당하는 여자와 그 구멍과 입을 상징한다. 진여는 따라서 여성적 진리 혹은 진리라기보다는 존재이다. 그런 점에서 여성은 신체적 존재이고, 남성은 대뇌적 존재이다. 인간이 신체를 가지고 있는 한 모두 여성이다.

경구 207

제조적 신관의 뒤에 숨은 인간

신을 뜻하는 창조주라는 말에는 이미 인간적인 의미부여가 들어 있다. 왜 인간은 신을 창조주라고 하는 제조적(製造的) 신관을 가졌을까. 이는 이미 인간이 사물을 대상으로 보는 현상학적인 존재로 태어났음을 의미한다. 대상은 이미 그것을 만지고 만드는 것을 전제하고 있다.

『천부경』의 현상학과 존재론

『천부경(天符經)』의 한 구절인 인중천지일(人中天地一)은 역동적인 우주를 가장 간명하게 설명한 것이다. 이 구절은 사람과 하늘과 땅이 하나라는 사실과 그리고 천지에 흩어진 사물들 그 자체가 신이라는 사실을 선포한 것이다.『천부경』의 "천일일(天一一), 지일이(地一二), 인일삼(人一三)"의 구절에서 천지인의 첫 번째 일(一)은 모두 존재론적인 일(一)인 반면, 두 번째 일(一)은 현상학적인 일(一)이다. 놀랍게도『천부경』은 당시에 이미 존재론과 현상학을 구분하였다.

서양철학은 동일성의 철학

생각은 이미 동일성을 추구하는 것이다. 그런 점에서 생각하는 존재로 출발한 서양철학은 이미 동일성을 추구하는 철학이라고 말할 수 있다. 모순율(矛盾律)과 배중율(排中律)도 동일성(同一律)의 변형에 지나지 않는다. 서양철학은 철저하게 동일성의 철학이다. 서양철학이 차이를 논하는 것은 어디까지나 동일성(실체)이 전제된 맥락의 차이일 뿐이다. 진정한 차이의 철학은 동양의 음양론이다. 음양론에는 어떤 동일성도 없다.

경구 210

'meta-'의 의미

시(詩)란 신(神)과 통하는 비밀스런 밀어(密語)이다. 시는 언어를 통해 언어를 넘어서는, 즉 메타포(metaphor)의 의미를 통해서 인간의 본래마음에 도달하게 하는 메타랭귀지(meta-language)이다. 그런데 시의 의미는 과학의 메토니미(metonymy)라고 할 수 있는 메타피직스(metaphysics)와 다른 내면적(內面的) 의미이다. 과학은 기표연쇄(記標連鎖: 개념)를 통해서 동일성을 추구하지만, 시는 기의해체(記意解體: 무의미)를 통해서 다름(차이)을 추구한다. 과학의 동일성과 시의 비유는 얼른 보면 같은 말 같지만 실은 정반대이다. 과학의 동일성이 등식(等式)을 추구하는 것이라면 시의 비유는 유사(類似)를 추구한다.

경구 211

일반성의 철학은 신(新)불교

인간은 서양철학사적으로 보면, 선후상하좌우의 구별을 한 뒤에 마지막으로 내외의 구별을 한다. 그러나 정작 내외의 구별을 마지막으로 한 것이 아니다. 이미 선후상하좌우의 구별을 할 때 내외적 생각이 작용한 것이다. 선후상하좌우내외는 시공간적 존재의 피할 수 없는 운명이다. 인간은 자신의 몸을 기준으로 몸 안과 몸 밖을 구별한다. 몸 밖(눈앞)이라고 생각하기 때문에 자신을 기준으로 초월적 생각을 하는 것이다. 그런 점에서 몸을 생각의 출발점으로 여기는 것은 매우 중요하다. 이러한 인간적 삶의 조건에 눈을 뜬 것이 바로 실존철학이다.

실존철학으로 보면 생각 자체가 이미 초월이다. 하이데거의 존재론 철학에 이르러 몸에서 떠나 세계를 기준으로 안과 밖에 도달하였던 것이다. 인간은 자신이 세계의 안에 있으면서 동시에 세계의 밖에 있다고 생각한다. 하이데거는 인간이 세계의 안에 있다(세계-내 존재)고 생각하면서 동시에 '밖으로 던져졌다'고 생각하면서 그의 존재론을 전개한다. 그런 점에서 안과 밖은 끝없이 계속되지 않을 수 없다. 그러나 자세히 생각해보면 안과 밖이라는 것도 인간의 가상이다. 선후상하좌우와 마찬가지로. 존재의 실체가 없는데 무슨 안과 밖이 있느냐 말이다. 그런데도 마치 서양철학자들은 존재의 실체(내면적 초월, 초월적 존재)가 있는 듯이 말한다. 이때의 존재는 소위 종래처럼 '있다(존재)'고 말할 수 없다. 바로 '있다(존재)'고 말할 수 없는 존재가 바로 '실재'이다. 그런 점에서 모든 존재는 실재의 가상실재이다. 모든 존재는 실재이면서 인식론적으로 실재에 도달하지 못하는 역사적 운명을 몸에 지니고 태어났다. 실재는 '삶'밖에 없다.

인간은 존재론적 차원에서 세계와 하나(심물일원, 심물일체)가 되지만, 동시에 현상학적 차원에서 존재의 현상(가상실재)을 잡지 않으면 안 된다. 죽음(죽을 인간)이 인간의 불안이 되는 까닭은 의식의 피할 수 없는 조건인 때문이다. 만물을 생멸(생명)로 보면서도 자신(인간)의 생명(생멸)에 이르러서는 생사로 볼 수밖에 없는 인간의 삶의 조건이다. 이것이 개체적 사고의 한계이다. 개체적 사고(이것은 원자적 사고와 같다)를 완전히 벗어나기 위해서는 존재일반을 철저히 인간의 대상으로 보지 않는 일반적 사고, 즉 일반성의 철학에 도달하여야 한다. 일반성의 철학은 그런 점에서 현대판 불교적 사고(불교적 존재론)라고 할 수 있다.

경구 212

힘과 권력의 물리학과 정치학

인간은 개체적으로는 성인(聖人)이 될 수 있지만, 집단적으로는 결코 성인이 될 수 없다. 인간집단은 결코 생존경쟁과 권력경쟁을 떠날 수 없기 때문이다. 권력(權力)은 정치적 힘과 물리적 힘을 통합한 말이다.

통일을 이루는 것이
화랑도이고 화쟁론이다

"통일을 이루는 것이 화랑도(花郎道)이고, 통일을 이루는 것이 화쟁론(和諍論)이다." 불국토를 지향한 신라는 삼국통일을 이루었다. 호국불교를 주장한 고려는 나라를 지켰다. 그런데 사대주의를 하던 조선은 결국 일제 식민지가 되고 말았다. 흔히 신라의 화랑도와 원효의 화쟁론이 삼국통일을 이루었다고 말한다. 신라의 불교는 선불습합(仙佛褶合)의 불교였다. 당시 신라 사람들은 외래종교인 불교를 받아들이면서 전통사상인『천부경(天符經)』의 신선(神仙)사상과 창조적으로 융합을 하는 데에 성공하였다. 오늘에 와서 화랑도를 가장 현재적으로 부활하는 길은 "통일을 이루는 것이 화랑도이다." 또한 "통일을 이루는 것이 화쟁론이다"라고 말해야 한다. 이것은 화랑도와 화쟁론의 가장 현재적인, 절박한 이해이다.

옛 화랑도와 화쟁론을 떠들면서(죽은 텍스트에 매달리면서) 정작 오늘의 화랑도와 화쟁론을 만들어내지 못하는 한국인은 죽은 한국인이다. 이는 신에 대한 가장 현재적인(살아 있는) 이해와 통한다. '신이 천지를 창조한 것'(텍스트=『성경』=

理)이 아니라 '창조하는 것이 신'(콘텍스트=기운생동=氣)이라는 것과 같다.

경구 214

제도화와 세속화의 한계

과학적 제도화는 일반적 삶의 세속화와 마찬가지이다. 제도화와 세속화가 다름 아닌 삶의 안정이기 때문이다. 많은 사람들의 삶의 기준이 되는 제도화와 세속화를 나무랄 수만은 없다. 그러나 제도와 세속은 역사가 진행됨에 따라 주기적으로 새롭게 바뀌지 않으면 안 된다

경구 215

창조적 소수자들

성현이나 영웅, 과학자 등 소수의 창조적인 사람들의 삶

을 많은 사람들에게 요구할 수는 없다. 많은 사람들은 이들의 덕에 사는 사람들이다. 따라서 아무리 성현과 영웅, 과학자가 나와도 세상이 근본적으로 바뀌는 것은 아니다. 이들은 세계를 유지하기 위해서 나온 것뿐이다. 늘어나는 인구를 부양하고 거기에 질서를 부여하고, 달라지는 삶의 환경에 적응하기 위해서는 이들이 나오지 않으면 인간 종의 삶이 유지될 수 없다.

경구 216

경전과 법전

삶은 제도화와 세속화이다. 인간은 불안하고 불확실한 환경 속에서 이것을 끌어내어(도출해서) 사는 생물 종이다. 삶의 환경은 계속 바뀌기 때문에 제도와 세속의 텍스트(경전, 법전)는 계속 바뀌지 않으면 안 된다. 제도화와 세속화가 인간의 힘이다.

경구 217

사물에 시공간이 들어 있다

사물이 공간(시간을 포함)을 잡고 있다. 사물이 없다면 시공간은 없다. 사물이 공간 속에 있는 것이 아니라 사물에 의해 공간이 형성되는 것이다. 모든 사물은 저마다의 공간을 가지고 있다. 그런 점에서 모든 사물은 인간과 같은 개체이다. 사물은 대상이 아니다. 그렇다면 모든 사물이 잡고 있는 공간은 어떤 것인가.

경구 218

독일철학과 프랑스철학의 서로 배우기

데리다는 철학적 방법으로서의 '해체'를 철학의 내용인 양 착각한 철학자이다. 이는 데카르트의 방법으로서의 회의와 칸트의 방법으로서의 비판과 내용이 다르다. 그렇다면 데카르트의 합리주의와 칸트의 이성주의 같은 것은 데리다에게는 없는 셈이다. 따라서 데리다는 정작 자신의 내용이 없는 철학자일 수밖에 없다. 데리다는 '해체주의'를 주장함으로써 기존의 텍스트를 해체하는 행위를 철학의 새로운 영역처럼 사기쳐온 셈이다. 데리다의 그라마톨로지(해체적 문자학)는 일종의 철학의 방법에 불과한 것을 철학의 내용으로 속인 것이고(그렇게 보면 그라마톨로지 아닌 철학이 없다), 그의 '법의 힘'에서 말하는 도덕적 판단(moral judgement)과 유령으로서의 메시아사상은 서양철학이 추구해온 도덕철학과 기독교의 메시아사상을 짬뽕한 것에 지나지 않는다.

데리다는 해체를 '해체주의'라고 함으로써 해체당하기 이전의 과거의 텍스트를 '결정불가능한 것'이라고 말하고, 미래의 유령을 '해체불가능한 것'이라고 명명하는 불필요한 일(철학의 발전에 전혀 도움이 되지 않는)을 했다. '결정불가능한 것'과 '해체불가능한 것'은 같은 것이다. '결정불가능한 것'은 이미 해체 상태로 있다는 것이고, '해체불가능한 것'은 이미 '해체할 것도 없는 상태'로 있다는 것이다. 만약 어떤 텍스트를 가지고 결정불가능한 것이라고 하면 텍스트는 이미 텍스트가 아님을 말하고, 만약 어떤 유령을 가지고 해체불가능한 것이라고 하면 유령은 이미 유령이 아님을 말한다. 이는 둘 다 자기모순 속에 있는 것이다. 이는 프랑스철학, 프랑스현상학의 전반적인, 혹은 결정적인 결함이다. 프랑스철학은 근본적으로 '달아나는 신'을 잡는 경주와 같다. 영원히 달아나지 않으면 신이 아니고, 영원히 계속되지 않으면 시간이 아니고, 영원히 연장되지 않으면 공간이 아니다.

데리다는 해체주의의 영역을 별도로 설정하여 바타유의 제한경제와 일반경제 사이의 경계영역을 '차연(폭력)의 경제'라고 명명하고 있는데 이는 존재의 역동성(운동성) 자체를 영역으로 고정시키는 철학적 행위이다. 이는 프랑스 철학의 특징인 자신(주체)을 대상으로 보는(대자를 주체로 보는) 현상학적 철학의 대자적(對自的) 인식의 자기모순의 결과이다. 세계를 대상으로 보기 때문에 결국 영원히 자기(주체)를 찾을 수 없다. 그래서 프랑스 철학은 대체로 '없다'로 끝난다.

"텍스트는 없다" "주체는 없다" 등 "(무엇이) 없다"로 끝날 수밖에 없다. 프랑스의 현상학은 운명적으로 자기부정의 연속선상에 있다. 이는 현상학적 철학의 모순이다. 현상학은 물리적 현상학에서는 수학을 통해 실체(계산할 수 있는)를 잡을 수 있는 실용성이 있지만, 심리적 현상학인 철학적 현상학에선 실재가 아닌 것을 실체(가상실재)라고 생각하는 끝없는 변증법적 자기모순에 빠져 있는 것이다. 이는 서양철학 전반의 문제이기도 하다.

진리도 소유이다

진리라는 말 자체가 이미 소유적 개념이며, 소유적 존재로
서의 인간의 창안물(구성물)이다. 인간은 진리라고 말함으로
써 대상을, 혹은 자연을 소유한 것처럼 착각한다. 진리가 생
각의 산물임을 감안하면 생각이 이미 소유인 것은 물론이고,
생각 자체가 착각인 셈이다. 제 머리 속에 우주가 들어 있는
양 착각하는 존재가 인간이다. 그런 점에서 생각의 중추인
뇌는 자연을 착각하는 세포장치이다. 뇌 신경세포 가운데 존
재하는 거울세포라는 것이 그 증거이다.

선후상하좌우내외의 벽을
허물어야 사통팔달

선후상하좌우내외(先後上下左右內外) 중에서는 선상좌내
(先上左內)가 관념성(추상성)과 논리성(원인론)과 형상성(형식

성)이 강하고, 후하우외(後下右外)는 경험성(구체성)과 감각성(결과론)과 질료성(물질성)이 강하다. 철학적으로 위(上)와 밖(外)은 하나로 통하고, 아래(下)와 안(內)은 하나로 통한다. 이들이 서로 교차하여 만나면 이들 사이의 벽이 허물어지게 되며, 사통팔달이 된다.

경구 221

인간은 타자적 존재

생물학적 우주론인 진화론은 흔히 기독교의 창조론의 반대인 것처럼 생각하지만 인간진화론은 인간이라는 존재를 대상으로 한 고고인류학적 현상학(인간에 관한 계보학)이다. 창조론이 세계에 대한 기독교적·원인론적 설명이라면 진화론은 세계에 대한 과학적·결과론적 설명이다. 창조론이 원인적 동일성에 대한 가정(가상실재)이라면 진화론은 결과적 동일성에 대한 가정이다. 서양문명의 발전변화 과정을 보면, 기독교(종교)에서 자연과학(과학)으로 옮겨온 현상학이다. 만물만신(神物이 함께 있는 존재)은 인간에 이르러 신(神)이 정신(精

神)이 되었고, 정신이 된 인간은 물(物)을 물질(物質)이라고 하였고, 물질은 정신의 대립된 세계로 자리 잡게 된다.

'물질=정신'이고 '정신=물질'이다. 인간은 스스로를 대자(對自)하는 존재이다. 스스로를 대자하는 존재인 인간은 자기가 아닌 '남과 세계'를 타자(他者)로 만들 수밖에 없다. 신도 타자(믿음의 대상)에서 출발하였고, 사물도 타자(이용의 대상)에서 출발하였다. 이는 모두 시각-언어중심 탓이다. 시각으로 결코 인간은 자신(주체)을 볼 수 없다. 결국 타자적 존재를 벗어나는 길은 소리(파동)로 들을 수밖에 없다.

'사이(間)-존재'인 인간

인간에 의해서 자연이 우주가 되고, 우주에 하늘과 땅이 생기며, 그 사이에 '사이-존재(있음)'로서 인간이 출현한다. 그러나 자연의 본래 모습은 '사이-있음'이 아니라 '사이-없음'이다. 자연의 '사이-없음'에 도달해야 시간과 공간이 없다는 것을 깨닫게 된다. 시간(時間)과 공간(空間)과 인간(人間)은 같은 것이다. 즉 '사이(間)-존재'이다.

현상학의 불교 배우기

현상학의 의식, 즉 가상실재가 실체화된 것이 바로 과학의 세계이다. 의식을 비롯한 모든 인식은 실은 실재에 대한 가상실재이며, 그러한 가상실재의 형이상학을 현상학적으로(끝없는 대상으로) 고집한 결과 서양철학은 과학에 도달하였다. 따라서 서양의 현상학은 그 임무를 다했다. 이제 세계는 현상이 아니라 현존이며, 존재라는 것을 알아야 한다. 서양철학에서 현존, 존재(존재자가 아닌)라고 하는 것이 바로 동양의 불교의 법(法)·진여(眞如), 무(無)·공(空)을 번안한 것이며, 노장의 무위(無爲)·도(道)를 번안한 것이다.

가상을 만드는 힘은 존재

원인과 결과도 따지고 보면 가상의 연속이며, 예술은 가상의 가상으로서 진실이다. 그런데 가상의 가상을 만드는 힘은 가상에 있지 않고, 존재(자연적 존재)에 있다.

성기로 환원되는 진리와 진여

좆 대가리와 씹구멍이라는 말 속에 우주적 진리가 고스란히 들어가 있다. 좆 대가리가 변형된 것이 인공위성이고, 블랙홀이 변형된 것이 씹구멍이다. 따라서 인간의 인공위성은 열심히 우주를 유영해보았자 블랙홀로 들어가는 것이고, 우주적 진리(眞理)와 존재의 진여(眞如)는 씹구멍에 있다. 그러한 점에서 진리와 진여라는 말은 참으로 명교적(名敎的)이다.

과학적 추상과 심리적 승화

초월적인 생각에는 두 가지가 있다. 하나는 과학적 추상이고, 다른 하나는 심리적 승화이다. 추상이 뼈대와 같다면 승화는 살점과 같다. 과학은 추상의 빌딩이고, 종교는 승화의 살점이다. 그런 점에서 과학은 이성(머리)이 없으면 쌓아올리기어렵고, 종교는 신체(감성)가 없으면 쌓아올리기 어렵다. 과학은 의식이 밖으로(객관적으로) 나간 것이라면, 종교는 무의식이 위로(상징적으로) 올라간 것이다. 대중은 종교(icon)와 우상(image)에 의해서 살아가고, 과학자는 추상에 의해 살아간다. 그런데 재미있는 것은 과학은 보이는 대상에서 추상을 만들어내고, 종교는 보이지 않는 허공에서 우상을 만들어낸다.

성직이라는 것은 자연의 도착

인간만이 제사를 지내는 담당자인 사제(司祭)를 두고 있다.

다른 동물에게는 사제의 역할을 하는 신관(神官)과 신부와 승려가 없을 것이다. 인간만이 초월적인 사고를 한다는 증거이다. 인간은 종교적 인간이고, 과학적 인간이다. 초월적인 사고는 실은 우주의 실재가 아니다. 그런데 인간은 그 실재가 아닌 가상실재(실체)를 만들어서 살아가는 존재이다. 신부와 승려가 있는 것에서 가상실재를 섬기는 인간의 특징을 볼 수 있다.

경구 228

예술은 생명의 표상

종교가나 과학자에 비해 시인과 예술가야말로 현존적(존재적) 삶을 사는 인간이다. 예술가는 상상과 추상을 한다고 하더라도 결국 구체적인(접촉하는)·질료적인 것을 가지고 형상화 작업을 하기 때문이다. 그러한 점에서 예술가야말로 진정한 삶을 사는 인간이고, 예술이야말로 가장 완벽한 삶의 퍼포먼스이다. 예술이 현대의 신화인 것은 상상력의 마지막 보루이기 때문이다. 신화종교·기술과학은 동일성을 추구하고, 예술축제는 차이성(생명성)을 추구한다.

문명과 문화

문명은 문화의 일부이다. 문명은 문화를 도구적 발전으로 해석하는 경향에서 불거진 것이다. 문명이라는 관점에는 다분히 서구과학문명의 영향이 크다. 그러나 문명 혹은 과학문명이라는 것도 실은 문자(文字)에서 발전하고 변형된 것일 뿐이다. 문명과 문화는 끊임없이 변한다는 점에서 문명의 명(明)자보다는 문화의 화(化)자가 더 일반적인 것이다.

순간은 영원이다

대상은 순간순간의 끊어진 절대이면서 절대를 향하여 영원히 나아가는 과정이다.

시(詩)철학을 부활시킨
시철(詩哲), 니체

니체는 시(詩)를 '권력에의 의지'철학에서 권력의 상승에 편입시킴으로써 디오니소스적 긍정에 힘을 실어주었다. 서양에서 보기 드문 시인철학자였던 니체는 결과적으로 시를 철학의 새로운 활로를 개척하는 데에 봉사하게 하였다. 말하자면 시와 예술을 철학화한 셈이다. 이는 종래에 철학의 일부였던 미학을 니체에 이르러 진정한 의미의 예술철학, 즉 예술로 철학하는 예술철학으로 승격되게 한 셈이다. 철학의 역사를 종교철학, 과학철학, 예술철학의 순으로 발전한 것으로 해석한다면, 예술철학을 처음 시도한 인물이 니체이다. 이에 비해 하이데거는 시(詩)를 철학화 함으로써 일반인이 일상의 사물에서 신비(神秘)와 신(神)을 느끼게 하였다. 하이데거는 시인의 눈으로 사물을 바라보는 경지를 '신적인 신'에 도달하는 길 닦음으로 보았다. 그런 점에서 하이데거는 진정한 시철학자이다. 데리다의 그라마톨로지는 단순히 철학하는 방법으로서의 '회의'(데카르트)나 '비판'(칸트)과 같은 글쓰기(텍스트와 새로운 텍스트 만들기)를 마치 철학의 내용인 양 말함으로써 철학의 방법인 '해체'를 '해체철학'으로 명명하는 우를 범했다. 해체철학은 철학의 방법일 뿐 새로운 내용이 아니다. 데리다의 철학적 내용이라고 할 수 있는 '법의 힘'이나 '유령론'은 종래 헤겔의 '법철학'이나 기독교 '메시아론'의 변형이다.

경구 232

오로지 기운생동만 있다

진리와 진여는 없다. 오로지 있는 것은 기운생멸, 기운생동뿐이다. 진리와 진여는 가상이다. 진리와 진여는 참(진정한) 진리와 참 진여, 즉 실재를 지칭하는 것일 뿐이다. 다시 말하면 진리와 진여는 실재, 즉 기운생멸을 가리키는 것일 뿐이다. 인간이 진리를 잡은 것은 가상이 가상을 잡은 꼴이다. 가상이니까 가상을 잡았다고 생각하는 것이다. 결국 생각이 가상이다. 생각하는 과정은 가상이 가상을 잡는 과정이다. 따라서 모든 분류학은 가상이고 인간의 거짓이다. 분류학은 반드시 실재(무엇)를 지칭(가상, 언어)하는 것이고, 잡는 것이다. 지칭하는 것은 이미 무엇(존재, 실재)을 둘로 가르는 것이고 대상화하는 것이다. 지칭하는 것은 대상화하는 것이고, 대상화하는 것은 잡는 것이다. 그렇지만 진리와 진여는 매우 인간적인 행위이다. 인간은 진리와 진여를 잡는 존재이기 때문이다. 누가, 언제, 어디서, 무엇을, 어떻게, 왜라고 하는 육하원칙(六何原則)은 모두 존재(실재)가 아니다. 모두 가상이다. 이를 역설적으로 말하면 가상이니까 진리이고, 가상이니까 선하고, 가상이니까 아름답다. 가상이니까 참되고(眞), 참답고(善), 참하다(美). 가상과 실재의 구분마저도 확실하다면 참되고, 참답고, 참하다는 말이 필요 없다.

경구 233

인과론과 순환론의 묘미

생물학의 진화론과 수학(물리학)의 미적분학, 그리고 철학의 현상학은 모두 같은 계열의 사고이다. 말하자면 '결과적 동일성'의 사고이다. 이는 기독교의 신(神)의 창조론에서 출발한 '원인적 동일성'에서 '결과적 동일성'으로 사고의 중심이동을 한 것이다. 진화론은 창조론과 한 쌍일 뿐 모두 서양의 실체론적 사고의 산물이다. 원인이 실체라고 하던 결과가 실체라고 하던 결국 실체론이다. 따라서 진화론과 창조론이 싸우는 것은 마치 서양철학에서 주체와 대상이 싸우는 것, 원인과 결과가 싸우는 것과 같다. 결국 주체가 대상이고, 대상이 주체이다. 원인이 결과이고, 결과가 원인인 것이다. 대상이 없다면 주체가 어떻게 있겠는가. 결과가 없다면 원인이 어떻게 있겠는가. 둘러치나 메치나 같은 것이다. 이러한 사정을 천지인정기신(天地人精氣神) 삼재사상으로 말하자면 이중에서 정(精)과 신(神)이 유착하여 정신(精神)이 되고, 정신이 물질(육체)이 되면서, 세계는 물질로 굳어져버리고, 기운생동의 본래의 신은 없어져버린 것과 같다. 이것이 이데아, 이(理), 이성(理性), 즉 인간신(人間神, 인신人神) 혹은 이성신(理性神) 혹은 과학의 발달과정이다. 따라서 '이성의 감옥' '정신-물질의 감옥'에서 벗어나서 본래의 신을 찾으려면 나머지 기(氣)를 회복하지 않으면 안 된다. 기운생동의 변화의 신 말이다.

존재와 초월의 이혼과 재혼

철학하는 것 자체가 인간이기 때문에 철학하는 것이다. 철학하는 일이 발생하는 것은 매우 인간적인 행위이다. 따라서 철학하는 것은 인간의 존재방식이다. 육하원칙 중에서 결국 누가(who)가 가장 사태의 발단이다. 누가가 있기 때문에 언제(when)가 발생하고, 언제가 있기 때문에 어디서(where)가 발생하고, 어디서가 있기 때문에 무엇을(what)이 발생하고, '무엇을'이 있기 때문에 어떻게(how)가 발생하고, '어떻게'가 있기 때문에 왜(why)가 발생한다. '누가'라는 주체의 가정(선험적 전제)이 없다면 육하원칙은 발생하지 않았다. 개체(개인)가 주체의 원인이다. 그렇다면 개체를 해체하는 것이야말로 존재(실재)에 이르는 길이다. 그것이 일반성의 철학이다. 개체의 해체에 이르면 만물만신이고, 만물생명이다. 여기서 만물만신이라는 것은 서양철학(칸트철학)의 '물자체'와 '신'이 같다는 뜻이다. '물자체'가 '존재일반'이고, '신'이 '초월적 존재'이므로 결국 존재와 초월이 같다는 뜻이다. 결국 인간(현존재)이라는 존재가 신과 물자체를 갈라놓은 셈이다. 이는 인간이야말로 신과 물자체를 통하게 할 수 있다는 뜻도 된다.

인간에서 비롯된 '악마'라는 말

악마를 떠올리는 자가 악마이다. 인간은 동물을 악마라고 하면서 정작 스스로 악마가 되었다. 인간이 악마가 된 것은 역설적으로 동물로부터 벗어났다고(초월했다고) 생각하기 때문이다(동물은 결코 악마가 아니다). 인간은 스스로 악마가 아닌 천사가 될 것을 염원해왔지만 결국 소유욕 때문에 천사가 될 수 없다는 사실을 뒤늦게 알게 된 존재이다.『성경』에서 천사장이 악마가 된 것은 인간이 권력을 얻으면 결국 도달하게 되는 종착지를 미리 알려준 셈이다. 천사장이 상징하는 것은 곧 인간이다. 인간만이 드물게 천사이듯이 인간만이 최종적으로 악마이다. 결국 인간은 스스로를 심판한다. 스스로를 심판하는 것이 악마이다. 최종적인 심판 이전에 인간의 비판은 궁극적으로 자기를 바라보는 힘이다. 자기를 비판하지 않고 남만 비판하는 것은 이미 철학적 허위이다.

차이의 철학은 차이의 변증법

데리다의 '차이(차연)의 철학'은 헤겔의 '변증법'의 변형에 지나지 않는다. 말하자면 '차이의 변증법'인 셈이다. 데리다는 '그라마톨로지(문자학)'라는 책을 통해 종래의 이성철학을 해체하는 반이성주의를 부르짖었지마는 실은 이성주의로 돌아간 셈이다. 그의 그라마톨로지라는 것은 종래의 철학의 텍스트화 과정을 설명한 것에 지나지 않으며, 데리다 식으로 말하자면 서양철학사에서 제안된 철학 중에 그라마톨로지가 아닌 철학이 없는 것이다. 데리나는 '해체주의 철학'이라는 말을 통해 무슨 대단한 일을 한 것처럼 떠들었지마는 실은 그의 '해체주의'는 헤겔의 변증법의 '정반합(正反合)' 과정의 반(反)에 지나지 않는 것이다. 말하자면 철학적 허장성세를 한 것에 불과하다.

서양철학의 방법으로서의 '회의'나 '비판'이나 '해체'를 새로운 철학의 내용인 양 속였다는 것이다. 예컨대 데리다의 '결정할 수 없는 것(해체주의적 문자학)'과 '해체주의(철학의 해체적 방법)' 그리고 '해체할 수 없는 것(해체주의적 유령학)'은 헤겔의 정반합에 대응하는 것이다. 다시 말하면 데리다는 헤겔의 '반(反)의 과정'을 해체주의 혹은 해체주의 철학이라고 함으로써 새로운 철학인 것처럼 말을 한 것이다. 데리다의 '법의 힘'는 헤겔의 '법철학'의 변형이며, 그의 해체적 유령학으로서의 '메시아론'은 기독교 메시아론의 부활에 지나지 않는다. 서양철학은 결국 현실적으로 '도덕철학'(칸트)과 '법철학'(헤겔)에 지나지 않으며 새로운 법전을 만들어내는 과정을 설명하는 것에 지나지 않는다. 법전이라는 것은 결국 세속화 혹은 권력화(세속화가 권력화이다)의 산물이다. 메시아론은 하나님의 천지창조(원인론)와 현상학적으로 대응되는 결과론이다. 문제는 변증법의 이원적인 구조는 자체적인 모순으로 인해 끝없이 정반합을 되풀이해야 하는 데에 있다. 서양철학과 문명은 결국 현실적으로 '법전의 생산(재생산)'과 '『성경』의 해석(재해석)'이라는 두 축에 의해 운영되고 있음을 알 수 있다.

서양문명뿐만 아니라 인류의 모든 문명은 실은 '법전과 『성경』' 체계에 의해 운영되고 있다. 따라서 서양문명의 법전과 『성경』만이 선(善) 혹은 정의(正義)라고 말하는 것은 실은 어불성설이라는 점이다. 인류문화는 전체적으로 놓고 보면(비교문화론으로 보면) 상대적일 수밖에 없고, 한 문화에 소속된 사람에서 보면 삶의 방식(way) 혹은 삶의 방법(rule), 혹은 삶의 원리(principle)로서는 절대적일 수밖에 없는 양면성을 가지고 있다. 철학도 삶의 방식이다.

필연에서 존재로, 당위에서 존재자로

자연과학에서 존재(sein)는 '필연(必然)'으로 해석된다. 필연이라는 말은 원인과 결과로 해석되는 것을 말한다. 원인과 결과는 변하지 않는 어떤 동일성(실체)을 전제하는 것이다. 동일성은 하이데거 식으로 말하면 '존재자'이다. 인간의 도덕은 당위(sollen)로 해석된다. 도덕을 당위라고 한 것은 필연과는 다른, 일종의 약속(계약)으로서 지켜야 하는 것을 말한다. 그런데 도덕이라는 것도 실은 제한적(시간적·공간적으로 제한된다)이긴 하지만 결국 '존재자'로서 군림하게 된다. 인간(현존재)은 '존재자'를 만들지 않으면 살아갈 수 없는 존재방식을 가지고 있는 동물이다. 자연과학에서의 '존재(필연)'는 왜 하이데거(하이데거의 현상학)에 이르러 존재(Sein)로 지칭하게 되었을까. 이는 인간이라는 현존재가 미리 정해진 필연으로만 살아가는 존재, 메커니즘(mechanism)의 존재가 아니라는 것에 대한 새로운 인식 때문이다. 나아가서 모든 존재는 동일성의 존재가 아니다. 모든 존재는 생성변화(生成變化)하는 존재, 즉 '생성(생멸)의 존재'이다.

모든 존재는 어떤 목적(결과)을 향하여 가는 변증법적인 존재, 지향적(指向的) 존재가 아니라 그냥 '존재하는 존재' '존재하기 때문에 존재하는 존재'이다. 말하자면 현상학적인 존재가 아니라는 뜻이다. 인간만이 현상학적인 존재이고, 나아가서 물리학적 현상학(자연과학)을 도출해내는 존재이다. 하이데거의 존재론이 기독교의 절대유일신이 아닌 '신적인 신'을 도모하고, 기독교의 메시아론을 전개하지 않는 것은 '자연적 존재'에 대한 이해 때문이다. 결국 하이데거 식으로 말하면 존재는 필연이 아니라 존재이다. 그러나 하이데거가 서양철학의 종래의 존재론과 혼란(오해)을 일으키는 것은 그의 기억(회상)에 대한 숭배로 인해 아직 완전히 시간으로부터 탈출(해탈)하지 않았기 때문이다.

자연은 선일 수밖에 없다

만약 선(善)이 있다면 자연이 선일 수밖에 없다. 자연이 선이 아니라면 신이 처음부터 선이 아닌 악(惡)을 만들어놓고 선을 향하여 가도록 했다는 누명(실수)을 쓰지(자인하지) 않을 수 없게 된다. 자연은 본래 있는 것이기 때문에 선이다. 그렇다면 자연에 무엇을 가미한 것은 일단 순선(純善)은 아닌 것이다. 자연을 선으로 두고 보면 인간이 추구하는 많은 인위들, 예컨대 아름다움(美)은 점점 악(惡)에 더 가까이 가는 것일까? 만약 그렇다면 최종적으로 인간은 '아름다운 악마'가 된다. 세계를 선악의 이원구조로 보는 것은 처음부터 틀린 것이다. 아니, 모든 이원구조는 인간이 만들어낸 악한 것이다.

주술, 기술, 예술

우리는 흔히 주술(呪術)이라고 하면 원시부족사회의 비과학적인 혹은 미신적인 행위처럼 생각하는 선입견을 가지고 있다. 주술이라는 것은 오늘날처럼 사회의 발전과 변화가 급속도로 이루어지지 않은 사회에서 벌어지는 일종의 의례를 말한다. 주술은 주문(呪文)과 기술(技術)로 구성된다. 기술의 변화가 빠르지 않을 때는 주문과 같은 의례가 두드러지게 된다. 부족사회에서도 배의 진수식 같은 것이 있었고, 배를 만드는 데는 기술이 들어 있기 마련이다. 만약 오늘날도 기술이 답보상태에 있으면 주술에 가까운 기술이 된다. 그런 점에서 오늘날 기술은 창조적이 되어야 하는 시대적 사명에 직면해 있다. 창조적인 기술이라는 것은 실은 예술에 가까운 기술을 말한다. 그래서 주술, 기술, 예술은 실은 혈연관계에 있다. 주술은 과거의 과학이라고 할 수 있고, 현재의 과학은 미래의 주술이 될 수도 있다. 결국 창조와 예술성이 깃들어야만 생명력이 있을 것이다.

죽음을 목적으로 하는 것에 대한 질타

자살이 틀린 이유는 결국 죽음을 목적한 것이기 때문이다. 존재는 목적이나 결과가 아니다. 어떤 이상과 유토피아, 심지어 천국(극락)을 위해서 죽는다는 것도 존재를 배반하는 것이다. 존재는 죽음으로써 벗어날 수 있는 것도 아닌, 존재 그 자체로서 족한 것이다. 존재는 어떤 숭고한 목적도 없다. 존재는 존재 자체가 목적이다. 존재를 왜곡한(오해한) 인간이 한시적으로 욕망과 이성으로 인해 목적을 설정한 것일 뿐이다.

원죄와 근본악의 사이

서양철학사는 동일성을 추구하는 정신병자들의 집합소이다. 말하자면 병리학(병리현상)을 생리학으로 오인한 역사이다. 서양 기독교는 절대유일신을 추구하는 죄인들의 집합소이다. 말하자면 구원을 위해 스스로를 죄인(원죄)으로 만들었다. 칸트의 근본악(根本惡)이라는 것과 기독교의 원죄(原罪)는 무엇이 다른가. 전자는 철학적이고, 후자는 대중적인 것이 다르다. 원죄는 대중적 근본악이다. 서양의 기독교와 과학사는 우주 속에서 오류의 시공간놀음을 하는 천재들의 집합소이다. 말하자면 우주라는 인과와 확률의 튜브 속에서 기독교적·물리적 게임을 하는 게임중독자들이다. 과학은 '건설적인 정신병'이다. 존재하지 않는 것을 상상하고, 존재하지 않는 기술을 만들어내는 생각은 참으로 위대하다. 생각에 이어 시각과 현상은 참으로 건설적이다. 현상은 시각이고, 시각은 현상이다. 소리의 현상학은 본질을 향한 현상학이지만 영원히 본질에 도달할 수 없다. 본질은 현상하는 것이 아니기 때문이다. 본질이라는 말마저 현상이다. 본질은 그냥 그대로, 자연 그대로가 본질이고, 본질은 본래자연이다.

경구 242

불의 신, 차라투스트라

니체가 서양의 기독교와 이성주의의 한계를 넘어서기 위

해 '차라투스트라'를 택한 것은 처음부터 실패였다. 차라투스트라는 헬레니즘 시대(BC 300경~AD 300경)에 근동 및 지중해 지역에서 활동한 인물로 그의 유일신사상은 유대교 및 그리스도교에 영향을 미쳤다. 범(汎)이란주의(pan Iranianism: 차라투스트라 또는 이란사상이 그리스·로마·유대교사상에 영향을 미쳤다는 주장)가 아니더라도 차라투스트라는 불을 숭배하는 인물로서 같은 '불의 신화' 계열에 속하는 기독교와 과학을 완전히 극복할 수 없었기 때문이다. 욕망의 불과 이성의 불은 다른 것이 아니기 때문이다. '불의 신앙'을 극복하기 위해서는 동양의 '물의 신앙' 계열의 인물을 찾아서 구원을 요청했어야 한다.

경구 243

확률에서 과학과 주술이 만나다

현대(근대)의 과학(철학)은 중세의 기독교(종교)처럼 하나의 관점의 소산이다. 현대인은 과학의 눈으로 세계를 보고 있고, 중세는 종교의 눈으로 세상을 보았다. 그렇다면 언젠가는 과학도 종교처럼 될 것이고, 과학의 밖에 다른 세계가 있을 것이다. 신과 보편성과 힘(에너지)은 같은 것이다. 기독교의 신은 철학의 보편성이 되었고, 철학의 보편성은 과학에 이르러 힘(에너지)이 되었다. 서양의 철학과 종교와 과학은 모두 동일성이다. 유심론이든 유물론이든, 유신론이든 무신론이든, 과학의 절대역학이든 상대성이론·불확정성이론이든, 그리고 수학의 확률론이든 모두 동일성의 산물이다. 확률론은 억지로 동일성(실체)을 찾는 무한대의 주술이다. 과학(science)과 주술(magic)이 만난 것이 확률론이다. 과학의 아버지가 종교라면, 과학의 어머니는 주술이다. 동일성은 절대를 추구하는 것이고, 결국 실체이고, 소유이다.

경구 244

존재는 스스로를 보지 못한다

절대주의는 상대(현존)를 대상화(현상화)하면서 세계를 소유의 세계로 바꾼다. 서구의 기독교와 도덕, 과학은 세계를 소유화하는 데에 가장 탁월한 공적을 남겼다. 존재는 스스로를 보지 못한다. 존재는 스스로를 소유하지 못한다. 보는 것은 이미 소유함이다.

이(理)와 이성(理性)의 차이

서양의 이성(理性)은 과학에서 왔지만, 동양의 이(理)는 종교, 즉 불교와 성리학에서 왔다. 말하자면 서양의 과학에는 물리적인 실체가 있지만 동양의 이(理)에는 윤리적(도덕적)인 실체가 있다. 서양은 종국에는 과학적 이성을 숭배하는 문화적 특성을 가지지만 동양은 윤리적 이성을 숭배하는 문화적 특성을 보인다. 특히 성리학의 윤리적인 이성은 과학적 이성으로 발전하는 데 방해가 된다. 이것이 근대에서 동양이 서양에 정복당하는 빌미가 된다. 상대적으로 불교(一切唯心造, 心卽物)와 심학(心卽理)은 성리학(性卽理)보다는 문화가 과학으로 접근하는 데 유리하게 작용했다.

신령(神靈)과 정신(精神)의 차이

동양에 신령(神靈)이 있다면 서양에는 정신(精神)이 있고, 동양에 기(氣)가 있다면 서양에는 물질(物質)이 있다. 그러나 이들은 모두 같은 것이다. 소유하지 않는 것(못하는 것)이 신령과 기운이라면 소유하는 것이 정신과 물질이다.

생활은 이미 자연의 예술

예술가는 질료(물질)를 가지고 비유(알레고리)와 상징(symbol) 을 만들어내지만 자연은 기(氣)의 비유이고 상징이다. 그런 점에서 자연은 이미 예술인 것이다. 또한 생활은 예술인 것 이다.

가난하면 신을 만난다

가난하면 사물이 얼마나 귀중하고 절박한 줄 안다. 가난하면 사물에서 신을 만나고 사물이 신인 줄 안다. 그래서 가난한 자라야 천국에 들어간다고 하였다. 가난하지 않으면 모든 사물이 천박하고 가치를 잃고 만다. 가난하지 않으면 사물에서 신을 만날 수 없고, 사물은 단지 물질일 뿐이다.

삶과 종교의 역설

지금 천국이나 극락이 있다고 해서 그것이 저절로 종교가 되지 않는다. 지금 가장 잘 먹고 잘살고 행복한 나라나 체제가 있다고 해서 그것이 저절로 종교가 되지는 않는다. 도리어 가난하고 헐벗고 불행한 나라나 체제나 환경에서 종교가 발생한다. 이것이 삶과 종교의 역설이다. 종교는 천국이나 극락이나 행복을 꿈꾸는 이데올로기이다.

내면에 있는 시원(始源)

내가 신이 되는 것은 나의 내면을 바라봄으로써 내면으로
부터 시원을 느끼고 그 시원과 함께 하기 때문이다. 그러나
이때의 시원은 현현(현성)된 시작(종말)은 아니고, 더더구나
현상학적인 것은 아니다.

소리철학은 소리의 추상화이다

음악과 시와 노래야말로 진정한 '소리의 철학'이다. 따라
서 철학으로서의 '소리의 철학'은 소리의 철학의 껍데기이고
표상이고, 기표이다. 마음으로 노래하는 예(禮)가 시(詩)이고,
몸으로 쓰는 시(詩)가 예(禮)이고, 몸과 마음이 하나되어 춤추
는 것이 악(樂)이다.

철학은 동일성을 추구하는 것

주체, 대상, 초월적 주체, 영원한 대상, 보편성, 진리, 진여 등 모든 개념은 초월적 사고와 추상의 산물이다. 초월과 추상이야말로 동일성이다. 그렇다면 철학은 결국 동일성의 범주를 벗어나지 못하는 것이다. 우주의 실재는 말할 수 없는 것이고, 말한 것은 모두 동일성이다. 동일성이 전제되지 않으면 말을 할 필요가 없다. 따라서 동일성과 차이성은 철학의 마지막 말이다. 현상학적 차이는 동일성의 차이성을 말하고, 존재론적 차이는 차이성의 동일성을 말하는 것이다.

성인이 성인인 이유

인간은 소유적 존재이기 때문에 죽은 뒤에 천국이나 극락이 있다는 것을 믿을 수밖에 없다. 그것을 이용하여 세상과 사람들을 다스리는 것이 종교이다. 죽은 뒤에 천국이나 극락가는 것을 욕망하지 않는 현재적(현존적) 안심입명(安心立命)의 경지에서 죽을 수 있는 사람이 바로 성인들이다. 성인들은 시공간을 초월하는 사람들이다. 성인들은 아예 시공간이 없는 사람들이다.

경구 254

인간이 없으면 인간적인 것이 없다

인간이 있기 때문에 하늘이 있고, 땅이 있다. 인간이 있기 때문에 선후상하좌우안밖이 있다. 인간이 없으면 그러한 것은 없다.

경구 255

직선, 원환, 순환의 차이

서양문명은 직선(直線)과 원환(圓環)의 문명이고 동양문명은 곡선(曲線)과 순환(循環, 태극太極)의 문명이다. 지구에서 직선을 그으려고 고집하면 원이 된다. 지구는 둥글기 때문이다. 그래서 직선은 곧 원이 된다. 이것이 서양이다. 서양문명과 서양신화의 순환은 원환의 순환이다. 서양문명은 곧 직선을 그으려고 고집하는 문명이다. 이에 비해 동양문명은 직선을 그으려고 고집하는 것이 아니라 자연스럽게(우주적 기운생동에 따라) 선을 그으니 자연히 곡선 즉 태극(太極)이 된다. 태극은 직선을 고집하는 것이 아니다. 태극은 직선을 그으려는 의지가 없는 자유이다. 서양은 자유를 찾으려고 하지만 동양은 자유를 즐긴다. 서양의 역사는 자유(평등)를 찾으려는 역사이지만, 동양의 역사는 자유를 즐기려는 역사이다.

경구 256

동양철학은 차이에 순응하는 사유

서양철학은 동일성을 찾으려는 사유이다. 여기에 서양철학의 특징이 있다. 동양철학은 차이성에 순응하는 사유이다. 서양철학이 이성철학이라면 동양철학은 자연철학이다. 여기서 자연철학은 천지인철학과 음양철학을 말한다. 서양의 천지인은 각각 실체로서 존재하는 천지인이다. 동양의 천지인은 각각 실체로서 존재하는 천지인이 아니라 상징적 천지인이다. 말하자면 서양의 천지인은 실체의 천지인이고, 동양의 천지인은 상징의 천지인이다. 그렇게 다른 동양과 서양이 만나서 오늘날 지구문명을 형성하고 있다. 그러니 아무리 말해도 동문서답을 할 수밖에 없다. 서양문명의 꽃은 결국 과학, 즉 힘을 말하는 역학(力學)이다. 동양문명의 꽃은 천지의 변화를 말하는 역학(易學)이다. 역학(力學)이 물리학이라면, 역학(逆學)은 현상학이고, 역학(易學)은 존재론이다. 동양이든, 서양이든 세월의 변화를 잴 수 있는 역학(曆學)을 쓰고 있다. 서양은 태양력 중심의 역학이고, 동양은 태음력 중심의 역학이다(물론 역학적으로 동양이 태양력을 쓰지 않는 것은 아니다). 서양은 변하지 않는 태양(물론 과학적으로는 태양도 변하고 있지만)을 모델로 하고 있고, 동양은 변하는 달(물론 달의 모양은 달이 변하는 것은 아니지만)을 모델로 하고 있다.

서양문명은 사람을 하늘과 땅 사이에 있다고 하는 천지중인간(天地中人間)의 사고를 하지만 동양문명은 사람 속에 하늘과 땅이 있다고 하는 인중천지일(人中天地一)의 사고를 한다. 전자의 사고를 하면 끝에 가서 결국 과학자가 되고, 후자

적 사고를 하면 끝에 가서 시인이 된다. 전자의 사고를 하면
결국 정복과 전쟁을 추구하게 되고, 후자적 사고를 하면 평
화와 자족을 바라게 된다. 물론 인간의 삶에는 두 가지가 다
필요하다. 둘의 적절한 배분과 균형이 필요하다.

경구 257

음(淫)-음(陰)-음(音)

서양문명을 상징적으로 말하면 '아버지의 문명'이다. 동양
문명은 '어머니의 문명'이다. 서양문명을 좀 더 극단적으로
말하면 '가짜 아버지'(기독교 하나님 아버지-오이디푸스콤플렉스
문명)를 만드는 문명이고, 동양문명은 '진짜 어머니'(지구 어머
니 마고麻姑-음양陰陽사상 문명)를 인정하는 문명이다. 음양(陰
陽)사상이 왜 양음(陽陰)사상이 아니고 음양사상인 이유는 음
(陰, 음音, 음婬, 임姙)을 우선하기 때문이다. 아버지는 가짜가
있을 수 있지만, 어머니는 가짜가 있을 수 없다. 좀 더 심하게
말하면 아버지는 본래 가짜이고, 어머니는 본래 진짜이다. 인
간의 역사와 문명은 가짜 아버지를 만드는 것이지만, 자연은

본래 진짜 어머니에 사는 것이다.

아버지의 문명인 서양문명은 앎의 문명, 지식의 문명이고, 어머니의 문명인 동양문명은 삶의 문명, 지혜의 문명이다. 인류의 미래는 동서양문명이 마치 아버지와 어머니가 한 가정을 꾸려가면서 살듯이 하나의 가정처럼 살아야 한다. 가정에 모든 신비가 다 들어 있다.

경구 258

철학적 독립의 의미

만물만신(萬物萬神), 물심일체(物心一體)에 도달하려면 '영혼(정신)의 생리학'은 물론이고, '영혼의 물리학'에 도달한 뒤 존재의 모든 분류체계(taxonomy)와 위계체계(hierarchy)를 버려야 한다. 말하자면 물(物)에 대한 회상과 환원을 통해 물(物)의 신(神)과 심(心)에 도달하여야 한다. 그렇게 되면 선후상하좌우내외(先後上下左右內外)의 세계, 즉 무엇을 재는 실체의 세계를 넘어서게 된다. 모든 실체적 세계는 생각의 산물이다. 서양철학자들이 후기근대에 도달한 차이는 실체의 차이이다. 실체의 차이라는 것은 여전히 동일성(실체)을 전제한 차이이다. 그래서 그들은 차이의 연속(extension)을 주장하는 것이다.

동양의 차이는 연속이 아니라 실체가 없는 역(易)의 변화(change)이다. 연속은 외연(外延)을 가지지만 변화는 내외(內外)의 구분이 없다. 인간의 생각의 마지막 장애는 바로 내외(內外)의 구분에 있다. 모든 존재는 존재의 안도 아니고, 존재의 밖도 아니다. 단지 존재일 뿐이다. 존재를 나로 해석하면, 나는 나의 안도 아니고 나의 밖도 아니다. 나는 나일 뿐이다. 여기에 이르러야 진정한 열반의 평화에 도달한다. 천상천하 유아독존(天上天下 唯我獨尊)의 의미는 자신을 지배하는 어떤 것도 없는 상태의 고독함을 말한다. 나는 바로 그러하다. 그래서 철학적 독립(철학적 문화독립)이 가능하다.

경구 259

하늘과 땅의 교합

땅은 땅에서 일어나 하늘에 이르고, 하늘은 하늘에서 일어나 땅에 이른다. 여자는 땅에서 일어나 하늘에 이르고, 남자는 하늘에서 일어나 땅에 이른다. 여자가 없다면 어찌 신앙이 있겠는가. 남자가 없다면 어찌 철학이 있겠는가. 여자는 종교로서 철학에 이르고, 남자는 철학에서 종교에 이른다.

경구 260

셀 수 있는 것, 설명할 수 있는 것

음 속에 양이 있고, 양 속에 음이 있나니, 음양의 수많은 다원다층이 음양이니 음양은 어느 하나에 소속되지 않는다. 어느 하나에 소속되지 않으니 전체 하나이다. 이때의 전체는 셀 수 있는(countable), 설명할 수 있는(accountable) 전체가 아니고, 셀 수 없는(uncountable), 설명할 수 없는(unaccountable) 전체이다.

초월의 철학과 일반의 철학

초월(보편)이 없다면 어찌 일반이 있겠는가. 스스로 일어서는 개념은 없다. 절대조차도 스스로 일어나지 못하고 상대에 의존하지 않는가. 초월의 철학이 없다면 어찌 일반의 철학이 생겼겠는가.

보편적이고 일반적인,
일반적이고 보편적인

서양철학은 끝까지 초월(보편)에서 일반을 찾는다. 그래서 '보편적이고 일반적인'이라고 말을 한다. 동양철학은 일반에서 초월(보편)을 찾는다. 그래서 '음양(陰陽)철학'을 탄생시켰다. 서양철학은 개념에서 출발하고, 동양철학은 상징에서 출발한다. 서양철학은 동일성에서 출발하여 동일성으로 끝나고, 동양철학은 상징에서 출발하여 상징으로 끝난다. 음양철학을 서양철학적으로 설명한 것이 바로 '일반성의 철학'이다. 그런데 일반성의 철학이 '소리의 철학'인 것은 소리는 사물일반에 잠재해 있기 때문이다.

DNA도 실체가 아니다

인간은 소유하기 위해서 말을 만들어내고, 가상실재(실체)를 만들어낸 동물이다. 그런 점에서 인간은 자연적 존재에서 소유적 존재로 진화(전환)한 동물이다. 그러나 진화는 일선적(一線的)이 아니라 다선적(多線的)이며, 전체적인 추세(흐름)는 있어도 실체는 없다. 어떤 DNA도 실체는 아니다.

한글은 세계 언어의 공통어근

한글은 세계 언어의 공통어근이다. 공통어근은 모계사회와 마고(麻姑)여신의 나라인 고대 환국(桓國)를 떠올리게 한다. '엄마'가 없는 고향은 고향이 아니고, '아빠'가 없는 국가는 국가가 아니다. '엄마'와 '아빠'라는 말은 존재의 여성성과 남성성에 대한 총칭이다. 영어의 '마마'와 '파파'라는 말은 'mother'라는 단어의 첫 철자인 '엠(m)'의 '에' 발음과 'father'라는 단어의 첫 철자인 '에프(f)'의 '에' 발음을 되살리면 '엄마'와 '아빠'가 된다. 우리는 이 말을 통해서 인류의 언어가 공통성(일반성)이 있음을 발견하게 된다. 더욱이 인류의 언어가 '소리말'(음성언어)의 시대에서는 하나였을 것이라는 가정을 할 수 있고, 그 뿌리가 한글임을 유추케 한다. 오랜 외교관생활 끝에 세계적 언어학자가 된 김세택은 한글과 영어, 일본어, 한자 등에서 수천 자의 단어를 비교하여 공통어근을 찾아서 정리하는 큰 업적을 이루었다. 인간은 '엄마'라는 말을 통해서 존재의 근원인 고향(여성성)으로 돌아가고, '아빠'라는 말을 통해서 국가(남성성)의 일원이 된다. 옛 반족(半族, moiety)사회에서는 엄마는 여성 쪽의 통칭이고, 아빠는 남성

쪽의 통칭이었다.

'자아(自我)'의 '자'는 음(陰), '아'는 양(陽)

　　인간은 생각을 통해서 절대의 동물이 된다. 생각이 절대이다. 말이 절대이다. 인간은 '자아'의 동물이니 절대적이 될 수밖에 없다. 절대는 '나는'이라는 말에서 출발한다. 역설적으로 인간의 완성은 그것을 버리는 일이다. 자아(自我)라는 말에도 음양(陰陽)이 있다. '자아'의 '아(我)'는 양을, '자(自)'는 음을 나타냄으로써 '자'가 근원임을 내재하고 있다. 인간은 '아'에서 '자'로 돌아가야 완성이 된다.

개념을 버려야 자연으로 돌아간다

이 세계의 모든 말과 개념은 인간이 만든 것이다. '이 세계'(this world)'라고 하는 말조차 인간이 만든 것이다. '이 세계'를 만들었으니 대칭인 '저 세계(that world)'가 저절로 생긴다. 따라서 인간이 다시 자연으로 돌아가는 비결은 자신이 만든 개념을 버리는 일이다. 자신이 만든 개념을 버리고 자연 그 자체를 바라볼 때(바라보는 힘이 생길 때) 인간은 본래자연으로 돌아가게 된다.

무문철학의 정점은 만물만신

일반성의 철학, 소리의 철학은 무문(武文)철학이다. 무문철학이라 하는 것은 종래의 철학이 문무(文武)철학인 것에 반기를 든 것이다. 문무(文武)철학은 문(文, 문紋)과 앎(知識)을 우선하기 때문에 결국 자연이 아닌 인위를 우선하는 것이고,

실천으로서의 무(武)를 부차적인 것으로 취급한다. 지금까지 모든 성인(聖人)들도 문무(文武)를 주장했다. 이에 비해 무문 (武文)철학은 무(武, 무巫, 무舞)와 삶(生, 지혜智慧)을 우선함으로써 자연과 실제를 우선하고 문리(文理)에 불과한 문(文)을 부차적인 것으로 취급한다. 무문(武文)철학은 만물만신(萬物萬神), 만물생명(萬物生命)을 주장할 뿐이다. 만물이 모두 하나이다. 무문철학은 포노로지이다. 나의 포노로지, 무문철학이 데리다의 그라마톨로지를 해체하는 것은 당연하다. 지금까지 인간은 없는 것을 있다고 생각해왔고, 있는 것은 없다고 해왔다.

경구 268

어떤 말도 본질 그 자체는 아니다

본질(essence)을 말하면 어떤 단어를 쓰더라도 본질 그 자체는 아니다. 본질은 말이 아니기 때문이다. 본질은 결코 초월적인 세계가 아니라 본래세계이다. 본질을 말하는 순간 현상이 시작되고, 현상을 말하는 순간 본질이 비근거의 근거가 된다.

환원과 회귀는 원환을 이룬다

인간은 자신이 선(善)하다고 생각하는 이상한 동물이다. 더욱이 자신이 선하기 위해서 남(상대)을 악으로 몰아세우기까지 하는 괴이한 동물이다. 인간에 의해서 선악의 구분이 생겼다면, 도대체 누가 악한가? 자연은 선하고 인간은 악하다. 그런데 이를 거꾸로 역전시켜서 자연은 악하고 인간은 선하다고 한 것이 인간이다. 선악을 현상학적으로 말하면 선은 본래로 돌아가는 환원(reduction)이고, 악은 영원히 나아가는 회귀(recession)이다. 결국 둘은 한 점에서 만난다. 그 한 점은 이중성의 관계에 있다.

문명은 파시즘의 속성

인류의 문명 자체가 처음부터 파시즘의 속성을 가지고 있다. 그 좋은 예는 소크라테스가 "악법도 법이다"라고 한 말에서부터 찾을 수 있으며, 그는 결국 독배를 마시고 죽었다. 법이라는 것은 처음부터 정의와 형평을 중시하지만 그만큼 부정의와 편견의 산물이라는 것을 역설적으로 말해준다. 서양철학사에서 법의 절대적 권력은 헤겔의 '법철학', 데리다의 '법의 힘' 등에서 철학적으로 뒷받침되고, 재강조되지만, 법은 결국 폭력적 성격을 감추고 있으며(벗어날 수 없으며), 힘(권력) 있는 자의 편인 것을 부인할 수 없다. 법 자체가 이미 모순의 산물이며, 시대상황의 변화에 따라 바뀌지 않으면 안되는 숙명(역사적 운명)을 지니고 있다. 이는 인간의 운명과 같다. 인간의 문명은 결국 법의 폭력(권력) 대 법으로 확정되지 않은 어떤 삶의 기운생동 사이의 힘(폭력)의 대결양상의 악순환을 벗어날 수 없다. 결국 법의 폭력이 있음으로써 문명이 폭력 대 폭력의 장으로 만들어진 운명을 벗어날 수 없는 것이다.

샤머니즘은 에코페미니즘

샤머니즘은 최고의 에코페미니즘(eco-feminism)의 철학이었다. 토테미즘은 동식물의 이미지를 이용한 가장 종합적인 집단상징이었다. 샤미니즘을 오늘날의 철학이나 과학의 입장에서 재조명할 필요가 있다. 인간이 사물과 자연을 두고 생각하는 것은 그 생각이 아무리 위대하고 기발한 착상이라고 하여도 인간의 생각을 투사한 것이다. 그러한 생각은 사물자체와는 거리가 있으며, 사물자체가 될 수 없다. 이게 서양철학을 비롯한 모든 철학과 과학의 한계이다. 그렇다면 그 반대로 생각을 하지 않는 철학, 자연 속에서 순전히 삶을 위한 철학이 있다면 그것은 무엇일까. 그것은 바로 샤머니즘이다. 샤머니즘은 자신의 생각에서 출발하는 것이 아니라 몸주신(샤먼의 몸의 주인인 신 혹은 귀신)의 신탁(神託: 신의 말씀. 공수空手)을 받는 것이다. 이는 생각의 자기투사와는 다른 반대 방향이라는 점에서 자기최면이라고 말할 수 있을 것이다. 물론 샤머니즘은 지금까지 원시종교로 해석되었고, 비합리적이기에 철학이라고 하기에는 부적합하지만 비교를 하자면 그렇다.

서양철학은 기독교 절대유일신과 그리스의 이데아·이성주의가 만나서 오늘날 과학(절대역학)으로 옮겨온 역사라면, 종교에서 철학으로, 철학에서 과학으로 옮겨온 역사이다. 만약 서양의 과학 혹은 과학이 이룬 문명에 문제가 있다면, 과학에 의존하지 않는 다른 삶의 방식을 찾아야 한다면, 그 문제의 해결을 샤머니즘에서 구하지 않으면 안 된다. 과학의 특성은 사물을 대상으로 생각하는 자기투사이지만 종교의 특성은 자연(사물과 귀신: 귀신도 자연의 일부로 편입된다)을 신으로 모시는 자기최면이다.

샤머니즘이야말로 종교의 원형이라고 하지 않을 수 없다. 종교적 모든 행위, 예컨대 기도와 명상과 요가와 단전호흡은 최면으로 귀결된다. 만약 인간의 자기투사와 자기최면이 만나면 과학과 종교가 안팎(in-ex)에서 만나는 셈이 된다. 현대의 자연과학은 샤머니즘에 의해 상호 보완되지 않으면 안 된다. 샤머니즘이야말로, 샤먼적 사고야말로 자연친화적인 삶을 회복하고, 만물과의 소통과 평화적 삶을 구가하는 지름길인지도 모른다. 현대인은 자연에 최면될 필요가 있다. 이것이 심물일체(心物一體), 신물일체(神物一體)사상이며 철학이다.

본능은 자연으로 열린 것

본능은 흔히 닫혀 있는 것처럼 생각하는데 실은 본능이야
말로 자연으로 열린 것이다. 인간의 생각이야말로 자신에게
닫혀 있는 것이다. 본능은 자연이며, 자연이야말로 존재이다.

문화는 정체성이자 동일성

인간은 스스로를 자유로운 동물(존재)이라고 생각한다. 그
런데 실은 인간은 전혀 자유롭지 않다. 인간은 자신의 문화
라는 틀에 갇혀 있다. 문화는 정체성이자 일종의 동일성이다.

사랑과 평화의 신을 되찾아야

신이라는 말은 신이라는 동일성이다. 말이 아니면 동일성은 없기 때문이다. 그렇다면 인간이 말하는 신은 어떤 것일까. 요컨대 인간이 신을 말한다면 인간이 생각하거나 상상하는 신일 수밖에 없다. 그래서 결국 신이 스스로 말하는 것이 아니기 때문에 신은 인간이다. 인간은 자신의 가상실재(실체)로서의 신을 만들어 신과 대화(실은 인간의 독백이다)하면서 자신의 힘을 키워왔다. 다시 말하면 인간은 지금까지 자신의 힘을 키우기 위해서 신을 부르면서 신의 도움을 요청해왔다. '신의 사랑'과 '신의 힘'을 동시에 요청해왔다. 그런데 근대에 이르러 과학문명과 산업혁명의 등장과 함께 갑자기 그 신은 종교의 신이 아니라 과학의 신이 되어버렸다.

과학의 신은 기계의 신이다. 기계로서의 신은 사랑은 없어지고 힘만 남은 신이다. 가상실재로서의 신은 처음부터 추상인 점에서는 공통이지만, 종교의 신은 추상의 안에 사랑이 들어 있지만, 과학의 신은 추상 안에 힘(폭력)만 들어 있다. 사랑의 신과 힘의 신을 동시에 흠모한 예수-초인이 니체의 초인이다. 니체-예수가 초인이다. 니체의 신은 종교의 신과 과학의 신이 융합된 신이다. 이와 함께 니체의 신은 예술의 신이기도 하지만 그 예술은 힘의 상승을 위한 신이었기 때문에 평화에 도달할 수 없는 신이었다. 니체는 현대문명의 상황을 잘 증거하고 있는 인물이다. 이제 힘 있는 자는 어떤 점에서는 인간인 것이다. 인간이 그 힘을 남용하면 결국 인간 스스로 자멸하게 되어 있다. 평화는 어디서 오는지가 분명해진다. 평화는 힘 있는 자가 평화의 필요성(역사 운명적 필요성)을 자각할 때 오는 것이다. 힘없는 자가 아무리 평화를 부르짖어보았자 평화는 오지 않는다. 평화의 신을 말하자면, 신은 동시에 추상의 신, 동일성의 신에서 벗어나야 진정한 신이 된다. 신이라는 말은 더 이상 말이어서는 안 된다.

신은 기운생동(자연)이어야 한다. 신은 더 이상 '인간의 신(人神)'이어서는 안 된다. 신은 '신의 인간(神人)'이어야 한다. 그러한 신은 '만물의 신(萬物萬神)'이다. 단지 인간에게 힘을 쥐어주는 신이어서는 안 된다. 이것이 신과 기계, 종교와 과학의 차이이다. 그래서 종교는 원시반본되어야 한다. 사랑의 신을 되찾아야 한다.

형이상학의 종언

형이하학인 자연과학이 물리학을 낳았다면 형이상학인 철학(현상학)은 유물론을 낳았다. 그런데 역설적으로 형이상학은 어떤 형이하학보다도 완벽한 형이하학이 되었다. 이는 이데아(이성)라는 본질이 결국 현상이 된, 철학의 종언적(終言的) 유착인 것이다. 이제 종래의 형이상학으로서의 철학은 사라졌다. 이제 인류는 새로운 철학을 찾아야 한다. 소유의 철학이 아닌 존재의 철학을 찾아야 한다.

'지금, 여기, 우리'의 미래철학

미래의 철학은 '지금(now), 여기(here), 우리(we)'라는 말로 압축되어야 한다. 미래철학에는 '시간'과 '공간', '나'와 '너'가 없기 때문이다. 인간(人間: 시공간적 개체존재)이란 '인류(人類)'가 아니라는 의미에서 '인(人)'이 아니라 '인간'이 아니라는 의미에서 '인'이 되어야 한다.

음악은 상징언어

음악은 이미 말과 같다. 의미가 있기 때문이다. 그러나 소리는 의미가 없다. 그런 점에서 소리는 존재 그 자체이다. 소리에 의미를 부여한 것이 음악과 말, 문화의 시작이다. 문자언어는 그러한 점에서 극단적으로는 의미를 초월하려는 욕구를 갖는다. 이것이 '언어=사물' '언설=실제'이다. 철학은 소리에 의해서 존재(자연적 존재)의 근본(근원)을 찾아가지 않을 수 없다. 이것이 소리철학이고 일반성의 철학이다.

밖의 미시세계, 안의 거시세계

물(物)을 잡으면 물질(物質)이 되고, 심(心)을 잡으면 정신(精神)이 된다. 물과 심을 잡지 않으면 그것이 바로 심물일체(心物一體)이고, 기운생동이다. 우리가 실체라고 하는 것은 완벽한 것이다. 실체는 완벽한 질서(바둑판, 숫자)와 완벽한 무질서(주사위, 확률)를 말한다. 자연은 그 안에 있거나 그 밖에 있다. 이것이 미시세계(micro-cosmos)와 거시세계(macro-cosmos)이다. 미시세계와 거시세계는 같다. 거시세계는 그 밖의 미시세계이고, 미시세계는 그 안의 거시세계이다.

파시즘에서 샤머니즘으로

서양철학과 문명을 진단하려면 서양철학의 밖에 있어야 한다. 서양의 주류철학은 우선 고정불변의 어떤 본질(가상실재)이 있음을 가정하고 있다. 이것은 이미 '초월적 사유'의 시작이다. 이것은 결국 플라톤의 이데아를 거쳐서 칸트에서 이성이 되었다. 세계의 본질(신과 물자체)에 대한 탐구의 포기와 함께 칸트는 그야말로 현상학을 출발시켰다. 칸트의 이성철학은 물론 데카르트의 코기토(근대철학의 시작)에서 출발하고 있다. 데카르트에 의해 생각이 존재가 되고(존재가 생각이 되고), 생각하는 주체는 항상 대상을 설정하고 왕래하지 않으면 안 된다. 바로 그 때문에 현상학의 주체는 항상 초월적 주체(공간적으로)이고, 대상은 항상 영원한 대상(시간적으로)이 되지 않으면 안 된다.

칸트의 순수이성철학은 헤겔에 의해 정신현상학이 된다. 정신현상학은 인간이 스스로의 정신(자기의식)을 대상으로 한 현상학의 집대성이다. 헤겔 이후 철학은 현상학에 본격적으로 들어가게 된다. 헤겔 이후의 철학은 모두 현상학에 소속되게 된다. 니체의 '힘에의 의지철학'도 일종의 현상학의 변형이다. 니체의 주권적 개인은 초월적 주체의 변형이고, 영원회귀는 영원한 대상의 변형이다. 서양철학은 결국 '힘(권력)을 의지한 철학'이었고, 이를 바탕으로 한 서양문명은 힘의 증대를 목표로 하는 문명이었음이 폭로된다. 고정불변의 어떤 존재를 가정한 서양철학은 결국 눈에 보이고 손에 잡히는 실체를 추구하는 철학이었고, 그 실체가 바로 힘(권력)이었던 것이다. 서양철학과 문명은 오늘날 결국 과학문명을 이루었고, 과학은 신의 자리를 대신해서 무소불위의 힘(권력, 폭력)을 행사하고 있다. 서양문명이 힘(권력)을 경쟁하고 과시하는 문명, 패권주의를 지향하는 문명이 될 수밖에 없는 이유가 여기에 있다.

서양문명이 계몽주의를 거쳐 합리주의를 완성했다고 하지만 결국 제1·2차 세계대전을 치렀고, 파시즘에 빠졌고, 심하게는 대량학살(genocide)을 범했던 것이다. 파시즘과 대량학살이라는 것은 서양문명이 어쩌다 실수를 한 것이 아니라 서양문명 자체의 힘(권력)의 추구, 동일성(실체) 추구의 결과였다는 것이 점점 드러나고 있다. 이것은 한마디로 '신(기독교)=초인(신-인간)=인간신(과학)'으로 설명될 수 있다. 합리주의의 결과는 허무주의였고, 허무주의를 극복한다고 한 것이 다시 파시즘이 되어버렸던 것이다. 서양주도의 인류문명은 지금도 그러한 힘(권력)의 길을 가고 있다. 서양문명에 제동을 걸지 않으면 안 되고, 서양문명 스스로가 그들의 문제점을 발견하고 시인하는 과정을 거치지 않고는 평화를 달성할 수 없다. 그러한 점에서 동양문명은 '만물만신(샤머니즘)=깨달은 인간(부처-인간)=신인간(자신自神: 스스로 신이 됨)'의 대안을 제시하는 것이다.

죽은 의미와 살아 있는 의미

시는 의미를 만들어내지만 산문은 의미를 죽이는 일을 한다. 만약 산문이 의미를 죽이지 않으면 특정한 문자적 실체가 세계를 독재적으로 지배하는 것이 될 것이다. 시의 의미는 항상 새롭게 살아 있는 의미이지만 산문의 의미는 태어날 때 이미 죽은 의미이다.

헌신의 숨은 뜻

헌신(獻身, 희생犧牲)이 만물평등으로 향하는 까닭은 단순한 숭배가 아니라 몸을 바침으로서 상대방과 평등해진다는 물신일체(物神一體)의 경지에 도달한 때문이다.

있고, 없음의 숨바꼭질

도대체 왜(why)라는 것은 무엇인가? 모르기 때문에 묻는 것이고, 없기 때문에 있는 것이고, 또한 있기 때문에 없는 것이다. 여기에 있고, 없음의 차원만 다를 뿐이다.

일란성 세쌍둥이

기독교와 과학과 경제는 동일성(실체)의 환원주의라는 점에서 서구문명의 일란성 세쌍둥이와 같다.

자아는 자기감옥

자아란 자기감옥이다. 대부분의 인간은 자기감옥 속에서 일생을 보낸다. 그러나 인간 가운데는 매우 드물게 자아가 삼옥이라는 것을 깨닫고 자신도 모르게 그 감옥을 뛰쳐나오거나 감옥 문을 여는 방법을 아는 자가 있다. 그렇지만 어떤 경우에도 자아의 흔적은 남아 있다. 그 흔적은 신체에 그려진 문신과 같다.

절대는 절대 망한다

인간은 절대를 추구하는 동물이다. 그렇기 때문에 절대로 망한다. 절대 권력은 절대 망한다는 법칙은 만물에 통하는 법칙이다.

한국철학은 평화철학으로 성립된다

지배를 통한 평화는 다른 지배가 나오기까지 한시적 평화이다. 진정한 평화는 처음부터 지배가 아닌 평화이다. 평화의 반대는 전쟁이 아니라 지배이고 권력이다. 지배와 권력을 근간으로 하는 서양문명은 결국 진정한 평화를 달성하기 어렵다. 수도와 수양을 근간으로 하는 동양문명에서 인류는 평화를 배워야 한다. 서양철학은 지배의 철학이고, 동양도학은 수도의 도학이다. 철학자 김형효가 벨기에 루뱅대학에서 유학을 마치고 국내로 돌아와서 첫 에세이로『평화를 위한 철학』을 쓴 것은 한국이라는 땅에서 처음으로 발생한 세계적인 의미에서의 자생철학의 신호탄이었으나 주위의 무관심으로 더 이상 발전하지 못했다. 이는 참으로 애석한 일이었다. 한국만큼 평화를 갈구하지 않으면 안 되는 역사운명을 가진 나라도 드물다.

자기가 구성한 세계의 수인

인간은 이상한 동물이다. 자신이 보고 생각하고 느낀 대로 세계를 다시 구성하는 동물이다. 인간은 세계를 그대로 내버려두지 않는다. 인간은 자기가 구성한 세계에 갇혀 있는 수인이다.

자연을 떠난 어떤 진리와 사랑도 거짓

생각이 구속이고 생각이 불평등이고 생각이 소유인데, 생각을 통해 자유를 찾고 평등을 논하고 영원한 사랑을 한다는 것은, 환상이고 공염불에 지나지 않는다. 안다는 것(지식)은 안다는 것의 자유인 줄 알았지만 결국 안다는 것은 감옥이다. 결국 지식으로 자유와 평등과 사랑을 찾을 것이 아니라 지식과 소유를 버림으로써 그것을 찾을 수 있다. 자연을 떠난 어떤 진리와 사랑도 거짓이다.

일본문화는
외래문화의 자기화에 전문가

일본문화의 장점은 남의 것을 철저히 자기화하는 힘에 있다. 일본의 신도(神道)는 고대 한반도의 샤머니즘이 일본화한 것이다. 일본의 사무라이정신(武士道)은 신라의 화랑도의 일본화이고, 일본의 다도(茶道)는 조선의 매월당 초암차의 일본화이다. 일본 다도는 또한 선종을 즉물화한 것이다. 신도와 사무라이정신과 일본다도에는 일관된 혼이 있다. 일본은 근대에 들어서도 탈아입구(脫亞入歐)에 성공하여 선진제국을 경영하였다. 일본문화는 고대중세근세에 이르기까지 한반도에서 건너간 문화를 일본화한 것이지만, 일본인의 유전자(DNA)가 가장 한국인의 전형인 점과 일본의 국화인 벚꽃조차도 제주도 원산인 것은 일본인의 구성과 일본문화의 성격을 상징적으로 드러내는 사건이다.

한국문화는 무정부적이다

한국인과 한국문화는 처음부터 무정부적이다. 한국인은 체제를 만드는 데도 무능하고, 남의 체제에 구속되는 것도 싫어하기 때문에 체제에 저항적이다. 한국문화는 자연친화적이기 때문에 해체적이고 존재적이다. 한국인은 처음부터 텍스트나 담론을 구성하는 데에 취약하였고, 노래하고 춤추는 것을 좋아했다. 중국문화는 시를 좋아했지만, 한국문화는 노래와 춤을 좋아했다. 시는 비유이지만, 노래와 춤은 세계에 대해 보다 직접적이다. 여기서 직접적이라는 말은 신체적으로 연행(performance)을 좋아하며, 세계의 파동(역동, 리듬)에 참여한다는 뜻이다.

영원은 존재의 특이점

영원은 시공간의 초월이 아니다. 영원은 또한 순간(을 상상하는 것)의 연장이 아니다. 영원은 더욱이 순간의 비시간적인 특성도 아니다. 영원은 어떤 생사(生死)를 초월하는 것이 아니라 생사가 없는 것이다. 생사가 없는 것이 생멸이다. 생멸은 주체가 없기 때문에 생(生)과 멸(滅) 사이의 순간 혹은 거리, 궁극적으로 실체(개체, 원자)가 없는 것이다. 생멸이야말로 영원이다. 결국 영원이란 시공간이나 순간이나 생사를 떠올리는 것과는 상관이 없는 '기운생멸' 자체, 만물 자체가 영원이다. 영원이란 단지 그 이름이 영원이다. 결국 진리나 진여는 본래 있는 것이 아니라 생멸에 붙여진 이름에 불과하다. 영원이란 절대와 초월과 동일성을 추구한 문명의 결과(결론)와 같은 것이다. 그렇다면 이름과 상관없이 이 세상에 영원하지 않는 것은 없다. 기운생멸 자체가 영원이니까 말이다. 인간만이 생멸에 저항하면서 절대를 주장하고, 절대를 실현하려고 하고, 영원을 주장하는 '존재의 특이점(특이성)'에 있다.

동양은 이(理), 서양은 이성(理性)

이(理)와 이성(理性)의 차이는 전자는 상대적으로 자연(자연의 소리와 무늬)에 가까운 반면 후자는 인위(정언명령, 신의 명령)에 가깝다. 이성에도 도덕적 이성과 물리적 이성이 있는데 동양은 이(理)에, 서양은 이성(理性)에 기반을 둔 문명이다.

평화와 깨달음이라는 것

전쟁의 반대는 평화가 아니라 깨달음이다. 깨달음이 있어야 진정한 평화를 알기 때문이다.

객관이라는 것의 속임수

객관은 과학의 이름이다. 객관은 과학에 이르기까지 유효한 개념이었다. 그러나 이제 과학 이외의 세계에서 객관적인 것은 없다. 인문사회학에서 객관이라는 이름은 방관에 불과한 것이며, 객관이 역사를 이끌어온 것이 아니다. 객관이란 당시의 삶과 아무런 관계가 없는 사람이 그야말로 '강 건너 불 보기 식'으로 역사를 농단하는 것이다. 삶은 객관적인 것이 아니며 지극히 주관적인 것이다. 깨달음이라는 것도 결국 주관적인 것이다. 객관적인 깨달음은 없다. 그것은 일종의 객관이라는 속임수에 지나지 않는다.

남자는 권력을 신앙하고,
여자는 생명을 신앙한다

남자는 만들고(제조하고), 여자는 생산(출산)한다. 제조는 기계를 말하고, 생산은 자연을 말한다. 대뇌는 기계를 만들고, 자궁은 인간을 만든다. 남자는 자신의 제조를 생산이라고 말하고, 여자의 생산을 재생산이라고 하였다. 기계는 아무리 복잡해도 신비하지 않고, 자연은 아무리 단순해도 신비롭다. 남자의 삶은 앎이고, 여자의 앎은 삶이다. 누가 더 현명한가. 앎이 아무리 대단해도 삶을 이기지 못한다. 신비여! 여인이여! 너는 스스로 연기되어 일어나는 생멸 그 자체를 담고 있는 그릇이로다. 존재 그 자체로다. 남자는 권력을 신앙하고, 여자는 생명을 신앙한다.

경구 296

가부장제 신화 속에 이미 기계가 들어 있다

최초의 정신의 발현은 신화이다. 신화는 동일성의 출발이다. 인간은 생각을 하는 '이상한 동물' '특이성의 동물'이다. 생각은 동일성이고, 동일성은 소유이고, 소유는 악마이고, 악마는 기계이다. 하나님이 아담을 만들었고(낳은 것이 아니다),

아담을 만든 다음에 이브를 만들었고, 아담과 이브를 만들기 전에 하늘나라에 천사가 있었고, 그 천사 중의 천사장이 악마가 되었다는 것은 순전히 남자의 생각, 즉 제조적(製造的) 생각, 즉 가부장제 신화이다. 이때부터 이미 기계가 들어 있었다. 가부장제 신화의 끝인 물리학적 세계도 실은 하나의 이야기에 지나지 않는다. 즉 인간이 구성한 수많은 이야기(story, text) 중의 하나의 우주론(cosmology)에 불과한 것이다.

경구 297

불일이불이(不一而不二),
불일이일(不一而一)

흔히 불교적 사유를 불일이불이(不一而不二), 불이이불일(不二而不一)이라고 한다. 그러나 이것이 인간에 이르면 역설적으로 불일이일(不一而一), 일이불일(一而不一)이 된다. 왜냐하면 인간은 동일성의 존재, 소유적 존재이기 때문이다.

추상이 기계이다

세계를 기계로 환원시킨 유물론적 기계주의자인 들뢰즈는 별도로 추상기계라는 개념을 만들지 않으면 안 되었다. 추상 기계를 만들지 않으면 기계인 세계를 담을 그릇(해석할 틀)이 없었기 때문이다. 그러나 실은 추상이야말로 기계이고 틀이다. 철학은 추상이고, 기계이다. '철학의 종언'이 거론되는 것은 이 때문이다.

페니스와 글쓰기, 그리고 백지

남자(인간)란 페니스라는 펜으로 여성(자연)의 몸이라는 백지에 에크리튀르 하면서 그것을 권력으로 만든 소유적 존재이다. 여성은 또한 그 권력에 상처를 받으면서도 사랑하고 존경하고, 때로는 즐기고 때로는 신앙하는, 본래적 존재·자연적 존재이다. 그런 점에서 모든 여성은 여신이다.

해체란 구성의 해체이다

자연은 해체할 수 있는 것이 아니다. 자연은 스스로 생멸하기 때문이다. 해체란, 구성된 것만이 해체되는 것이다.

진화론은 창조론의 현상학

진화론은 창조론의 현상학이다. 메시아론은 절대유일신의 현상학이다. 이들은 겉으로 얼른 보면 반대인 것 같지만 현상학의 한 세트이다. 창조유일신이 진실이라면 재림메시아가 진실이어야 하고 재림메시아가 진실이라면 메시아의 재림과 그에 따른 구원과 함께 종말이 와야 한다. 진화론과 메시아론은 항상 시간적으로 지연되고, 공간적으로 연장되어야 하는 것에서는 같다. 이것이 서양문명의 정체이고, 동일성의 허구이다. 무한대로 지연되고 연장되어야 하는 것이 바로 시간과 공간의 성질이다.

결국 서양의 창조-진화론, 절대유일신-메시아론은 시간과 공간이 만들어낸 허구(환상)라고 할 수밖에 없다. 현상학적으로 절대유일신과 메시아가 없다는 것을 알아야 존재론적으로 자신(인간)이 스스로 신이 될 수 있고, 자신이 메시아가 될 수 있다는 것을 알게 된다. 칸트는 시간과 공간을 선험적으로 느끼는 감성적 직관의 형식이라고 했다. 칸트는 틀렸다. 시간과 공간은 감성적 직관의 형식이 아니라 추상적 형식이다.

경구 302

진정한 창조는 없다

단 하나라도 이 세계에 없던 것을 가지고 창조한 것이 있는가? 스스로 물어보라. 존재란 그런 것이다. 존재란 내가 물을 때 이미 그 물음 속에 있어서 볼 수 없다. 나를 볼 수도 없는데 나의 물음을 어떻게 볼 수 있는가. 내가 존재라고 한 것은 모두 초월의식, 언어(메타언어)로 규정한 가상존재일 뿐이다. 인간은 모르는 것(알 수 없는 것, 없는 것)을 신(神)이라고 할 수밖에 없다. 결국 신(神)이란 인간이 미리 설정한 가상의 현상일 수밖에 없다. 신은 창조와 종말을 한 손에 쥐고 있는 현상학의 산물이다.

자유, 창의, 검소, 겸손의 4주덕(主德)

창의적이지 않으면 결국 남의 것을 훔치는 도둑이 된다. 인간의 자유는 창의로 나아가야 하고, 자유와 창의가 중심을 잡기 위해서는 검소한 생활과 겸손한 태도가 따르지 않으면 안 된다. 자유와 창의가 달리는 말이라면 검소와 겸손은 마부이다. 검소가 겸손이고, 자유가 창의이다.

타자의 메시아, 타자의 여성성

나를 없애지 않고는 이 세계와 대항할 수가 없다. 이 세계와 대항하지 않으면 나를 살릴 수 있다. 살아 있는 세계는 대항하는 세계가 아니다. 이 세계가 서로 대항하는 세계가 아니라면, 세계는 결국 '나'이다. 그렇지만 '나'를 '나'라고 하면 이미 '나'는 '남' '타자'이다. 이를 거꾸로 보면 '타자의 여성성'이나 '타자의 메시아'는 곧 '나의 여성성' '나의 메시아'를 말한다. 내가 메시아가 되지 않으면, 메시아가 없다.

서양철학의 핵심은 타자성(他者性)이다. 기독교의 타력신앙도 결국 타자성과 맥을 같이한다. 그런데 타자성은 세계의 창조를 타자에 원인을 두고 있기 때문에 종말에서도 세계에 대해 책임을 지지 않는 모순과 위험을 안고 있기도 하다. 이는 결국 기독교의 '창조-종말'의 패러다임으로서 스스로 종말에 귀착하는 성향을 말하기도 한다. 서양의 과학은 스스로의 무덤을 파고 있다고 할 수 있다. 그런데 그 무덤은 무덤으로 보이지 않고 새로운 신천지로 보이고 있다. 서양 사람들은 근본적으로 타자성(他者性: 자아-타자성)을 중심으로 살고, 동양 사람들은 자기성(自己性: 무아-자기성)을 중심으로 산다고 할 수 있다. 동양 사람들은 세계를 자기성(자신-자연)을 중심으로 산다고 할 수 있다.

서양 사람들의 타자성은 역사 속에서는 주인(主人)이 되지만 존재(자연)의 세계에서는 자기(自己)가 되지 못하고 타자(他者)가 된다. 서양이 이끄는 현대의 인간은 자연친화적(自然親和的)·즉자적(卽自的) 인간이 아니라 자기소외적(自己疏外的)·대자적(對自的) 인간이 되는 병을 앓고 있다. 자아는 자기가 아니다. 타자의 여성성, 타자의 메시아는 남성중심의 권력경쟁을 하는 서양문명의 종착을 의미한다. 이는 남녀로 보면 남자가 여자에게 구원을 요청하는 것이고, 문명으로 보면 자아의 서양문명이 무아의 동양문명에 구원을 요청하는 것이다.

<hr />

경구 305

한계가 있으므로 지각한다

인간의 지각에는 한계가 있음이 물론이지만, 더 정확하게는 한계가 있으므로 지각이 가능한 것이기도 하다. 한계야말로 지각이다. 한계가 없는 것은 지각 이전의 것, 즉 자연이다.

계속해서(끊임없이) 앞에 있는 것, 계속해서 뒤에 있는 것, 그것은 결국 알 수 없다. 존재는 알 수 없는 것이다.

인간은 자신의 신에 최면당하는 존재

인간은 자신을 신에게 투사해놓고 결국 신이 인간을 통해 드러난다고 한다. 이는 인간이 자기자신의 신에게 최면당하는 것이다. 인간과 신은 결국 어느 쪽이든 주체와 대상의 관계에 있게 된다. 인간이든 신이든 결국 현상되는 것일 뿐이라는 점에서 현상학이다. 그러한 점에서 존재론이라는 것은 현상되지 않는 것, 감각적으로 대상화되지 않는 것, 즉 보이지 않는 세계(들리지 않는 세계)를 가정하는 것이다. 세계는 현상되는 것도 있지만, 결코 현상되지 않는 것도 있음을 전제하고 있다.

인간은 결국 어떤 형태로든 현상으로 지각되는 것만 알 뿐이다. 존재는 알 수 없다. 존재는 미지의 세계이다. 존재는 기(氣)이다. 기(氣)란 결코 대상이 되지 않는 신비이며 신이며,

사물 그 자체이다. 기독교의 절대유일신과 한국(인류)의 샤머니즘이 만나는 지점이 여기에 있다. 신비와 미지의 세계가 없는 종교는 종교가 아니다. 그러한 점에서 모든 종교와 철학은 샤머니즘을 그 바탕으로 깔고 있다.

절대-상대의 그릇으로서의 존재

일(1, 一)은 현상학적으로 볼 수도 있고, 존재론적으로 볼 수도 있다. 영(0, 零, zero)는 현상학과 존재론의 접점에 있다. 제로지점에 서보지 않은 사람은 세계에 대해 말할 자격이 없다. 인간은 존재(현상)와 생성(존재)의 접점에 있다. 현상학은 절대-상대의 세계이다. 현상학에서는 실체가 있어야 하고, 존재론에서는 실체가 없다. 현상학에서는 진리가 있어야 하고, 존재론에서는 진리가 없다. 이는 마치 과학에서 절대(뉴턴)-상대(아인슈타인)의 세계에서 질량과 시간이 있는 것과 같고, 불교에서 실체와 불변이 없는 것과 같다. 흔히 미시거시물리학의 발달과 함께 불교를 물리학의 입장에서 재해석하면서 불교의 과학성을 말하는 것이 유행한 적이 있다. 이는 일종의 주객전도이다.

불교는 과학이 추구하는 실체의 세계가 없다는 것을 주장하고 있는데 반해 과학은 철저히 실체를 찾는 학문이다. 물론 양자의 경계선상에서 현상학적 상호왕래 혹은 이중성의 영역이 있는 것은 사실이지만 불교를 과학에 빗대어 설명하는 것은 매우 서양 문명적 시각이다. 이것도 일종의 서양인의 오리엔탈리즘의 시각을 그대로 반복해서 들려주는 것이다. 아울러 과학과 불교가 둘 다 인도유럽어 문법체계의 소산이라는 점에서 주객이원론을 택하고 있는 것이 사실이다. 그렇지만 불교는 어디까지나 주객이원론을 바탕으로 그것을 상쇄하는 입장이라면, 과학은 주객이원론을 끝까지 고수하는 입장이다.

경구 308

국가는 결국 가정이다

국가가 없는 민주주의는 없다. 국가가 없는 종교도 없다.

그래서 종교는 천국(천일국)이라는 국가를 만든다. 그러나 모든 국가의 바탕에는 가정이 있다. 국가도 큰 가정이다.

경구 309

존재와 존재자, 생성의 혼돈

존재론이 생김으로써 지금까지(그 이전까지) 존재라고 말한 것들이 현상학적 존재라는 것을 알 수 있었다. 인간의 앎(지식)은 삶(생성)이라는 미지(未知)의 것으로부터 온다. 존재론이 생긴 이후 '현상학적(존재자적)인 존재'와 '존재론적(생성적)인 존재'가 생겼다.

경구 310

순간은 지금이 아니다

순간(瞬間)은 현상학적인 것이고, 지금(至今, 지금只今)은 존

재론적(생성적)인 것이다. 순간은 아무리 작은 것일지라도 양
(量)이 있는 것이고, 지금은 생성이기 때문에(고정된 불변의 실
체가 없기 때문에) 양이 없고, 양을 잴 수가 없다.

경구 311

생성은 개념의 추상명사가 아니다

엄밀한 의미에서 생성은 생성론이 될 수가 없다. 생성은
개념이 아니기 때문이다. 엄밀한 의미에서 기(氣)는 개념이
될 수가 없다. 엄밀한 의미에서 소리는 개념이 될 수가 없다.
기(氣)철학을 바탕으로 하는 소리철학, 일반성의 철학, 여성
철학, 평화철학에 의해 철학은 개념에서 벗어나는 반(反)철
학이 되었고, 반철학이 됨으로써 삶의 철학이 되었다.

남에게 이름을 붙이는 자가 주인

남에게 이름을 붙이는 자가 지배자이고 승리자이다. 신이라는 이름도 인간이 미지의 신(세계)에게 붙인 이름이다. 따라서 주인으로 말하면 인간이 진정한 주인인 것이다. 순전히 현상학적으로 말하면 말이다.

민주주의가 민주주의를 배반

민주주의는 제국주의와 내밀하게 작용하고 영향을 미치면서 존재한다. 아테네 민주주의를 비롯하여 서구의 민주주의는 서구제국주의의 침략전쟁(영토적 침략)과 경제적 지원(식민지의 경제적 수탈)을 많이 받으면서 발전했던 것이기 때문에 후진국이나 식민지에서 서구민주주의를 요구하는 것은 실은 불가능한 것을 요구하는 것이며 민주주의의 모순적 성격을 지니고 있는 것도 사실이다. 또한 그러한 나라에 민주주의를 원칙(원론)으로서 요구하거나 강제하는 것은 일종의 제국주의 경영의 일환이라고 말할 수 있다.

경구 314

만물생명의 진정한 의미

시간과 공간이 없는데 어찌 내가 있으며, 생사가 있겠는가. 오직 생명만 있을 뿐이다.

경구 315

유대인과 한민족의 평행관계

유대인은 중동 땅에서 디아스포라 되어 세계를 유랑했지만 자신의 경전인 『구약』(토라)을 중심으로 민족을 잊어버리지 않고 하나가 되어 지금 세계를 지배하고 있다. 이에 비해 한민족은 한반도에서 수많은 외침을 받았음에도 땅을 유지하면서 살고 있지만 자신의 경전(『천부경天符經』)을 잃어버리고 혼을 빼앗긴 채 노예처럼 살고 있다. 유대인은 과거에 노예였고, 한민족은 현재의 노예이다. 유대인과 한민족은 평행관계에 있고, 서로 반면교사의 관계에 있다.

니체의 적은 니체 자신이다

니체의 적은 니체이다. 인간에게 있어 자신의 적은 항상 자신이다. 왜냐하면 이 세계는 결국 자신이기 때문이다. 마찬가지 이유로 인간에게 있어 자신의 천사는 자신이다. 마찬가지 이유로 인간에게 있어 자신의 신은 자신이다. 결국 자신을 적으로 만들 것이냐, 천사로 만들 것이냐, 신으로 만들 것이냐는 자신에게 달렸다. 결국 자신자신자신자신(自身自信自新自神)이다.

존재는 긍정일 수밖에 없다

존재는 긍정할 수밖에 없다. 그런데 철학은 부정을 하고 시작한다. 동일률에서 출발한 '부정의 철학'인 변증법의 서양철학은 이제 동양의 음양의 차이에서 출발한 무위의 '긍정의 철학'으로 구원되지 않으면 안 된다. 니체의 '권력(힘)의 의지' 철학은 철학적 긍정(디오니소스적 긍정)에 속하는 것이지만, 존재에 대한 근본적인 긍정, 존재론적인 긍정과는 다르다. '힘(권력)의 의지' 철학은 힘의 상승과 증대를 긍정하는 철학이기 때문이다. 자연은 힘의 상승과 증대가 아니다. 단지 인간이 그렇게 보았을 뿐이다. 그런 점에서 니체는 허무주의를 적극적으로 극복하기 위해서 서양철학의 실체론을 '권력(힘)'이라는 다른 말로 번안했을 뿐이다. 서양철학의 자기모순의 변증법을 극렬하게 성토했을 뿐인 서양철학의 현상학의 마지막 질병이다.

본능과 축제의 존재론적 성격

인간은 동물의 본능과 자신의 본능을 구분하기 위해 자신의 본능을 본성이라고 하고, 동물의 본성을 본능이라고 하였다. 이것 자체가 현상학적인 개념규정이다. 인간은 이성과 끝없는 욕망의 동물이다. 끝없는 욕망은 동물의 본능과 다른 인간의 본성을 의미하는데 이것 자체가 바로 이성이다. 동물의 욕망은 끝없지 않다. 인간은 동물의 본능을 폐쇄된 체계라고 하였는데 이는 자신의 개체(혹은 종)에서는 폐쇄적이지만, 자연의 생태계에서는 결코 폐쇄적이지 않다. 자연의 생태계는 서로에게 '열려 있는 삶의 체계'이다. 그런데 인간의 본성(본능)인 이성이 자연의 열려진 체계(삶의 체계)를 자신의 '닫혀진 이론체계'(앎의 체계, 지식체계)로 이해했을 뿐이다. 그런 점에서 앎의 체계인 철학자체가 바로 삶의 체계인 자연에게는 배반적인 속성을 가지고 있다.

인간의 앎의 체계인 '닫힌 체계'는 삶의 체계인 자연에게 언젠가는 굴복하게 되어 있다. 왜냐하면 앎의 체계(사방으로 닫힌 체계, 단자單子) 속에 삶의 체계(사방으로 열린 체계, 기운생동氣運生動)가 들어갈 수 없기 때문이다. 이것이 인간 종의 멸종(減種)이다. 따라서 인간의 앎의 체계는 인간 종의 '멸종을 지연시키는 일'을 할 수밖에 없다. 이것이 차연(差延)이고, 현상학이다. 말하자면 현상학적 차연이다.

자연의 생태학으로 보면 동물의 본능이야말로 열려진 체계이다. 인간의 앎의 체계야말로 닫혀진 체계이다. 그래서 자연과 분리된 어떤 천리(天理) 혹은 천명(天命)이라는 것은 인간이 만들어낸 가상의 세계이다. 천리천명은 가상의 세계이기 때문에 원형(원인, 주체, 시작)과 변형(결과, 대상, 끝)의 모습으로 계속 시대(역사)에 따라 재생산되지 않으면 안 된다. 그러나 이런 재생산(차이의 복제와 연장)은 자연의 재생산과는 다른 이론 혹은 기계(이론적 추상은 결국 기계에 도달하고 끝난다)에 불과한 것이다.

결국 인간은 신체에 의해 자신이 자연의 일부임을 깨닫지 않을 수 없다. 이것이 바로 운동이고, 축제이고, 축전이다. 신체적 인간이야말로 바로 생멸적(생성적) 인간을 긍정하고 회복하지 않으면 안 된다. 인간이 책상머리에 앉아서 철학적으로 '죽음(죽을 인간)' 혹은 '종말구원' 혹은 '깨달음'을 설정하고 어떤 역사적 기원(origin) 혹은 천지창조, 혹은 무명(無明)을 말하는 것은 모두 현상학적인 궤도(인간의 굴레, 닫혀진 체계)의 소산이다. 그렇다면 진정한 본래존재는 자연 혹은 본능이라는 것을 깨닫게 된다.

인간의 역사는 지금껏 자신의 본성에 속은 자기기만의 역사이다. 역사와 철학, 역사철학 자체가 절대정신, 순수이성이라는 자기기만의 산물이다. 그런 점에서 현상학의 하이라이트인 자연과학은 인간 종에게 언젠가는 나쁜 결과를 가져올 것이다. 물론 자연과학과 기술은 그동안 인간의 역사에서는 인간으로 하여금 종을 영속시키는 수단(목적)이 되었을지라도, 자연과학기술 자체가 자연의 열려진 체계 속에 닫혀진 하나의(인간의) 체계일 뿐이다. 운동과 축제와 축전은 인간에게 바로 자연의 생멸적 사건에 참여하면서 순응하고 즐기는 '기쁨의 사건' '놀이의 사건'이고 존재론적인 사건이다. 자연과학과 도덕이 현상학적이 사건이라면 운동과 축제는 존재론적인 사건이다.

경구 319

마음은 경계가 없다

마음은 안과 밖이 없다. 즉 마음은 본래 경계가 없다. 본래 경계가 없는 것을 마음이라고 한다. 그러나 정신(주체)과 육체(물질, 대상)는 경계가 있다. 정신의 정점은 육체에 있고, 육체의 정점은 정신에 있다. 이것 자체가 서로 현상학적인 순환론의 관계에 있다. 더욱 놀라운 것은 정신이든 육체이든 존재 그 자체가 아니라는 점이다. 그래서 우리는 처음부터 나뉘지 않은 어떤 것을 몸(마음, 몸)이라고 말한다. 즉 마음(心)과 몸(物)을 동시에 의미한다. 마음은 사물(육체)을 대상으로 하지 않는 정신이며, 몸은 정신의 대상이 되지 않는 사물(육체)이다. 마음과 몸을 말할 때는 본래하나인 본래존재를 뜻한다. 그래서 몸공부, 마음공부를 동시에 해야 온전한 인간, 본래인간이 된다. 물심일체(物心一體), 심물일체(心物一體)이다.

이데아에서 뒤돌아선 하이데거

하이데거는 이데아(idea)가 아닌 것을 존재(存在, Sein)라고 명명하였다. 이는 독일 관념론의 전통에서 거꾸로 간 것이다.

데리다는 현존이 아닌 것을 부재(不在, absent)라고 하였다. 이는 프랑스 합리주의(현상학)의 전통에서 현존(現存, presence)을 현상으로 본 탓이다. 영국의 경험론적 전통은 현상을 숫자로 환산한 철학이다. 이들 철학을 관통하는 것은 모두 초월적 가상(假想, 가상假象, 가상假相)이 있다는 점이다. 이들은 모두 현존이 생성(생멸)이라는 것을 모르고 있다. 생멸이야말로 초월적이지 않는 현존(현존적 존재)이다. 독일의 관념적 존재론과 프랑스의 신체의 현상학(현상학적 신체론)을 융합한 신체적 존재론이야말로 진정한 존재론이고, 진정한 존재인 '현존'을 깨닫게(느끼게) 하는 첩경이다. 현존이란 사물을 대상화하여 소유하거나 설명하기 이전에 드러난(현현한, 현성한) 존재(존재 그 자체)를 말한다.

경구 321

객관이란 없다

모든 관점은 하나의 특이점(特異點)이다. 그러므로 관점은 일반적인 것이 아니다. 일반적인 것은 어떤 관점을 가지지 않는 그 자체, 복잡성 그 자체이다. 세상은 본래 잡스런 것이다. 본래존재는 잡스럽고 알 수 없는 것이다. 그런데 그 잡스러운 것은 혼란스러우니까 질서정연한, 순수한, 절대적인 것으로 만들어버린 것이 인간이다. 칸트의 순수이성이나 헤겔의 절대정신이나 마르크스의 유물론이나 니체의 권력의 의지도 그러한 것이다. 객관이란 없다. 단지 주관의 경험적 실체(자아)일 뿐이다.

신앙의 절대와 상대 신앙

신앙은 절대적이지 않으면 신앙이 아니다. 그래서 절대적인 신앙을 가진 자는 반드시 남이 가진, 다른 절대 신앙을 존중하지 않으면 안 된다. 이것이 신앙의 절대상대성이다. 이는 뉴턴의 절대물리학과 아인슈타인의 상대성원리가 결국 같은 것이라는 점을 아는 것과 같다.

성리학(性理學)에서
성음학(性音學)으로

나의 철학은 궁극적으로 '무문(武文)철학'이다. 말하자면 신체의 연행과 실천을 통하여서 달성하는 철학이다. 지금까지 문(文)을 앞세우는 철학은 있었어도 무(武)를 앞세우는 철학은 없었을 것이다. 지금까지 어떤 성인(聖人)들도 무(武)를 앞세우지는 않았다. 철학이 단순히 문(文)의 문자학(文字學, grammatology), '해체론적 문자학'일지라도 결국 철학은 머릿속에서 구성될 수밖에 없다. 그래서 머리가 아닌 신체의 연행(performance)과 삶의 실천(praxis)이 동반되는 철학이 필요하다. 그것이 무문철학이다. 이때의 무(武)는 무(舞, 무巫, 무無)와 원형과 변형의 관계에 있다. 무문철학의 최고봉은 무문철학(無文哲學)이다. 이것이야말로 소리의 철학이다. 성음학(性音學)이다.

감각과 지각의 차이

감각하는 센스(sense)야말로 현존이다. 지각(sense-perception)하면 이미 현존이 아닌 현상이다. 만물은 서로가 시로의 매개적 존재(media), 영매적 존재(spirit)이다. 만물은 교감적(sympathetic) 존재, 공감적(共感的) 존재, 심정적 존재이다. 소통(communication)이라는 것은 교감에 대한 언어적·지각적 번역이다.

혼돈은 존재의 진면목

혼돈은 무질서가 아니라 존재의 진면목이다. 철학적으로 보면 절대라는 세계는 시공간의 어느 지점을 끊은 것이고, 그 끊은 지점은 바로 에포케(époche, 끝, 판단정지)이고 동시에 에포크(epoch, 신기원)가 된다. 이것은 시작과 종말이 함께 있다는 뜻이다. 그렇게 보면 기독교의 천지창조와 종말구원 사상은 바로 가장 오래된 현상학이면서 가장 큰 규모의, 가장 큰 세계를 포괄하는 현상학이 되는 셈이다. 기독교의 절대유일신의 신화(담론, 이야기)를 구성한 기자(記者)들은 알 수 없는 '혼돈의 세계'(『성경』의 「창세기」는 천지창조 이전에는 혼돈이었다고 기록하고 있다)에서 무엇을 알 수 있는 것 같은(어떤 실체를 잡은 것 같은 착각 혹은 환상) 미지의 현상학에 최초로 발을 들여놓은 셈이 된다. 마치 루이 암스트롱이 달의 표면을 최초로 밟았듯이 말이다. 우리는 여기서 중요한 사실을 발견하게 된다.

기독교 『성경』의 절대유일신사상은 바로 철학의 현상학으로 사유의 패턴이 연결되는 것이고(이것이 현상학적 사유이다), 그러한 현상학적 사유는 자연과학의 물리학적 사고, 즉 실체론적(서양 사람들이 말하는 실재론적) 사고로 연결됨을 볼 수 있다. 즉 기독교와 현상학과 물리학이 하나로 연결됨을 볼 수 있다. 물리학이 어떤 사물(대상)을 분석하는 것은(원자가속기도 결국 물질을 끊어서 보는 것이다) 바로 기독교 절대유일신의 사유패턴의 연장선상에 있다. 우리는 감히 서양문명을 절대를 추구하는 문명, 즉 '절대문명'이라 규정할 수 있고, 동시에 '현상학의 문명'이라고 규정할 수 있다. 이는 서양문명의 밖에서 바라볼 수 있는 자만이 규정할 수 있는 것이다. 우리는 어떤 끔찍한 생각을 떠올리게 된다. 절대는 실체를 추구하는 것이고, 힘을 추구하는 것이고, 힘을 추구하는 문명은 스스로 종말을 예언하고 있는 셈이다. 그래서 서양의 기독교는 종말구원이라는 가짜(가상의) 안전장치를 마련하고 있음을 볼 수 있다. 가상의 실재, 가상실재를 실체라고 생각한 서양문명은 오늘날 힘의 문명, 과학문명을 이루었지만 이미 기독교 『성경』을 통해 그들의 문명이 종말에 이르게 됨을 예언하고 있는 것이다. 이는 일종의 자기예언적인 완성이다.

서양문명은 기독교 안에 있다. 오늘날 빅뱅과 블랙홀은 기독교의 천지창조와 종말사상의 과학적 버전에 불과한 것이다. 서양문명은 시간과 공간의 틀(튜브, 감옥) 안에 있다. 세계는 시간과 공간 안에 있는 것이 아니라, 시작과 끝을 상상함으로써 시간과 공간을 만들어내고, 자신이 만들어낸 시간과 공간에 살고 있는 것이 인간이다. 오늘날 서양 문명은 인류의 문명을 주도하고 있으니 인류는 결국 그 속에 함께 있는 것이다. 무릇 담론(신화, 종교, 철학, 과학의 모든 담론)은 그런 점에서 자기완결적인 것이다. 서양문명은 니체의 말대로 '힘(권력)에의 의지'의 문명, 즉 힘의 문명이다. 우리는 불현듯 "절대 권력은 절대 망한다"는 정치적 테제를 떠올리게 된다. 이것을 인류문명에 적용하면 "절대문명은 절대 망한다"는 불안한 테제를 떠올리게 된다.

　서양이 주도하는 문명으로부터 벗어나지(극복하지) 않으면
인류는 망하게 되어 있다. 무엇이 구원이라는 말인가. 인간
은 스스로 구원되지 않으면 안 된다(망한다). 인간이 '세계'(世
界, 인간 세世, 지경 계界)라는 말을 사용하는 것은 이미 어떤 지
경에서의 경계를 설정하는 존재라는 것을 암시하고 있다. 어
쩌면 세계라는 말을 사용하는 그곳에(그 자체에) 시작과 끝이
함께(동시에) 있음이 함의되고 있다. 세계라는 말을 사용하는
순간, 세계 밖을 상상하지 않을 수 없는 모순에 빠지게 된다.
그렇다면 삶과 죽음, 세계라는 말 자체가 이미 현상학의 세
계이고, 절대성(실체)이다. 현상학은 존재를 드러내는 하나의
이분법의 강요이고, 그러한 이분법들의 집적이다. 그러나 현
상학의 이분법이 아무리 많다고 하더라도 그것은 대상(수단)
이나 목적일 뿐이며, 존재(본래존재)에 이르지 못한다. 지경(地
境, 장소場所)이 없는 경지(境地, 장場)에 도달하는 것이 존재에
도달하는 것이다.

절대는 스스로에게 요구하는 것

절대사랑은 절대를 사랑하는 것이 아니라 절대적으로 사랑하는 것이다. 절대신앙은 절대를 신앙하는 것이 아니라 절대적으로 신앙하는 것이다. 절대순결은 절대를 순결로 생각하는 것이 아니라 절대적으로 순결하려는 것이다. 무릇 인간은 스스로에게 절대를 요구하는 것은 좋지만, 밖에서 절대를 요구해서는 안 된다.

이성, 욕망, 섹스프리

이성의 근원은 욕망이고, 욕망의 근원은 섹스프리(sex-free)이다. 이성의 시작은 초월적 주체(주관적 자아)이고, 이성의 끝은 영원한 대상이다. 이것이 신이고, 영혼이고, 우주이다. 니체의 영원회귀(永遠回歸)는 자기회귀(自己回歸)가 되어야 한다. 영원회귀는 무한대(無限大)와 같고, 자기회귀는 무(無)와 같다. 힘과 실체의 상승과 증대를 꾀해온 서양문명은 무(無)를 무한대(無限大)로 인식할 수밖에 없다. 무한대는 욕망, 즉 인간의 섹스프리(sex-free: 생식적 섹스로부터 해방된 자유)에서 비롯되었다. 무한대와 욕망은 같은 것이다. 서양문명은 욕망의 노예가 될 수밖에 없다. 욕망의 주인이 되기 위해서는 무한대를 무로 바꾸는 의식의 혁명이 수반되어야 한다.

경구 328

동일성과 소유욕

인간은 신화적 정체성, 종교적 절대성, 철학적 동일성, 과학적 실체성을 통해 자신의 힘을 키워왔다. 이들을 관통하는 정신은 동일성이다. 이 동일성으로부터 벗어나야 인간은 멸망하지 않을 수 있다. 동일성은 인간이 소유적 존재임을 증명하는 것이다.

종교는 여성과 대중의 존재방식

여성과 대중을 가르치는 방식은 종교의 방식이 유효하고, 남성과 호학(好學)하는 자를 가르치는 방식은 철학의 방식이 유효하다. 전자는 눈에 보이는 방식으로 형상(우상)의 방식이고 후자는 눈에 보이지 않는 방식으로 추상의 방식이다. 전자는 마음의 방식이고, 후자는 정신의 방식이다.

신과 과학의 숨바꼭질

신과 과학은 숨바꼭질을 하고 있다. 신의 옷자락을 과학이 잡으려고 하면 신은 과학이 잡으려고 하는 그만큼 달아난다. 그래서 신과 과학의 사이에는 항상 애매한 경계와 틈이 있다. 존재론의 무는 현상학의 무한대로 드러난다. 인간의 의식이 드디어 사물자체와 신 자체에 이르렀다. 이것이 심물일체(心物一體), 물심일체(物心一體), 만물만신(萬物萬神), 만물생명

(萬物生命)사상이다. 심물일체, 물심일체, 만물만신, 만물생명
은 열린 삶의 태도이다.

가부장-국가시대, 여성-가정시대

종교는 여성적인 것이고, 과학은 남성적인 것이다. 과학은
부분에서 전체로 향하고, 종교는 전체에서 부분으로 향한다.
여성의 남성(절대)을 숭상하는 마음을 세계에 확대시킨 것이
종교이고 제사라면, 남성의 여성(자연)을 소유하는 마음을 세
계에 확대시킨 것이 정치(권력)이고 과학이다. 제정일치시대
가 제정분리시대가 되고 다시 원시반본한다는 것은 신(神)과
메시아를 신랑으로 기다리는 여성(백성, 국민)의 시대가 지나
고, 도리어 신과 메시아를 신부로 기다리는 시대가 되었음을
말한다. 지금까지 가부장-국가시대에는 전지전능(全知全能)
한, 힘이 있는 존재가 신이었으나 이제 사람이 무소불위(無所
不爲)한 인간신(人間神)이 되었으니 신은 가난하고 버림받은
불쌍한(힘이 없는) 신이 될 수밖에 없다. 가부장-국가시대와

미래 여성-모성시대는 신과 인간, 신랑과 신부가 교차된다.

여성적 진리의 비진리

깨달음이라는 것도 남성적 사유의 결과로서 남성적 진리, 초월적 진리에 속한다. 여성적 사유의 결과인 여성적 진리, 존재의 진리는 깨달음이라는 것이 자연으로부터 물려받은 삶 그 자체이다. 그런 점에서 진리가 없다(그래서 진여眞如라고 하는지 모른다). 여성적 진리는 정신적(이성적) 도덕이라기보다는 신체적 도덕이다. 도덕이라는 것은 남성적 사유의 산물이다. 가부장-국가사회는 여성은 도덕적으로 위험한 존재, 원죄적 존재로 전제하고 있는 공통점이 있다. 이것이 가부장-국가사회의 위선이고, 권력적(폭력적) 억압이다. 여성시대는 모든 억압으로부터 여성(백성, 국민, 피지배자)이 해방되는 것을 말한다.

남자와 뇌는 자유를 원하고, 여자와 몸은 해방을 원한다. 남성의 바지와 여성의 치마는 자유와 해방을 의상으로 상징한다. 여성은 신앙적 존재이고, 남성은 깨달음의 존재이다. 여성과 대중(大衆)은 신앙에서 깨달음으로 나아가고, 남성과 지성(知性)은 깨달음에서 신앙으로 나아간다. 인간도 여성(신앙, 우상)에서 시작하여 남성(지성, 철학)으로 나아가고 다시 여성이 되는 번갈아감의 역사를 이루었다. 여성이 없으면 종교가 없고, 남성이 없으면 철학이 없다. 종교는 연주와 같고, 철학은 작곡과 같다. 존재는 여성이고, 진리는 남성이다.

경구 333

쓰기와 역사와 철학

역사와 철학은 본래 없는 것이다. 역사와 철학은 쓰는 자의 것이다. 역사와 철학의 원형은 신화이다. 결국 자신의 신화를 쓰지 못하는 자(개인과 집단)는 역사와 철학을 쓰지 못한다. 역사와 철학은 이미 소유적 존재의 산물이다. 따라서 역사와 철학에서 비소유, 무소유를 논하는 것은 이미 모순 위에 있는 것이다. 역사철학은 주체(주인)와 대상(노예)이라는 가상으로 권력과 이상을 도모하는 남성(남성철학)과 가부장제의 산물이다. 가부장의식이라는 것 자체가 이미 특정 존재 내에서 일어나는 환상이며 가상이다. 의식과 인식을 바탕으로 하는 모든 구성물은 존재론의 입장에서 볼 때는 사상누각이나 마찬가지이다. 그래서 인간은 자신의 삶(허약한 신체)과 권력(만물영장)을 확보하고 증명하기 위해서 구성물을 도리어 존재라고 명명하였다. 인간(Man)의 정신은 분열되고 도착된 것이다. 남성(man, 의식, 존재자, 언어)은 여성(woman, 무의식, 존재, 자연)을 왜곡시켰다.

경구 334

인간, 신, 악마의 삼자협약

신을 만든(상상한) 것도 인간이지만 악마를 만든 것도 인간이다. 인간이 물리적 세계에서는 시간과 공간을 만들었지만, 심리적 세계에서는 신과 악마를 만들었다. 신과 악마는 인간의 심리적 현상의 두 기둥과 같다. 인간의 창조는 악과 관련이 있을 가능성이 높다. 그런 점에서 인간은 창조적 악마이다. 창조적 악마인 인간은 또한 기계의 조상이다. 악마는 기계의 원형일지 모른다. 오늘날 소유와 힘은 악마의 본질이며 동시에 인간의 본질이다.

여자의 자궁과 남자의 인식과 기계와 공장

인식론적 전쟁은 남자 중심이다. 남자는 여자의 자궁의 재생산에 대한 열등콤플렉스로 인해 인식이라는 것을 고안해냈고, 인식은 드디어 기계와 공장을 만들어냈다.

운명은 왜 여신인가

남자는 왜 '운명의 여신'이라고 말할까. 삶은 여성처럼 예상할 수 없는, 불가해한 것이 항상 도사리고 있기 때문이다.

여신은 존재의 신비, 알 수 없음의 미궁적(迷宮的) 존재에 붙인 이름이다.

경구 337

구성과 해체, 존재와 소유의 양면성

텍스트는 항상 구성적이면서 동시에 해체적이다. 구성적이라는 말은 동시에 언제라도 해체할 수 있다는 뜻이 된다. 존재는 항상 생성적이면서 동시에 소유적이다. 소유적이라는 말은 개체적이라는 뜻이다.

경구 338

진정한 주인

오늘날 한국사회의 문제는 경제가 아니다. 노예들은 잘 살아도 불만이다. 한국사회의 문제는 '주인이 되느냐'의 여부이다. 옛날에 진정한 노예들은 주인의 입장이 되어서 생각했다. 그런데 오늘날 주인들은 주인이 되어도 노예처럼 생각한다. 진정한 노예들은 진정한 주인이고, 진정한 주인은 진정한 노예이다.

관찰의 속성과 전체주의

인류문명의 특징은 자연(사물, 대상, 여성)에 대한 인간(현존재, 주체, 남성)의 관찰에 있다. 그 관찰은 결국 입자(변하지 않는 실체, 동일성, 도구)를 고집하고, 그것을 통해 전체를 관리하려는 관료주의 혹은 전체주의적 속성을 갖는 것이다. 공산당의 전체주의는 인간중심적이지만, 과학의 전체주의는 기계중심적인 것이 다르다. 자연이야말로 선이다. 인류문명은 자연에 대해 특히 악인 것 같다. 자연과 영적 교류를 하며, 자연을 내 몸처럼 생각하던 북미인디언들은 거의 멸종되었고, 세계에서 자연친화적 삶을 살던 종족들은 모두 사라졌다. 자연을 약탈과 개발의 대상으로 삼은 문명들만 살아남았다. 그러나 이제 말없는 자연의 보복차례가 된 것 같다. 문명인들은 큰 반성을 하지 않으면 멸종될 것이다. 삶의 평화적 환경을 보다 폭넓게 건설하면서 멸종을 지연시키는 길만이 살길이다. 인간의 장기(長技)는 무엇을 연장하고 지연시키는 것에 있다.

절대와 상대의 현상학

나의 절대가 남에게는 상대인 것이다. 절대와 상대는 서로 현상학적인 평형관계에 있다. 여기서 평형관계라는 것은 평행관계로 영원히 대립하는 것은 아니라는 뜻이다. 그런데 절대정신을 추구하면 직선적 사고로 인해서 영원한 모순에 빠지게 된다. 말하자면 평화를 위해서 영원히 전쟁을 하여야 하는 것과 같다. 자아-개체-주체-소유적 사고는 절대에 빠지게 된다. 역사는 이러한 소유적 사고를 요구한다. 그렇다면 인류평화를 이루기 위해서는 어떤 사고가 필요한가. '상대를 위하여 사는 사고'가 필요하다. 상대를 위하면 나의 절대가 상대와의 균형을 잡게 된다. 이것이 인류가 넘어야 하는 깨달음의 세계이다. 이제 인류가 깨달음의 존재가 되지 못하면 공멸할 처지에 있게 되었다. 인간의 공멸은 어쩌면 자연의 자연스런 생멸과정일 뿐이다.

경구 341

도덕과 위선과 삶

남의 도덕에 따라 살면 결국 위선자가 되지 않을 수 없다. 남의 도덕은 나의 생명과 결부된 도덕이 아니기 때문이다. 도덕을 위해 삶이 존재하지 않는다. 도덕은 삶의 제한적인(시공간적으로 지극히 한계를 가진) 준거 혹은 편파에 불과하다. 삶은 그 자체로서 훌륭한 것이며 따라서 도덕적이지 않기 때문에 폄하되어야 할 삶은 그 어디에도 없다.

환영은 왜 아름다운가?

만물은 내가 만들어낸 환영에 불과하다. 만물은 나로부터 비롯된 것이며 나는 만물로 돌아간다. 어느 하나 환영이 아닌 것이 없다. '나'라는 것도 환영에 불과하니까. 그렇지만 환영은 아름답다.

허무주의는 철학의 사치 혹은 함정

허무주의는 철학의 사치이고, 삶의 함정이다. 철학은 현상이고 삶은 존재이다. 그런데 서양철학은 존재를 현상이라고 생각한다. 서양철학은 왜(why)라는 물음에 답을 구한다. 그래서 결국 답을 구하지 못하고 허무(虛無)에 빠진다. 그러나 동양철학, 특히 불교철학은 왜(why, reason)가 없다는 데서 출발하고 있다. 그래서 허무주의에 빠지지 않고 무(無)와 허(虛)로 돌아간다. 서양철학의 실체주의 혹은 실증주의적 사고는 결국 허무에 빠지지 않을 수 없다. 영원(永遠), 무한대(無限大)는 무(無)의 환영(현상학적 실체)에 불과한 것이기 때문이다.

'전복의 철학'을 전복한 일반성의 철학

나의 일반성의 철학은 니체의 '전복의 철학'을 넘어선 철학이다. 모든 철학의 빌딩과 산들을 전복시키고 허무주의를 극복하기 위해서 '힘(권력)에의 의지'철학을 내세운 니체는 다시 '힘(실체)'을 추구하는 서양철학 본래로 돌아갔다. 신을 죽인 니체는 다시 인생을 긍정하기 위해서 초인(超人)을 만들지 않을 수 없었다. 그러나 나는 보편성의 철학의 바탕에 일반성이라는 무(無), 즉 자연 혹은 자연적 존재, 본래존재가 있음을 알았다. 무(無)를 깨달으면 허무주의에 빠지지 않는다. 니체는 서양철학의 현상학의 마지막에 있었다면 나는 일반성의 철학의 선두에 있다.

인간과 인공지능의 씨름

인간은 기운생동의 기(氣), 공기(空氣)를 먹고 살고, 인공지능은 전기(電氣), 전자기(電磁氣)를 먹고 산다. 인공지능은 아무리 정보의 대용량으로 딥 러닝(deep learning)을 한다손 치더라도 기존의 정보를 조합해서 환원적인 사고를 할 수밖에 없고, 인간은 끝없이 그것으로부터 벗어나기 위해 달아나는 창조·예술적 사고를 할 것이다. 인공지능과 인간의 차이는 결국 전자는 기계이고, 후자는 시인(예술가)이라는 점이다. 이는 결국 기계와 자연의 차이이다. 인공지능 덕분에 자연 속에서의 인간(생각하는 인간)의 의미가 기계라는 것을 확인하게 된다. 생각은 결국 기계이다. 생각을 벗어나려면 신체적 존재에 대한 새로운 이해와 철학이 필요하다. 신체는 현상이 아닌 존재이다. 자연이 인간을 생성했다면 인간은 기계를 제조했다. 인간과 인공지능은 지배를 위해서 마치 씨름선수처럼 엎치락뒤치락할 것이다.

절대신앙, 신앙절대

일반성의 철학을 설명할 때 가장 좋은 예는 절대신앙, 절
대사랑, 절대복종을 신앙절대, 사랑절대, 복종절대로 말을 바
꾸는 말놀이와 같다. 이는 보편성의 철학을 일반성의 철학으
로 전도시키는 것과 같은 효과를 가진다. 보편성의 철학자들
은 흔히 '보편적이고 일반적인'이라고 말한다. 이것을 '일반
적이고 보편적인'이라고 말하는 것과 같기 때문이다.

일반성의 철학은 대지의 철학

일반성은 자연이며 본래존재이다. 일반성은 그런 점에서
매우 수평적이다. 보편성은 일반성에서 쌓아올린 탑과 같다.
그런 점에서 수직적이다. 세계는 보편적이고 일반적인 것이
아니라 일반적이고 보편적이다. 일반성은 땅의 지반(地盤)과
같다. 이것을 천지인사상으로 말하면 천(天)은 천리(天理)이

고, 인(人)은 지평(地平)이고, 지(地)는 지반(地盤)이다.

철학과 수학과 종교의 소통

현상학은 존재론의 존재, 혹은 불교의 존재, 즉 공(空)과 무(無)를 말할 수 없다. 현상학은 공 혹은 무를 제로(0)라고 말한다. 그런 점에서 제로라는 숫자가 원(圓, ○)의 모양을 하는 것은 매우 은유적이다. 우리는 흔히 아무것도 없는 상태를 표현할 때 공(○, 일원도一圓道)을 그리기도 한다. 어떤 현상학은 결국 제로(0)와 무한대(∞) 사이의 일이다. 제로(0)에서 일(1) 사이도 무한대(∞)이다. 물리학(수학)적으로 무한대 분의 일(1/∞)은 제로(0)이다. 무한대 분의 무한대(∞/∞)는 일(1)이다. 일분의 무한대(∞/1)는 무한대(∞)이다. 이것은 일상 언어로 말하면 시작과 끝, 원인과 결과를 의미한다. 현상학에서 존재의 세계를 말할 때는 그래서 제로(0) 포인트에서 증발(승화, 초월, 하강, 세속화)할 수밖에 없다. 이것은 사방에서 그림자 없는 정오(正午)에 비할 수 있다. 무한대는 일상 언어로 영원(永遠) 혹은 영혼(靈魂)과 같다. 기독교의 절대유일신은 일(一)이며 무한대(無限大)이다. 기독교의 신은 초월적-절대적이기 때문에 제로(0)가 될 수 없다. 불교의 신은 존재 자체인 공(空, ○, 無)이다.

모든 계산은 오류 혹은 무의미

모든 계산한 세계는 반드시 고려하지 않은 변수가 있다, 만약 이것을 인정한다면 모든 계산은 오류이고 결국 무의미이다. 우주는 인간의 계산에 의해 좌우되는 것이 아니라 언제나 균형점을 잡고 있다. 무의미(無意味)는 소리이다. 소리에서 의미가 생기고, 의미에서 기호가 생기고, 기호에서 계산이 생긴다.

인류멸종을 지연시키는 길

서양철학과 문명은 결국 자신의 텍스트, 즉 시간과 공간에 갇힌 폐쇄회로이다. 이것은 결국 인간을 가두고, 미치게 하고, 멸종하게 할 것이다. 지금으로서는 멸종을 지연시키는 길밖에 없다.

깨달음이라는 것도 슬프다

언젠가 멸종할 인간을 생각하면 아! 슬프다. 깨달음이라는 것이 무엇인가. 너의 멸종을 막지도 못하는 것이 무슨 깨달음이라는 말인가! 슬프더라도 본래로 돌아갈 수밖에 없다. 자비(慈悲)의 비(悲)에서 본래의 자(慈)로, 어머니의 사랑으로 돌아갈 수밖에 없다. 너무나, 너무나 인간적인 사실이여! 만물만신, 만물생명이로구나. 심물일체, 신물일체로구나.

존재와 사물의 차이

존재(Being)와 사물(Thing) 자체는 다르다. 사물 자체에는
이미 소유적 사고가 조금 들어 있다.

해체주의는 허무주의를 변조한 것

해체주의는 허무주의를 살짝 변조한 것이다. 해체주의는
허무주의이고, 허무주의는 프리섹스에 이른다. 프리섹스는
자유를 구속으로 변형시킨 것이다. 섹스의 제한(발정기)에서
풀려나 자유를 얻은 인간, 즉 섹스프리(sex-free)에서 출발한
인간 종(種)은 욕망과 이성으로 인해 이제 프리섹스(free sex)와
기계숭배(기계의 신), 인조인간(인공지능)에서 망하기에 이르렀
다. 이것이 허무주의의 핵심이다. 도구적 인간은 기계인간의
출발이었다. 인간의 알고리즘은 기계이다. 기계의 지능은 알
고리즘이다. 20세기 예술 혹은 대중예술의 총아인 영화는 포

르노그래피와 프리섹스로 끝나고, 21세기 과학은 기계인간으로 끝난다. 이는 모두 현상학적인 서양문명의 결과이다.

시각-언어-페니스, 청각-상징-버자이너

철학은 섹스를 언어로 환원(승화)시킨 일종의 위선적 파노라마일지 모른다. 서양철학은 관음(觀淫)의 철학이지만, 동양의 철학은 관음(觀音)의 철학이다. '관음'의 최상층(표상)에 관음(觀淫)이 있고, 그 아래에 관음(觀陰)이 있고, 가장 근본(질료)에 관음(觀音)이 있다. 서양철학은 관음증(觀淫症)과 포르노그래피의 맥락에서 볼 수 있다. 시각-언어-페니스의 맥락에서 보면, 플라톤의 이데아는 존재에 대한 관음증이고 데리다의 해체주의는 존재에 대한 포르노그래피라고 할 수 있다. 자연은 결코 현상할 수 없는 영원한 네거티브의 세계이다. 청각-상징-버자이너의 맥락에서 보면, 나의 '포노로지(phonology)철학'은 그야말로 동양의 '음(音)의 철학'의 전통에서 솟아난 현대판 도학(道學)으로서 자연을 자연으로 내버려두는 21세기의 자연철학이다. '포노로지'야말로 서양철학사적 의미에서 '종언의 철학'이다.

남자의 정복욕과 여성의 희열

남녀의 사랑에 이미 주인과 노예가 숨어 있다. 남자의 사랑은 여자를 지배하는 정복욕이고, 여자의 사랑은 남자를 통해 스스로의 희열에 빠지는 자기만족이다. 사랑은 소유인가, 희생인가. 현대인의 사랑은 '사랑의 소유'인가, '소유의 사랑'인가. 인간을 멸종시키지 않기 위한 사랑과 섹스는 필요하다. 그런데 그것이 단지 욕구충족과 필요, 소유와 이기심의 만족이라는 물신숭배의 성격을 갖는 것이 문제이다. 인간을 멸종시키지 않으려면 인간의 자궁과 자연을 지켜야 한다. 자연을 도구로 생각하는 자체가 정신병이고, 소유의 출발이다.

섹스기계의 허무주의

인간의 마지막은 기계인간, 섹스기계이다. 만약 인간과 기계인간이 아마겟돈의 전쟁을 벌인다면 어떻게 될까. 바둑천재 이세돌은 그러한 결과를 잘 보여주었다. 기계인간이 이길 확률이 훨씬 높다. 그런데 인간의 공멸은 더더욱 확률이 아니다. 한 번이라도 지면 그만이기 때문이다. 여기에 인간의 원천적 허무주의와 비극이 있다.

센스의 여성과 지각의 남성

여자의 말은 존재에 가깝고, 남자의 말은 존재자에 가깝다. 여자의 말은 신체적 말이고, 남자의 말은 대뇌의 말이다. 여자는 센스(sense)하고, 남자는 지각(sense-perception)한다. 센스하는 여자는 존재적 삶을 살고, 지각하는 남자는 존재자적 삶을 산다. 지각의 최종 결론이 기계라면 센스는 처음부터 끝까지 자연이다. 남성(man)은 인간(Man)을 대표하지만, 여성(woman)은 남성을 생산하는 자궁(womb)이고, 자연이고, 동물이다.

사대주의의 극치는 문체반정(文體反正)

동서고금의 어떤 고전들도 현대를 살아가는 인간의 삶에 보탬이 되는 참고사항일 뿐이다. 그 어느 것도 현대에 딱 들어맞는 의미는 없다. 이미 삶의 방식이며 체계인 문화시스템이 바뀌었기 때문이다. 고전의 의미를 오늘의 의미로 되살려내는 것은 유의미한 행위이지만 그것에 전적으로 매달리는 것은 단지 시공간의 속임수이다. 일종의 인간의 자기기만이다. 그래서 옛 성현들도 온고지신(溫故知新), 법고창신(法古創新)을 부르짖었다. 박지원의 법고창신은 그 대표적인 것이다.

박지원은 정조(正祖)의 문체반정(文體反正)의 대상이 되었는데(정조는 박지원에게 반성문을 쓰도록 했다) 그의 신체문(新體文)이 문제가 되었던 것이다. 박지원은 고문(古文)과 시문(時

文)의 차이를 들어서 반박했는데 '지금 고문으로 평가하는 『육경』의 글도 중국 고대에는 시문'이었으며, '비판받는 신체문도 먼 훗날에는 고문'이 될 것이라고 반박한 것이다. 그는 세상만물의 변화에 대해 갈파하고 있었던 것이다.

자신의 문체가 없으면 사이비 선비

자신의 문체를 가지지 못하면 선비 혹은 학자라고 할 수 없다. 문체란 선비나 학자가 몸으로 체득하여 가지고 있는 '제2의 신체'라고 할 수 있다. 자신이 의식하든 의식하지 못하든, 문체가 없으면 시나 글을 쓸 수 없다. 그런데 오늘날 자신의 문체도 없는 자들이 선비와 학자를 자처하고 있다. 이들은 모두 사이비 선비와 학자들이다.

선비는 펜(붓)을 든 무사

선비가 글을 쓰는 것은 세계를 가르는 것이다. 그래서 선비들은 모름지기 무사(武士)들이 칼을 쓰듯이 글을 써야 한다. 선비의 아름다움은 자신의 글을 세우는 데에 있다. 무사들의 아름다움은 자신이 죽을 자리를 아는 데에 있다.

태극은 초월이 아니라 일반성이다

동양의 태극(太極)사상은 초월적인 절대사상이 아니다. 태극사상은 도리어 음양의 기운생동(氣運生動)과 교차와 교대를 말하고 있다. 태극을 주리론자(主理論者)들은 흔히 이(理) 혹은 절대리(絕對理)라고 말하는데 이는 언어의 궁극적 자기기만이고 자기도착이다. 태극사상은 그대로 나의 일반성의 철학이다. 태극은 일반적인 존재의 모습이다.

인간은 도착적 존재

인간은 자연의 입장에서 보면 도착적 존재이다. 그러한 도착이 인간의 삶에 긍정적으로 작용할 때는 병이 아니지만, 부정적으로 작용할 때에는 병이 된다. 이것이 정신병이다. 인간이 그동안 무시해온, 본능적으로 사는 동물은 존재적으로 살았고, 동물을 무시한 인간은 환상(가상실재)을 가지고 존재자적으로 살았다고 철학적 최종판정이 난다면 인간은 자연의 도착적 존재임을 피할 수 없다. 인간이 선하다는 말은 인간에게 긍지를 심어주기 위한, 따라서 남(나 외의 모든 것, 즉 남과 다른 나라, 그리고 사물)을 악으로 몰아가는 전형적인 공격수법에 지나지 않는다. 그렇다면 도덕이야말로 도덕이 통용되는 집단의 안을 지배하고, 도덕이 통용되지 않는 집단의 밖을 공격하기 위한 공격본능에 지나지 않는다. 도덕과 같은 범주에 있는 보편성이라는 것도 그런 것이다.

예술은 현대의 살아 있는 신화

신이 죽은 현대인에게 예술은 신화적 기능을 한다. 예술은 생활에 가장 밀착해서 신적인 존재로서의 인간을 드러나게 함으로써 신인일체(神人一體)를 실현한다. 결국 세계는 자신(自身, 자신自神)일 뿐이다. 인간은 결국 원시시대부터 자신과 끊임없는 대화를 해온 동물종이다.

과학은 시각-언어의 우주적 드라마

인간의 눈(시각)은 결국 자신의 개체를 본다(투영한다). 생멸(生滅)은 생사(生死)가 아니라 존재를 생성하는 양상이다. 생멸을 생사로 보는 까닭은 인간이 자신의 몸을 개체로 생각(상상)하기 때문이다. 몸은 개체가 아닌 전체이다. 이 전체는 또한 개체의 합이 아닌, 말할 수 없는 전체이다. 개체가 자아(주체)를 보게 하고, 개체가 실체(대상)를 보게 하고, 개체가 시간과 공간을 만들고, 개체가 절대를 만들고, 개체가 생멸을 생사로 보게 한다. 개체가 없으면 생사는 없다. 눈은 언어의 도움을 받아 사물을 고정시키고 개체(실체)로 만든다. 눈은 개체의 몸의 눈이 아니라 전체의 몸의 눈이 되어야 진정한 존재, 생멸하는 존재에 이르게 된다. 불교의 진여라고 하는 것조차도 자연의 생멸을 생사로 봄으로써 발생하는 초월적 사유의 한 단면이다. 존재는 진리(진여)가 아니다.

경구 365

'없음의 존재'에 대하여

'존재 없음'과 '없음의 존재'는 다르다. '존재 없음'을 '존재'라고 하면, 존재는 혼란에 빠지게 된다. 무엇이 있고, 없음은 세계를 실체로 보는 것을 전제하는 발언이다. '존재 없음'을 '존재'라고 하면 없음만이 남는다. 없음이 실체이다. 어떤 것을, 예컨대 동사적인 것이나 형용사적인 것이나 부사적인 것을 명사화하면 그것이 실체가 된다. 'not'도 'no'가 되면 실체가 된다. 만약 세계가 실체가 아니라면 '존재 없음'은 틀린 말이 된다. '없음의 존재'는 실체를 부정하는 '비실체의 존재' 도저히 포착할 수 없는 존재를 이르는 말이다. 우리는 일상에서 '없음의 존재'를 '존재(실체) 없음'으로 표현한다. 이것이 존재와 소유의 왕래이고 현상학과 존재론의 왕래이다.

환상과 황홀의 차이

인간이 실체를 추구한다면 우주는 환상에 불과하지만 실체를 추구하지 않는다면, 우주는 황홀한 실재이다. 우주적 전체는 은유로서 표현할 길밖에 없다. 만약 이것을 실체로써 표현한다면 전체를 부분으로 왜곡하게 된다. 절대라는 것은 부분과 개체의 다른 이름이다. 부분이야말로 절대이다. 개체적 사고, 원자적 사고를 하면 결국 개체와 원자만 바라볼 수밖에 없다. 그런 점에서도 우주는 자기이다. 우주는 아무리 작아도 우주이고 아무리 커도 우주이다. 크고 작음이 없다.

기계(機械)와 기계(氣界)는 다르다

들뢰즈의 신체 없는 기관은 '기계(機械)'이고, 기관 없는 신체는 '기(氣)'이다. 들뢰즈는 동양의 기(氣)사상을 서양식으로 표현한 철학자에 지나지 않는다. 그가 신체에 도달하였지만 기계를 벗어날 수 없는 것은 서양문명의 한계이다.

춤추면 생각할 수 없다

음악을 들으면서 생각할 수는 있지만 춤추면서는 생각할 수는 없다. 어느 것이 본래존재에 가까운지는 분명하다. 춤추는 것이 본래존재에 가깝다. 존재는 춤추는 것이다.

소요유(逍遙遊)는 소유가 아닌 놀이의 정신

소요유(逍遙遊)야말로 '놀이'철학, '소리'철학의 정수이다. 삶(생활)의 정수가 예술이고 예술의 정수가 놀이이다. 어느 것이 존재에 가까운가. 놀이야말로 존재이다. 놀이는 본래 목적 없는 놀이이다. 세계의 관계는 권력관계(지배-피지배)와 놀이관계(천지인순환)로 나눌 수 있다. 권력관계와 놀이관계 자체가 음양관계에 있다.

실존은 개체의 신체성에 대한 환기이다

운명은 미래가 정해져 있다는 의미에서의 운명이 아니라 미래적 시간으로 나아갈 수밖에 없는 존재라는 것을 말한다. 니체의 운명애와 하이데거의 역사운명은 각각 개인(니체)과 집단(하이데거)에 중점을 두는 차이는 있지만 결국 같은 것이다. 이것은 또한 실존이다. 실존은 개체의 신체성에 대한 환기이다. 그런 점에서 모든 계시는 자기계시(自己啓示)이고, 모든 신은 자기신(自己神)이고, 자발(自發)이 자연(自然)이다.

경구 371

창조적 자연에 대한 때늦은 이해

창조가 자연이다. 창조가 자연이라면 창조적이지 않은 것은 아직 자연에 이르지 못한 것이다. 대부분의 인간은 자연이 아니라 제도에 머무는 존재이다. 말하자면 자신의 존재의 몸값을 제대로 하지 못하는 족속이다. 창조적 문화 속에는 이미 진화가 들어 있으며, 진화란 창조적 자연에 대한 인간의 때늦은 이해이면서 매우 인간적인 이해이다. 그러한 점에서 문화와 진화는 같다(문화=진화). 문화는 진화를 인간의 입장에서 설명한 것에 불과하다. 이때 인간의 입장이란 어떤 정지 상태, 어떤 실체를 가정하는 본능이자 습관이다.

놀이는 본래 하나의 되찾음

인간은 서로 대립되는 것이 본래 하나라는 것을 모른다. 물론 그렇기 때문에 끝없이 무엇을 추구하고 의지(意志)하는 것이겠지만 이제 이성과 욕망을 내려놓을 줄 아는 순간이야 말로 스스로를 구원하는 순간이 된다. 이것은 이성과 욕망의 놀이를 다시 바라볼 줄 알 때, 즉 놀이 자체를 바라볼 줄 아는 지혜를 터득할 때 가능한 것이다.

굳이 말하자면 '존재의 진리'에 도달해야

진리가 오류의 연속이라면, '진리의 존재'가 아니라 '존재의 진리'에 도달해야 한다. 존재의 진리에 도달하려면 오류의 연속의 차원을 결별하고, 자신을 최종적으로 결박(구속)하고 있는 자아마저 단절할 줄 알아야 한다. 자아로부터의 단절은 용기가 필요하다. 인간이 자유를 그리워하면서도 정작 자유로부터 도피하는 까닭은 자유는 모든 기존의 실체(실제로 신기루이다)를 포기하여야 하는 두려움이 있기 때문이다. 죽음의 두려움이나 실체 포기의 두려움은 같은 것이다. 자살은 인간이 마지막으로 택하는 실체(신기루)이다.

경구 374

울음의 신비와 불가사의

울음은 우주적 공명에 부응하는 여성의 신체적 절정이자 절규이다.

경구 375

그라마톨로지는 일종의 철학적 사기이다

데리다의 그라마톨로지(grammatology) 철학은 소리와 빛을 이성이라고 규정한 것에 따른 반대급부로서 도리어 글쓰기를 해체론으로 설명한 것이다. 이는 서양철학의 구성주의를 은폐하고 있는 철학적 자기기만이다. 데리다의 그라마톨로지는 문법(grammar) 혹은 구문(syntax)을 해체하거나 분절하는 특징을 강조하고 있지만 이에 앞서 문법이나 구문은 구성을 전제하지 않으면 성립할 수 없다는 점에서 자기모순에 빠져 있다. 마찬가지로 데리다의 유령학도 말로는 해체할 수 없는 것으로서의 유령을 주장하고 있지만 유령 속에는 이미 실체(동일성)가 들어 있다.

경구 376

여성에게 몸은 전부이다

여성은 자기 몸 외에 따로 진리가 없다는 것을 본능적으로 안다. 그래서 여성은 진리를 찾지 않고 화장이라는 가면을 쓴다. 화장을 하지 않으면 이 세상에서 할 일이 없어 무료할 것이다. 여성은 남성을 유혹하는 것만이 존재의 절실한 이유이다. 여성은 자신의 몸이 바로 진리이고 생명을 탄생시키는 신비라는 것을 안다. 인간이 진실의 가면이라면, 여성은 가면의 진실이다.

현상학은 물리학에
심리적으로 대응한 흔적

현상학은 물리학(수학)의 미적분에 대한 철학적 해석이다. 현상학에는 무한대를 목적으로 하는 과정적 실체가 있다.

재미가 없으면 무엇이든 할 필요가 없다

도(道)를 닦는 것도 재미가 있어야 한다. 그런 점에서 진정한 도는 재미이다. 재미도 일종의 중독이다. 재미가 없으면 권태가 찾아든다는 점에서 둘은 대체재이거나 같은 것이다.

소금과 설탕의 적절한 뒤섞임

문명은 소금과 설탕 사이에 있다. 소금과 설탕 없는 문명을 생각할 수가 없다.

기독교는 악마를 위한 면죄의 드라마

악마야말로 죄 사함을 받기 위해서 기독교가 필요하다. 기독교는 정작 악마를 위해서 필요하다. 선량한 사람들이야말로 사함을 받을 죄도 없다.

노래하지 않으면 평화는 없다

평화철학은 구체적으로는(문화적으로는) 놀이의 철학이고, 노래하는 철학이고, 춤추는 철학이다. 춤은 몸이 노래하는 것이고, 노래는 놀이의 가장 대중적인 것이다.

과학은 신화의 한 종류

인간의 문화는 크게 신화(뮈토스, mythos)와 과학(로고스, logos)으로 나눌 수 있다. 신화 속에 종교와 예술이 소속되고, 과학 속에 과학과 경제가 소속된다. 이렇게 보면 동양의 종교와 한의학은 신화에 소속되고, 서양의 기독교와 물리학은 과학에 소속된다. 로고스를 뮈토스로 돌리기 위해서는 파토스(pathos)가 필요하다. 파토스는 매우 신체적인 것이다.

실체 자체가 환상이다

인간은 환상(幻想, 환상幻像)의 동물이다. 초월적이라고 하는 모든 것, 시간과 공간, 주체와 객체, 주관과 객관, 원인과 결과, 인과응보, 의식과 무의식, 이성과 욕망, 그리고 현상이라고 하는 것 등 모든 명명된(이름 지어진) 것이 환상이다. 이들은 모두 인간이 구성한 것이다. 인간은 이상하게도 변하지 않는 그 무엇, 즉 실체가 있다고 생각하는 동물이다. 실체라고 부르는 자체가 바로 환상이다. 인간이 실체라고 부르는 것은 자연에서 볼 때는 암과 같은 것이다. 그 암은 바로 기계이다.

자아-초월, 무아-존재

서양철학이 초월적(의식적 혹은 초의식적) 혹은 '자아적'이라면, 불교철학은 무의식적(본성적)이고 나아가서 '무아적'이다.

의식과 초의식과 무의식은 서로 만난다(순환한다). 초의식은 생멸을 그대로 현존적으로 이해하는 것이 아니다. 그런데 무의식이라는 것도 초의식적인 혐의가 전혀 없는 것은 아니다. 무아는 의식(유식)이 아니다.

책은 이미 죽은 시체이다

책은 시체이다. 살아 있는 인간만이 죽은 시체를 부활시킨다.

이미지도 문자의 한 종류

이미지도 문자이다. 이미지도 공간을 좀 더 차지하고 있는 문자일 따름이다.

동일성(노동, 화폐, 과학)들의 전쟁

인간은 노동의 동일성(사회주의)과 화폐의 동일성(자본주의)과 기계의 동일성(과학기술문명) 때문에 망할 것이다.

무(無)는 덧붙이는 말이 없는 것이다.

무(無)는 무의식이나 무의미가 아니다. 무의식은 의식과 통하고, 무의미는 의미와 통하기 때문에 현상학적이다. 진정한 존재론의 무는 무에 어떤 다른 명사가 붙은 것이 아니라 그냥 무이다. 무는 'nothingness(없음)'라는 명사(개념, 실체, 동일성, 존재자)가 아니라 'nothingless(없지 않은)'라는 형용사의 상태(존재)이다.

'살다'는 살을 가진 존재의 존재사건

먹다, 입다, 씹다, 조지다, 살다 등은 인간의 삶의 가장 원초적인 동사이다. 식욕과 성욕은 '먹다'로 대표되는 본능이라는 점에서 선후를 가릴 수 없다. '입다'는 '먹다' 다음의 본능이라는 점에서 '먹다'보다는 문화적이다. 무엇을 입는 것이 문화이다. '씹다(씹=씨+입=씹는 행위)'와 '조지다(좆=조지는 행위)'는 '먹다'에 비해 좀 야생적인 동사이다. '살다'는 '살'을 가진 존재의 존재사건이다. 보지는 '붙다'를 어근으로 하는 변형(붙어, 붙지)이다.

도둑과 창녀라는 남매

욕망의 존재이며, 소유적 존재인 인간은 결국 깡패(폭군)가 되거나 도둑이 되거나 창녀가 되어 타락할 운명에 노출되어 있다. 인간은 자연에 대해서도 깡패가 되거나 도둑이 되거나 창녀가 될 것을 요구하고 있다.

운명은 존재에 자기를 새긴 것

운명이라는 말은 생멸의 존재인 인간이 자신에게 자기(주
체, 자아)를 새겨 넣은 해석이다.

무한대의 현상학과 무의 존재론

시간과 공간은 인간의 욕망의 이성적 변형이다. 욕망의 무
한대(無限大)는 무(無)로 변해야 본래존재가 된다.

삶은 신체의 퍼포먼스

말하는 것은 신체적 활동이며 퍼포먼스이다. 입으로 말을 하는 것은 눈과 머리의 합작으로 생각하는 것과는 달리 존재에의 참가이다. 현상은 시각과 언어의 합작이다. 현상의 너머에 상징이 있다. 상징의 너머에 신체가 있다, 신체는 결코 정신의 대상인 육체나 물질이 아니다. 신체는 현존적 존재이다. 신체는 스스로를 대상화하지 않는다. 그래서 신체야말로 존재이다.

일반경제와 일반성의 철학

자연의 풍요로움(일반경제)과 자본주의(제한경제)의 과잉생산은 다른 것이다. 자연의 풍요는 자연을 생태학적으로 순환케 하지만, 자본주의는 부익부빈익빈의 모순과 갈등을 만든다. 자본주의는 동일성(실체)과 그것을 바탕으로 권력의 증대를 꾀하기 때문이다. 사회주의는 자본주의의 모순을 고치기 위해 주장되었지만, 이것 역시 노동의 동일성(실체)과 그것을 바탕으로 계급투쟁을 꾀한다. 사회주의의 계급투쟁도 권력의 증대를 꾀한 것에서는 마찬가지이다. 계급투쟁은 말로는 평등을 지향한다고 선언했지만 결국 프롤레타리아를 앞세운 공산당귀족정치체제를 도모하는 데에 바쳐졌다.

유물론을 신봉하는 소비에트정권은 도리어 마르크시즘이라는 유일국가종교를 신봉한 정권이었다고 볼 수 있다. 마르크스의 평등은 노예에서 출발하고 있기 때문에 결국 노예철학에 머문다. 계급투쟁이라는 것은 노예철학의 전형적인 방법이다. 공산주의정권은 결국 공산당 귀족정치로 끝난다는 점에서 종래 귀족과 부르주아의 자리에 공산당귀족만 바꾸어 넣은 서양철학의 자기모순과 자기부정의 하이라이트이다.

경구 395

악은 '힘 있는 자'

자연은 선하다. 악은 인간에 의해 비롯되었다. 인간은 악하기 때문에 종교를 만들고 도덕을 만들었다. 악은 '힘 있는 자'이다. 인간은 '힘 있는 자'를 원했고, 스스로 힘 있는 자가 되었다. 그러나 인간은 힘의 원리에 의해 멸망할 것이다. 선한 것은 본래자연뿐이다. 우리가 악이라 부르는 것은 소유욕이고, 소유에 의해 인간은 발전하였다. 소유에 대한 종교적(대중적) 이름이 악이다. 악이란 인간의 자기투사이며 자기고백이다. 소유는 악이고, 권력이다.

경구 396

축제는 존재로의 귀향

축제란 존재로의 귀향을 위한 퍼포먼스이다. 축제란 자기자신에 대한 존재론적 자축(自祝)이다. 축제적 상징 혹은 상징은 변증법이 아닌, 비대칭적 대립(현상학적 대립)에 대한 저항이다. 인간의 의식은 경계(한계, 변두리, 울타리)의 산물이고, 그러한 점에서 매우 현상학적이다. 축제는 그것에 저항하는, 경계를 지우는 놀이, 즉 존재론적 놀이이다. 그러한 점에서 축제적 상징 혹은 상징은 변증법이 아닌, 언어의 비대칭적 대립(현상학적 대립)에 대한 상징적 저항이다. 상징은 수많은 대칭적 의미를 일으키는 것이고, 동시에 의미를 무화(無化)시킴으로써 무(無)로 돌아가는 것이다. 상징은 다의미이고, 동시에 무의미이다.

축제와 상징은 존재의 본래모습으로 향하는 길이다. 축제와 상징은 그러한 점에서 집단적 시(詩)의 효과를 지니게 된다. 축제는 신체가 벌이는 집단적 상징놀이이다. 상징은 존재로 향하는 길이고, 언어적 시이고, 신체의 축제이다. 상징에는 언어적(기호적) 상징과 제의적 상징이 있다. 언어적 축제가 시이고, 신체적 시가 축제이다. 축제는 또한 집단적 시이고, 집단적 예술이다. 예술은 놀이이고, 축제는 그것 자체가 축복이다.

경구 397

'뜻으로 본 한국역사'는 성리학 대신에 기독교를 대체

함석헌의 『뜻으로 본 한국역사』와 한국문화 '창녀론'은 한국문화의 '주체성 찾기(자아 찾기)'를 주장하면서도 결국은 기독교라는 '씨'를 받아들이는 '알'의 입장, '씨알'의 입장이 되는, 철저히 서구기독교에 여성적 입장(자궁의 입장)이 되는 자기모순에 빠지게 된다. 이는 우리 역사의 창녀성(여성성)에 대해 울분을 토하면서도 결국은 성리학의 자리에 기독교를 대체한 것에 지나지 않음으로써 한국문화의 여성성을 역설적으로 증명하는 꼴에 지나지 않음을 의미한다. 그러한 점에서 '기독교의 토착화'는 '기독교의 자생화'를 통해 자생기독교가 되지 않으면 결국 주체성(남성성)을 찾기 어렵다는 결론에 이르게 된다. 말하자면 '기독교 자생화' 노정에서 절반의 성공에 지나지 않는다.

단순히 기독교를 이 땅에 심는 것이 아니라, 이 땅의 전통 속에서 기독교의 의미가 왜『천부경』과 연결되는 것인가, 말하자면『성경』이라는 것이 왜『천부경』의 아류인가,『천부경』의 한 변형인가를 증명하는 데에 이르지 못하면 주체적인 종교의 달성에 실패하는 것이 되는 것에 지나지 않는다. 이는 이 땅의 수많은 철학자들과 학자들이 서구의 '오리엔탈리즘의 종'이 되는 것을 극복하지 못한 것과 같다.

말하자면 기독교를 통해 단군사상의 진정한 의미를 현대적으로 해석하였다면, '기독교의 종'이 되는 것이 아니라 '기독교를 『천부경』의 종'이 되게 하는 경지에 도달하여야 하였을 것이다. 만약 그렇게 하였으면 그는 보다 더 충실한 '뜻으로 본 역사'를 전개하였을 것이라는 아쉬움이 남는다. 만약 어떤 사람이 "내가 신이다. 내가 메시아다"라고 하는 경지에 이르지 못하면 기독교의 주체화는 물론이고, 모든 사상과 철학의 주체화가 이루어지지 않을 것이다. 왜냐하면 만물만신이기 때문이다.

성기(性器)숭배의 단순함과 포르노

원시고대인들은 성기(性器)숭배에 빠졌던 것 같다. 지금은 고도로 추상화된 형이상학과 과학의 시대를 살고 있고, 고도로 승화된 종교체계를 가지고 있지만, 그 원류로 돌아가면 매우 단순한 삶, 동물들과 거의 다를 바 없는 생활을 하였을 것이다. 보기에 따라서는 성기숭배가 인간의 대뇌의 상상력을 통해 그 외연을 확장하고 상징성과 현상성을 달성한 것이 오늘날 현대인의 복잡한 삶인지도 모른다. 오늘날 현실에서 일어나고 있는, 매스컴에 등장하고 있는 온갖 일들, 예컨대 도덕적으로 크게 비난을 받는 살인과 도둑질과 창녀질, 그리고 전쟁과 온갖 방탕들이 선악이라는 가치판단을 떠나서 '존재 그 자체'(존재하고 있는 엄연한 사실)라고 한다면, 그것은 남자의 여자에 대한 소유욕에서 발생한 것은 아닐까 하는 생각이 든다. 그런 점에서 오늘의 외설과 포르노는 인간의 진면목이 아닐까 하는 생각이 든다.

거칠게 말하면 문명은 섹스의 변형(변태)인지도 모른다. 문명은 섹스의 변형이고, 섹스는 변태에 이른 것이 현대인인지 모른다. 건강한 삶과 건강한(소박한) 성과 가족은 실종된 지 오래이나. 오늘의 진정한 철학은 포르노를 고상하게 가짜로 (형이상학적으로) 설명하는 '그라마톨로지'가 아닌, 진정한 '포르노로지'가 되어야 하는 것인지 모른다. 그 진정한 포르노로지야말로 바로 '포노로지(소리철학)'일지도 모른다. 인간은 스스로를 대단한 존재, 요컨대 '자연의 밖에 있는 존재'인 것처럼 잠시 착각한다. 그러한 착각 자체가 환상이지만, 인간은 결국 자연적 존재일 뿐이다.

현존의 현상

많은 철학자의 글은 대상으로서의 현상을 현상하지만 나는 결코 현상할 수 없는 존재로서의 존재인 현존을 현상한다.

상징과 형상은 이미 신체의 언어이다

절대적인 생각, 절대적인 진리, 절대적인 실체를 말하는데 실은 생각이 절대이고, 생각을 말하는 언어가 절대이고, 생각을 말한 결과가 실체이다. 생각을 생물학적으로 말하면 정충과 같다. 반대로 신체를 철학적으로 말하면 자궁과 같다. 상징(象徵)과 형상(形象)은 신체의 언어이다.

음양, 양음, 그리고 음양

서양은 세계를 이해함에 있어서 상대를 절대로 알다가 상대로 돌아갔다. 동양은 세계를 이해함에 있어서 음양으로 알다가 양음이 되었으나 다시 음양으로 돌아갔다.

태극은 초월과 보편이 아니다

태극은 절대 혹은 보편이 아니다. 태극은 상대이고 일반이다. 태극은 결국 도(道)이다. 태극은 절대리(絶對理)가 아니라 상대기(相對氣)이다. 이즉기(理卽氣) 혹은 기즉리(氣卽理)는 살아 있는 사람 속에서 이루어진다. 이것이 인중천지일(人中天地一)이다.

자위, 투사(도취), 기만의 존재

인간은 자기자위, 자기투사(도취), 자기기만의 존재이다. 인간이 만약 이기적 유전자의 존재라면 자기기만이야말로 이기적 존재가 되는 최고지점이라고 할 수 있을 것이다. 인간의 사물에 대한 도구화(대상화)는 자기기만의 시작이요, 그것의 연장선상에 있다. 자위와 투사와 기만은 연속선상에 있으며, 이들은 이기(利己: 동양철학에서는 양주楊朱에 해당)와 겸애(兼愛: 동양철학에서는 묵적墨翟에 해당)의 사이에 있으며, 그 사이에 양자의 교대(交代)로서 인간주의(仁愛: 동양철학에서는 공자孔子에 해당)가 있다. 인간의 자기성은 자연성과 독립되기도 하고, 하나가 되기도 하는 이중적인 관계를 맺고 있다. 인간은 가상의 동물이다. 가상을 던지고, 가상에 취하고, 가상에 속는다. 인간은 결국 자기 환상적 동물이다.

참사랑은 무(無)에 대한 사랑

진정한 사랑, 참사랑은 섹스의 욕망과는 다른 것이다. 참사랑은 상대방에 대한 헌신이며 궁극적으로 무아적(無我的)이다. 자유와 평등은 소유적인 측면이 강하지만 참사랑은 무아적이며, 종국에는 무(無)에 도달하여야 터득할 수 있는 경지이다.

평화철학은 현대판 '자연철학'

수많은 서양철학자들이 이성주의자든 반이성주의자든 다른 어떤 것이든, 서양문명의 정체—권력적이고 가학적 남성성—를 자신도 모르게 스스로 폭로하는 것이라면, 한국의 철학자들은 민족적이든 사대적이든 심지어 주체적이든, 한국문명의 정체—비권력적이고 피학적인 여성성—를 스스로 폭로하고 있다고 해도 과언이 아니다. 한국에서는 철학이라는 것 자체가 남(중국, 혹은 서양)의 것이고, 철학 자체가 없다. 한국인에게 철학이라는 것은 지금까지 삶에 전혀 도움이 되지 않았고, 선비(학자)들의 사대적 관념논쟁, 공리공론의 쓸데없는 말장난에 불과한 것이었다. 그러니 역사적으로 당연히 침략과 지배를 당할 수밖에 없었지만, 오늘에 이르러 서양철학이라는 것이 지배와 전쟁(제도적 존재자)의 도구라는 것을 생각하면 바로 그러한 한국의 철학혐오증이 '평화철학' 혹은 현대판 '자연철학(자연적 존재)'의 바탕이 되기에 충분하다.

경구 406

인간적인 존재

인간이 만든 어떠한 것도 진정한 존재가 아니다. 이들은 모두 인간적인 존재일 뿐이다.

현상이 없으면 철학도 없다

철학은 현상을 설명하기 위한 것이고, 도학은 자연 그대로를 보여주기 위한 것이다. 철학은 스스로를 속인 자기기만의 인간적인 산물이다. 철학은 현상이라고 생각한 것의 자기순환(회귀), 자기폐쇄(궤도), 자기환상일 뿐이다. 만약 현상이라는 것이 없었으면 철학도 없었을 것이다. 인간은 자연을 현상으로 인식하였고,(존재로 인식하지 않았고) 현상이라고 인식한 세계에 대한 자기 나름의 설명방식(프레임, 패러다임)이 철학이다.

신의 발명은 알파와 오메가

인간은 신을 발명하여서 세계를 정복하였다. 그러나 세계를 정복한 인간은 이제 스스로 악마가 되어 세계를 멸망시키려 하고 있다. 신과 악마는 동거하는 사이(현상학적 대립·대칭

관계에 있는 이중성의 존재)다. 악마가 된 인간을 다시 '본래의 존재' '본래의 신' '본래의 부처'로 되돌리는 것이 인류가 살 길이다. 이것이 인류평화를 달성하는 지혜이고 지름길이다. 기독교와 불교는 개인과 문명의 대표적인 삶의 패러다임이 되고 있다. 파더콤플렉스의 경우는 기독교와 상응하는 경향이 있고, 마더콤플렉스의 경우는 불교와 상응하는 경향이 있다. 문명이라는 거대한 체계 혹은 콤플렉스도 그 심층심리와 구조를 보면 남녀의 문제, 부부의 문제, 부모자식의 문제로 단순화된다.

경구 409

문화는 문(文)의 진화이다

문화(文化)와 진화(進化)의 차이는, 전자는 정체성(실체)을 만들고(찾고), 후자는 정체성이 없다(만들지 않는다)는 점이다. 진화론은 발전론이 아니다. 진화론에는 주체(실체)가 없다. 그러나 발전론에는 주체가 있다. 진화론은 언뜻 보면 인간을 진화의 위계의 정점에 둔 이데올로기 체계 같지만 실은 진정한 진화론은 고정불변의 어떤 실체가 그보다 나은 다른 실체로 발전했다는 것을 설명하거나 증명하려는 결정론이 아니다. 단지 생물들의 관계를 설명하는 데에 불과한 일종의 생태관계론이다. 인간의 문화는 철학과 생태의 교차이다. 이를 대리(代理), 대신(代身), 교대(交代)라고 할 수 있다.

경구 410

상상이라는 동일성

인간은 우주전체와 분리된 자기자신, 즉 개체가 있다고 생각하는 동물이다. 인간이 그렇게 생각하는 까닭은 모두 의식과 인식, 그리고 상상이라는 동일성 때문이다. 동일성이라는 것은 허상이고, 절대이다. 인간은 마음에서부터 절대를 지향하고 가상하는 동물이다.

가상의 세계

유명론과 실체론은 모두 가상이다. 유명은 본래의 가상이
고, 실체는 실재의 가상이다. 결국 유명과 실체는 같은 것이
다. 이는 마치 현상학적으로 정신이 물질인 것과 같다. 진정
한 실재는 이름을 붙일 수도 없고, 잡은 적도 없다.

실존과 실천과 기도

나의 실존, 즉 실존적인 깨달음이 없으면 실천을 할 수가
없다. 실천을 하지 않는 것은 그것이 없는 것이나 마찬가지
이다. 존재는 나에게 절박할 때 드러나는 것이고, 그 순간 신
령스러운 것이고, 그 순간 기도하게 하는 것이다.

'『불경』의 나'가 아니라
'나의『불경』'이 되어야

어떤 것의 내가 아니라 나의 어떤 것이 되어야 한다.『성경』의 내가 아니라 나의『성경』이 되어야 하고,『불경』의 내가 아니라 나의『불경』이 되어야 한다. 그렇게 되면 결국 경전이 필요 없게 된다. 경전은 나의 실존, 나아가서 자연적 존재보다 못하다.

민주주의를 배반하는 민주주의

민주주의조차도 민주주의의 내가 아니라 나의 민주주의가 되어야 한다. 그렇게 되어야 민주주의도 진정한 민주주의가 된다.

본래는 어떤 말도 필요치 않다

참이란 본래 태어난 마음, 즉 본래마음을 말한다. 새롭게 찾아낸 그 어떤 위대한 것이 아니다. 참이 없는 모든 것은 거짓이다. 바로 말로만 하는 것이 거짓이다. 말은 본래 거짓이다.

음의 양, 존재의 존재자

이름이 있는 모든 것은 존재자에 불과하다. 이름이 없는 것이 존재이다. 따라서 존재자의 존재, 양의 음이 아니라, 존재의 존재자, 음의 양이 되어야 한다.

혈통과 심정의 음양 관계

'혈통-권력'(수직관계)은 결국 '심정-비권력'(수평관계)과 음양 관계를 이룬다. 가부장사회에서는 전자가 중요했지만, 미래 모성중심사회에서는 후자가 더 중요하게 떠오르고 있다. 또한 전자가 현상학적인 차원의 어젠다(agenda)라면 후자는 존재론적인 차원의 아젠다이다.

성인과 축제

인간은 성인(聖人)을 만들어서 그것을 양식으로 살아왔다. 인간은 개인적으로는 성인이라는 희생을 만드는 희생제(犧牲祭)를 통해 살아왔고, 집단적으로는 공동체가 하나가 되는 의례(儀禮)와 축제(祝祭)를 통해서 살아왔다. 인간은 축제를 통해 존재의 진면목에 도달한다.

미래는 무문(武文)시대의 성인

지금까지의 성인은 문무(文武)시대의 성인이었다. 그러나 이제부터 무문(武文)시대의 성인의 시대이다. 무문시대란 몸으로 실천하는 시대를 의미한다. 실천이야말로 최종적인 진선미이다. 성인은 '인중천지일(人中天地一)'을 깨닫고 '천지중인간(天地中人間)'을 실천한 인물이다. 이는 '무(無)의 존재'에서 '유(有)의 존재자'가 된 인물이다.

순례자의 순교

순례자(巡禮者)들은 위대하다. 순례자들은 순교(殉敎)를 마다하지 않기 때문이다. 순례자들은 항상 어떤 것의 경계에 있다. 순례자들은 의례적(儀禮的)이지 않기 때문에 자신의 몸을 바치는 참다운 의례를 행한다.

존재는 진리가 아니다

어떤 이분법도 존재(존재 그 자체)는 아니다. 필연과 우연이라는 이분법도 존재가 아니다. 어떤 진리도 존재는 아니다. 어떤 진리도 존재를 설명하지 못한다. 존재는 삶이고, 삶은 설명하는 방식이 아니다. 삶은 살아가는 살림살이이고, 궁극적으로 신비일 따름이다. 그러한 신비가 곧 신이다. 신을 만나려면 세계를 신비와 경탄으로 바라보아야 한다. 세계는 관찰의 대상이 아니라 존재의 향연이고, 신의 향연이다. 그래서 결국 "존재는 진리가 아니다" '이성의 안에서의 신'은 결국 '신은 죽었다'와 같은 말이다.

결국 칸트와 니체는 오십보백보이다. 어떤 물리학자(스티븐 호킹)가 "신은 없다"고 말하는 것은 이미 예견된 과학의 당연한 귀결이다. 그렇지만 우리는 이렇게 말할 수 있다. "신이 없다면 이성도 없다. 모든 이성적인 것은 본래 없는 것이다." 과학적 이성이든, 도덕적 이성이든 '본래 없는 것'에 붙여진 이름이다. 인간문제의 궁극은 존재는 진리가 아니며, 의미도 아니라는 데에 있다. 존재는 생멸(생성) 그 자체이며 그것의 찬란한 드라마이다. 존재는 이미지의, 상징의 거대한 스펙터

클이다. 존재는 신체의 퍼포먼스일 뿐이다.

경구 422

추상, 기계, 소유

서양철학과 문명은 추상이고, 기계이다. 기계는 물질이 아니라, 추상이다. 보편성도 추상에 불과하다. 다른 동식물에 비하면 인간의 특징은 추상과 소유에 있다. 추상이 아니면 결코 소유할 수도 없다. 모든 구체는 흘러갈 뿐이다.

경구 423

예술은 존재로의 기술

예술은 철학과 과학과 종교를 존재로 만드는 과정이다. 즉 예술은 존재이고 존재는 예술이다. 존재가 예술인 것은 무엇보다 자연을 통해 알 수 있다. 생멸하는 자연을 보라! 끊임없이 만들어지고, 끊임없이 소멸하는 자연을!

기계적 환상의 추상물

과학은 자연의 상대적으로 변화를 시차(時差: 실체의 차이)로 포착하여 도구로 만들어 사용하는 기술이다. 과학은 결국 기계적 환상의 추상물이다.

불평등의 평등, 평등의 불평등

동물의 본능은 인간이 보기에는 구속 같지만 구속이 아니고(어쩌면 자유이고), 인간의 자유는 자유 같지만 실은 영원히 해결되지 않는 구속이다. 동물의 생태학적 위계도 인간이 보기에는 불평등 같지만 불평등이 아니고, 인간의 평등은 평등

같지만 실은 영원히 해결되지 않는 불평등이다. 동물의 섹스도 인간이 보기에는 사랑이 없는 것 같지만 제 몸을 버리는 사랑이 숨어 있고, 인간의 사랑은 동물의 섹스보다 고상한 것 같지만 사랑을 위해 제 몸을 버리기는 쉽지 않다.

경구 426

절대는 소유이다

절대는 소유이다. 절대는 유일신을 절대적으로 섬기든, 노예를 절대적으로 부리든 소유욕의 산물이다. 절대적인 사랑도 상대방의 의사와 상관 있든 없든 소유욕의 결과이다. 인간은 절대를 욕망하는 동물이다. 상대라는 말도 절대의 산물이다. 그런 점에서 인간은 절대-상대를 현상하는 동물이다.

필요악에서 악으로

생존경쟁과 전쟁은 필요악이다. 인간은 자연의 생존경쟁을 일종의 전쟁으로 본다. 그러나 생존경쟁은 생존을 위해서 다른 동식물을 잡아먹지만, 전쟁은 생존에 필요한 것 이상을 황폐화시킨다. 인간의 전쟁은 생존을 위한 것도 있지만 그것을 넘어서 권력경쟁으로 나아갔으며, 그것이 국가와 제국을 만들었다. 생존경쟁은 본능이지만, 전쟁은 욕망의 소산이다. 더욱이 선과 악은 인간이 만들었다.

성인이나 크게 깨달은 자는 그렇지 않겠지만, 인간은 대체로 자신을 선한 존재로, 남을 악한 존재로 본다. 자신의 적을 악이라고 생각하는 이상한 동물이다. 선(善)은 본래 갖추어진 것으로 새로 필요한 것이 없이 환원하는 것이고, 악(惡)은 항상 필요한 것이 있는 필요악(必要惡)이다. 악은 때로는 생산적인 것이고, 앞으로 나아가는 영원회귀적인 것인 반면 선은 때로는 정체적인 것이고, 뒤로 돌아가는 환원적인 것이다. 그런 점에서 니체의 권력의 의지는 바로 필요악과 통한다.

고향은 시적(詩的) 환원주의이다

인간의 삶의 여정은 결국 자연을 이탈하였다가 다시 자연으로 돌아가는 회귀의 여정이다. 그렇지만 회귀라고 해서 본래로 돌아가는 것은 아니다. 삶의 여정에 고향은 없다. 고향이라고 하는 것은 일종의 시적(詩的) 환원주의의 산물이다.

단순소박에서 태연자약까지

성인을 섬기는 자 중에는 반드시 성인을 소유하려는 자가 있기 마련이다. 성인을 배반하는 자는 성인을 소유하고 싶기 때문이다. 예수와 유다는 좋은 예이다. 이들은 겉으로는 성인을 위하는 척하지만 실은 성인을 자신의 소유와 명예로 이용하는 자이다. 부처를 팔고, 공자를 팔고, 예수를 팔지 않는 제자가 되는 것은 그래서 힘들다. 소유적 존재로서의 인간은 마지막까지 치열하고, 위선적이다. 인간은 최종적으로 자기기만의 존재이다. 자기에게 속지 않기 위해서는 단순소박(單純素朴)과 태연자약(泰然自若)을 잃지 말아야 한다. 인간은 자기위로적 존재, 자기투사적 존재, 자기기만적 존재이다. 만약 인간이 멸망한다면 자기기만적 존재에서 멸망할 것이다. 성인은 항상 율법학자(법률가)나 제도에 의해 희생을 당한다. 부처는 자연을 말했을 뿐이고, 예수는 부처를 말했을 뿐이다. 공자는 부처와 예수의 도, 즉 자연의 도(道)를 인간의 인(仁)으로 표현했을 뿐이다.

경구 430

만행(萬行, 蠻行, 漫行)의 참맛

인간은 자신이 만든 틀(우리, 울타리, 둥지, 둥우리)에 갇힌 원숭이이다. 아주 보기 드물게 간혹 몇몇 사람들만이 그 울타리를 스스로 벗어나는 만행(萬行, 만행蠻行, 만행漫行)을 즐길 수 있다.

서양은 동양에 과학을 주고
인문학을 배웠다

동양의 근대라는 것은 서양이 만든 과학문명에 정복당해서(패배해서) 불교를 과학에 바치고, 유교를 기독교에, 음양을 시공간에 바친 역사에 지나지 않는다. 서양의 과학문명을 따라잡으면 동양은 서양에서 더 배울 것이 없다. 서양은 과학문명 이외에는 모두 동양에서 배워간(훔쳐간) 것을 자신의 것으로 바꾼 것에 지나지 않는다. 서양근대서양철학의 비조가 된 칸트의 도덕철학은 동양의 성리학을 모방하여 독일어로 번안한 것에 불과하며(칸트는 라이프니츠를 통해 동양의 주역과 성리학을 배웠다), 이에 앞선 스피노자의 『에티카(윤리학)』도 동양의 성리학의 사유구조와 너무나 흡사하다.

스피노자의 실체(substance)와 양태(mode)의 구조는 성리학의 이(理)와 기(氣)에 대응시키면 크게 틀리지 않는다. 스피노자는 욕망과 정서(affection)를 강조했지만, 실체(인간의 이성)가 감정(기쁨과 슬픔, 그리고 이것의 파생감정인 쾌락과 유쾌, 고통과 우울)을 잘 다스려야 함을 역설했다. 이는 존천리(存天理) 알인욕(遏人慾)의 성리학과 크게 다를 바가 없다. 서양의 근대가 그렇다면 서양의 후기근대철학은 동양의 불교와 도학을 훔쳐가서 자신의 언어로 번안한 것에 지나지 않는다고 말할 수 있다.

니체도 불교를 서양식(서양의 문화문법)으로 번안하여 서양철학적 전통 위에 실음으로써 생기존재론과 '권력에의 의지'를 주장했다. 하이데거도 선불교의 영향을 크게 받아서 그동안 서양철학의 '존재(Sein)'가 '존재자(seiendes)'를 도착시킨 것이라는 점을 상기시키면서 그의 '존재론'을 내놓았다. 화이트헤드의 '과정철학'도 불교의 제법무아, 제행무상을 실재적 존재(actual entity)로 대응시키면서 서양의 실재(reality)를 새롭게 정립한 것으로 드러나고 있다. 이밖에 루소도 동양의 도가의 무위자연(無爲自然)사상에 크게 영향 받는 등 많은 예를 들 수 없다. 이렇게 보면 동양은 단지 과학에 뒤진 이유로 서양야만인에게 정복당한 것에 지나지 않는다. 서양의 장점은 그들의 문화적·철학적 전통 위에서 다시 동양의 인문학을 그들의 것으로 재창조했다는 점이다.

그런데 문제는 동양이 그렇게 절도당한 사실조차 모르고 있다는 사실이다. 서양은 동양문화의 요소를 그들의 영양분으로 하나둘씩 섭취하고 있다. 서양의 박물관에 가면 아시아와 아프리카에서 훔친 문화재들이 즐비하듯이 학문이라는 것도 모습은 마찬가지이다. 과학을 습득한 동양은 더 이상 서양의 모르모트가 되어서는 안 된다. 서양의 과학문명을 그 냥두면 결국 인류는 멸망할 것이다.

경구 432

인간은 존재를 현상으로 바꾼 동물

인간은 자연계의 생존경쟁을 사회의 권력경쟁으로 바꾼 동물이다. 인간은 축제를 게임(경기)으로 바꾼 동물이다. 인간은 자연을 기계로 환원시킨 이상한 동물이다. 인간은 존재를 현상으로 바꾼 이상한 동물이다. 생존경쟁, 축제, 자연은 존재론적 성격을 가지고 있는 반면 권력경쟁, 게임, 기계는 현상학적 성격을 가지고 있다.

성인(聖人)은 정신병 치료사

성인(聖人)은 인간의 정신병을 본래존재의 성품으로 막은
인물이다. 인간이 정신병에 걸리지 않기 위해서는 항상 성인
이 필요하다.

루소여! 영원하라

근대서양의 최고 지성과 감성은 루소이다. 루소의 보충대
리는 이성을 낳았고, 루소의 자유와 일반의지는 자유민주주
의를 낳았고, 루소의 불평등론은 평등론과 공산사회주의를
낳았다. 그런 점에서 루소는 과학과는 별도로 서양의 근대정
신을 낳은 인물이다.

철학, 이데올로기에서 끝나다

유물론은 철학을 실천적 이데올로기화한 것이다. 이데올로기는 더 이상 합리성이 아닌 정신의 질병이다. 이데올로기는 일종의 집단심리의 강박관념이다.

호모 루덴스(Homo Ludens)에 대하여

과학적 이성과 도덕적 이성을 넘어서야 진정으로 놀이를 즐길 수 있다. 이성은 욕망의 변형이기에 욕망 역시 진정한 놀이를 즐길 수 없다. 놀이적 본능이나 놀이에 대한 욕구란 인간이 만든 것이 아니라 생래적으로 타고난 본래존재의 성격이다. 인간은 '놀이하는 인간(Homo Ludens)'이다.

혼돈은 우주의 본래모습

샤머니즘(굿)이야말로 놀이적 인간의 본래모습이다. 굿은
이성을 포기한 집단적 예술이다. 그런 점에서 서양의 예술이
나 축제는 바로 이성을 포기하는 기회이거나 감성을 삶의 가
치로 느끼는 계기이며 장치이다. 예술은 근본적으로 '주체-
대상'을 벗어나는 행위로서 혼돈의 상황에서 일어나는 사건
이다. 예술은 그러한 점에서 창조적 순간이다. 창조적 이성의
이성적 창조와 예술적 창조는 근본적으로 다른 것이다. 예술
적 창조는 존재로의 귀향을 위한 창조이다.

이성의 최종상품은 기계

이성은 결국 기계이다. 자연은 이성도 아니고 기계도 아
니다.

변수가 없어져야 음양이 된다

인간이라는 변수가 없어져야 천지가 음양이 된다. 따라서 인간은 스스로를 내려놓아야 자연천지음양이 된다.

본래존재, 본래축제

자연은 본래존재이고, 본래축제이다. 시공간과 계산이 있으면 삶은 축제가 되지 않는다. 축제는 본래존재로의 귀향을 말한다. 축제는 소박하게는 식사와 잠자리, 즉 음식(식탁)과 사랑과 섹스(침대)에서 비롯된다. 여기서 삶과 생산이 이루어지고, 에너지를 충전받고, 새로운 삶의 리듬을 회복함으로써 인간의 번영과 만족과 행복을 맛보게 된다.

결혼, 가족을 생산하는 축제

지식정보화사회는 신체와 신체적 접촉과 신체적 교감을 무시하지만 인간과 세계의 근본은 신체이고, 인간은 신체적 존재이다. 결혼은 바로 신체적 만남과 함께 '가족을 생산하는 축제'이기에 어떤 통과의례보다 중요한 축제가 된다.

성인의 희생제에 대하여

인간은 죽기 직전까지 욕망을 놓을 수가 없다. 성현만이 미리 욕망을 놓는다. 인간이 성인을 섬기는 것은 그들의 희생제에 참가하는 것이다. 인간은 희생과 희생제를 통해 자신의 삶을 영위하고 죽음을 위로하는 존재이다. 극단적으로는 대량살상을 행하고, 동시에 그들에 대한 제의를 통해 영생을 갈구한다. 때로는 역으로 영생을 위해서 대량살상을 행하기도 한다. 희생제는 그러한 점에서 인간종의 이중성이고, 자가

당착이고 자기모순이다. 인간에게는 살인과 사랑이, 사랑과
살인이 동시에 있다.

인간의 동물기만

동물과 본능을 비하하는 것은 인간의 자가당착이며 궁극
적으로 자기기만에 속한다.

권력과 아버지 살해

오이디푸스콤플렉스 문화권인 서양은 인간관계가 기본적
으로 남성들의 경쟁관계를 닮아서 부친살해적(父親殺害的),
즉 권력경쟁적인 반면 고부콤플렉스문화권인 한국은 인간관
계가 기본적으로 시어머니와 며느리의 여성들의 질투관계를

닮아서 질투원한적(嫉妬怨恨的)이다. 그래서 한국은 스스로 가부장-국가(권력경쟁)를 만드는 데 취약하여 항상 밖에서(다른 나라, 강대국에서) 부친(가부장, 왕권, 기둥서방)을 찾는 사대적 성향을 보인다. 이는 한국문화의 국가적 내홍이면서 동시에 평화주의와 통한다. 한국인들은 따라서 밖에서(외국에서) 인정하지 않으면 결코 인정하지 않는 성향을 보인다.

기호의 현상학

신체의 존재론의 입장에서 서양철학사를 회고해보면, 근대철학의 효시라고 평가되는 데카르트의 코기토, 즉 "나는 생각한다. 고로 존재한다"라는 명제는 존재와 생각을 도치시킨 일종의 정신현상학이며, 존재를 기계(데카르트의 시계)로 대치시킨 일종의 정신병(근대문명이라는 정신병)의 출발이라고 할 수 있다. 존재를 기계로 대치시킨 결과가 결국 제도(제도적 존재자)와 기술(기술적 존재자)과 과학(과학적 존재자)이며, 이러한 기계적 세계관은 인류를 결국 기계의 노예로 전락시킨 끝에 인류를 멸망시킬 가능성이 높다. 인간의 생각이 현상이며, 따라서 인간이 생각하는 모든 존재는 모두 현상학의 존재이며, 인간이 규정하는 모든 것은 기호의 현상학이다.

실체와 존재의 사이에서

신체는 실체(substance, reality, identity)가 아닌 존재(Being)이며, 그러한 점에서 동일성을 추구하는 기호(記號)는 실체를 만드는 데 봉사하는 것이 아니라 기를 부르는 기호(氣號)로 대체되어야 한다. 신체의 존재론은 신체를 설명하거나 새로 규정하는 것이 아니라 신체를 본래존재로 돌려받는 것이고, 세계를 무화(無化)시키는 것이다. 그런 점에서 '침묵의 코기토'는 '마음의 코기토'가 되어야 하고, 결정적으로는 '코기토' 자체를 놓아버려야 한다. '침묵의 코기토'가 현상학에서 존재론으로 넘어가려면(초탈하려면) 이 세계가 모두 '마음의 산물', 즉 '관심(觀心)의 산물'이라는 것(이것을 불교에서는 일체유심조一切唯心造라고 말한다)을 깨달아야 한다. '관심'은 아직 물

(物)보다는 심(心)을 우선하는 맛이 있어서 심물일체(心物一體)의 경지에 도달한 것은 아니지만 그러한 경지로 나아가고 있다.

일체의 세계가 '마음'이라는 것을 깨달으면 동시에 일체의 세계가 '몸'이라는 것을 깨닫게 된다. 마음=몸이 하나라는 심물일체, 심물본체(心物本體)의 경지에 이르면 세계는 모두 자기 안에 있게 된다. 더 정확하게 말하면 세계는 안과 밖이 없어진다. 여기에 이르면 세계는 마음(마음이 안이고 몸은 밖이라고 생각할 우려가 있기 때문에)이라고도 하지 않는다. 깨닫는 것은 무엇을 설명하는 것이 아니다. 깨달음은 직관적으로 그러한 것이다.

경구 447

남자가 여자를 바라보는 것의 의미

인간은 존재를 바라본다. 남자는 여자를 바라본다. 남자가 여자를 바라볼 때 소유할 욕망으로 바라보지 않으면 존재로 돌아갈 수 있다. 그러나 소유와 존재의 차이는 이중적이다.

그렇지만 남자는 여자를 바라볼 때 존재로 돌아갈 수 있는 천재일우의 기회를 얻는지도 모른다. 인간이, 남자가 존재로 돌아가는 것은 존재의 소리를 듣는 것이다. 여기서 존재로 돌아간다는 것은 몸을 열어놓고, 존재 자체의 '교감하는 장'으로 들어가는 것을 말한다. 존재로 돌아가는 것은 보는 것도 아니고, 쓰는 것도 아니고, 그리는 것도 아니고, 만드는 것도 아닌, 존재 자체를 즐기는, 음양의 세계전체를 담는, 혹은 그리워하는 것인지도 모른다.

경구 448

여자의 화장과 남자의 개념 쓰기

여성은 화장으로 가면을 쓰고, 남자는 개념으로 가면을 쓴다. 그러나 자세히 보면 역설적으로 여성은 화장으로 가면을 벗고, 남자는 개념으로 스스로의 정체를 드러낸다. 문화적 존재로서의 인간의 가면 쓰기-벗기, 남자와 여자의 신체적-대뇌적 특성의 교차는 참으로 존재의 양극을 적나라하게 보여주는 것이다.

경구 449

상징은 징조에서 예언자로 둔갑한다

상징의 최고는 징조(徵兆)이다. 징조는 기운생동이 상징으로 변한 모습이다. 그래서 현상-상징-징조야말로 현상학의 정도를 나타내는 것이다. 과학이 현상의 산물이라면, 시는 상징의 산물이고, 징조는 존재 그 자체이다.

경구 450

빅 데이터와 빅 맘마

남자가 주로 하는 일은 데이터와 정보이고, 여자가 주로 하는 일은 신체와 희생이다. 남자는 빅 데이터를 추구하고, 여자는 빅 맘마를 추구한다. 가부장사회는 남자의 생산(공장생산)에 비해 여자의 재생산(출산)을 무시하고 값도 쳐주지 않았지만, 사태는 역전되어 이제 여자의 재생산을 신처럼 떠받들지 않으면 안 되는 때가 되었다. 문명의 딜레마는 여성의 사회진출(직업 가짐)로 인해 청소년의 취직난이 심화된 반면 정작 아이를 낳고 키우는 여성은 점점 줄어들고 있고, 양육비용은 점점 소득에서 차지하는 비율이 높아졌다는 점이다. 생산과 재생산의 반비례는 인간의 근본적인 딜레마이다. 후진국에서 선진국으로 시집가는 여성의 하이퍼가미(hypergamy)는 심화될 것이다. 이는 다문화가정의 증대로 이어질 것이다. 본래 인간과 문화는 잡종(雜種)이다.

경구 451

패배자의 노래는 골이 깊다

패배자의 노래는 골이 깊어서 울린다. 골이 깊을수록 공명도 커진다. 시인은 패배자의 노래를 부를 줄 아는 사람이다.

성(性)-성(姓)-성(聖)의 순환

성(性)을 추상화하고 권력화한 것이 성(姓)이고, 초월적으로 승화한 것이 성(聖)이다. 한 남자가 세계를 지배(支配)하는 것이 힘(권력)이고, 한 여자가 세계를 포용(包容)하는 것이 사랑(자비)이다. 결국 성(聖)과 속(俗)은 같은 것이다. 성(性)과 성(姓)과 성(聖)은 순환론의 관계에 있다. 성(性)-성(姓)-성(聖) 가운데 성(性)이 존재라면 성(姓)과 성(聖)은 현상이다. 내성외왕(內聖外王)은 현상의 최고봉이다. 내성외왕(內聖外王)-동체대비(同體大悲)-왕중왕(王中王)-전륜성왕(轉輪聖工)은 같은 것이다.

참사랑, 참부모, 참가정

참사랑, 참부모, 참가정의 '참'이야말로 존재의 진면목이다. 참되다, 참하다, 참답다의 '참'도 마찬가지이다. '참'을 뜻하는 한자말인 '진(眞)'자는 동양의 유교경전인『사서삼경(四書三經)』본문에도 없다. 후대에 각주에 붙였을 뿐이다. 아마도 '진'자는 신선(神仙)의 나라인 동방에서 만들어진 글자이며, 글자의 모양 자체가 수도하는 모양을 나타낸다. 중국사서에는 옛 우리조상인 동이족의 나라를 진단(震檀)이라고 명명했다.

경구 454

동학(東學)의 천지인과
기독교의 삼위일체

동학의 내유신령(內有神靈), 외유기화(外有氣化), 각지불이(各知不移)에서 내유신령은 종교와 신앙으로 통하고, 외유기화는 우주만물과 기운생동으로 통한다. 이렇게 내외가 통하면(내외가 없어지면) 도달하는 곳이 바로 각지불이다. 각지불이는 우주만물이 실체가 없이 제자리에서 역동함을 알게 되는 경지이다. 이에 비해 기독교의 삼위일체인 성부(聖父)와 성자(聖子)와 성령(聖靈)은 각자가 실체가 있는 존재로서 칸막이가 쳐져 있다. 그래서 그 사이를 왕래하고 매개하는 성령이 중요하고, 성령부흥운동이 주기적으로 필요하다.

국가에서 가국(家國)으로

한국은 국가(國家)가 아니라 가국(家國)이다. 좀 더 심하게 말하면 당파사회이다. 당파사회란 크고 작은 집단의 자기 정체성이 없는 사회라는 뜻이다. 한국의 집단문화가 당쟁이나 집단이기 등 심각한 연극의례성(演劇儀禮性)을 보이는 것은 마을공동체 사회의 평화와 평등의 정신이 깃든 '굿'의 정신이 집단의 크기가 커진 근대국가사회에 제대로 적응을 하지 못하고 가족주의의 '가(家)'로 퇴행한 때문이다. 이러한 가족주의의 의례성은 지극히 형식적인 의례성으로 족벌주의에 빠지게 된다.

그래서 한국은 국가(國家)라기보다는 가국(家國)의 성격을 강하게 풍기고 있다. 다시 말하면 국가사회에 적응하지 못한 작은 무당(마을공동체의 수장, 추장)이 현대사회에서 변형되어 크고 작은 당파의 영수나 골목대장이나 조폭, 마피아가

된 상황이다. 이들의 의례는 마을공동체를 하나의 삶의 공동체로 만드는 본래의 의례가 아니라 지극히 퇴화된, 형식화되고, 당쟁화된 의례들로서 당파적 혹은 정치지향적 놀이현상이라고 할 수 있다. 따라서 한국인들이 '굿의 존재론적 성격'을 깨달아서 대동단결할 때 한국문화의 원형인 '굿성=놀이성'으로부터 평화를 지향하는 힘을 얻게 될 것이다.

경구 456

신(身)은 신(神)의 종착적 출발점이다

자신(自身)의 신(身)은 흔히 삶의 출발점이다. 그러나 이 삶의 출발점은 우주적 사건으로 보면 종착적 출발점이다. 인간은 자신(自身)으로 해서 자신(自信)하기 시작한다. 그렇지만 자신(自信)의 신(信)은 흔히 닫혀 있기 쉽다. 그래서 끊임없이 열지 못하면 갇히고 만다. 그래서 자신(自新)이 필요하다. 자신(自新)의 신(新)은 열려 있음을 말한다. 이렇게 열려 있어야 자신(自神)의 신(神)에 도달한다. 자신(自神)의 신(神)에 도달하면 자신(自神)이 자신(自身)임을 안다. 이것이 몸(身)의 존재론이다. 우주는 너무 커서 혹은 너무 작아서 감각할 수 없기에 마치 죽은 사물을 대상으로 하듯이 물리학으로 접근하지만 실은 만물은 살아 있는 크고 작은 저마다의 생명체이다. 만물은 만신이다.

경구 457

기운생동의 하나님이여! 영원하라

이 세계에 하나님이 있다면 기운생동의 하나님밖에 없다.

경구 458

수평과 수직의 영원한 변수

인류의 어떤 사회도 위계성(수직적 질서)와 평등성(수평적 질서)의 상관관계 속에 있다. 이 둘의 성격은 어느 것이 우선인가의 문제이고, 강도의 문제에 불과하다. 또 어느 것이 표현형인가, 이면형인가의 문제이다. 이 둘은 항상 함께 공존하고 있다. 말하자면 위계성 속에 평등성이 있고, 평등성 속에 위계성이 있다.

경구 459

경기와 축제의 양면성

서양은 고대그리스에서부터 '개인-경기(경쟁)-지배(위계성)'의 구조였다면, 동양은 상대적으로 '집단-축제(놀이)-공동체(평등성)'의 구조였다. 물론 동서양은 서로의 특성을 공유하고 있는 것도 사실이지만 특성을 대비적으로 보면 그렇다.

경구 460

인생은 작은 굿과 큰 굿의 주기

굿에는 큰 굿, 작은 굿이 있다. 큰 굿이나 작은 굿이나 미분화적이고, 종합예술적인 특징을 지니고 있다. 그런 점에서 굿을 여러 등급으로 나누는 것은 규모의 차이가 있을 뿐, 다른 큰 의미가 없다. 큰 것이나 작은 것이나 마찬가지이다.

경구 461

변증법은 음양론이 아니다

변증법은 음양론이 아니다. 음양론을 이원적 변증법이라고 말하기도 하지만 이는 변증법과 음양론의 차이를 제대로 모르는 소이이다. 변증법은 역사적(실체적) 지평을 전제하고 정반합의 발전을 인정하는 것이라면 음양론은 실체가 없는 음과 양의 상호보완적 변화를 말하는 것이다. 음양론은 양이 극에 달하면 음이 생성되고, 음이 극에 달하면 양이 생성되는 자연의 이치를 말하는 것이다. 음양론은 변증법과 같이 절대를 향하여 끝없이 가는 것이 아니다. 동양의 음양을 음양대립으로 보면 이것이 마치 변증법처럼 보이지만, 음양은 서양식의 이원대립이 아니라 대칭에 불과한, 보기에 따라 수많은 음양 관계(다원다층의 음양학)가 성립되며, 관념도 아닌 실재이다. 음양은 서로를 극복의 대상으로 삼지도 않는다.

이분법의 서로 다른 종류들

레비스트로스의 이분법과 현상학적인 이분법은 서로 다른 것이다. 구태여 말하자면 레비스트로스의 구조주의는 서양의 현상학(현상학적 존재론)과 존재론(존재론적 존재론)의 사이에 있다. 레비스트로스의 집단무의식의 이분법(dualism)을 의식으로 떠올린 것이 현상학이고, 무의식은 의식으로 전환될 수 있으며, 의식으로 전환되면 역사적인 실체를 갖게 되고, 변증법의 틀 속으로 들어가게 된다. 그런 점에서 현상학의 입장에서 보면 레비스트로스의 구조주의는 존재론적 현상학의 속성을 내포하고 있다고 오해할 수도 있다. 그렇지만 구조조의는 현상학이 아니다. 구조주의는 절대성과 절대적인 지평을 인정하지 않기 때문이다.

레비스트로스는 또한 인간의 상호 호혜적 관계(reciprocity)에 대해 관심이 많았지만 이는 서구문명에서 말하는 통일

(unification)이나 조화(harmony)와는 전혀 다른 것이다. 레비스트로스는 신(神)이나 법규(法規)에 절대성(절대적 기준)을 부여하고 경쟁과 승패, 전쟁과 정복, 지배와 피지배, 선과 악 등 역사적·의식적 이분법에 의해 운영되던 서구와 다른 세계가 있다는 것을 환기시킨 인물이며, 그의 상호 호혜성의 개념은 이들 이분법과는 다른(초월이나 넘어선 것이 아닌) 인간 본래의 세계이다.

사물의 사건화, 사건의 사물화

존재(자연)의 입장에서 보면 현상은 도착이다. 우선 현상은 움직임과 변화를 멈춤과 실체로 본다. 인간의 기억과 생각과 기록은 바로 그 멈춤과 실체의 대표적인 현상이다. 인간은 사건을 사물로 본다. 사건을 사물로 보는 이유는 시각 때문이다. 시각은 사건을 사물로 보게 한다. 시각은 결과(끝)를 원인(시작)으로 보게 하고, 흐름을 시간으로 보게 하고, 있음을 공간으로, 결국 존재를 존재자로 보게 한다. 시각은 선후상하좌우내외를 있게 하는 원인이다. 시각은 세계를 거울의 세계로, 사진의 세계로 보게 한다. 시각은 '주체(주관)-객체(객관)'라는 이분법을 통해 혹은 이것의 왕래를 통해 세계를 보게 한다. 세계에는 주체와 객체가 없다. 세계는 그냥 하나로(전체로) 있는 것이다. 현상은 결국 세계를 쪼갠 단면이다. 바로 시각의 거울효과(사진효과) 때문에 세계는 근본적으로 도착되어 있다.

모든 현상은 존재의 도착이다. 앎은 삶의 도착이다. 앎은 삶을 바라보기 때문에 생긴 질병이다. 과학과 권력은 도착의 가장 큰 증거이다. 그런 점에서 정신은 본래 정신병이다. 인간의 문명은 정도의 차이는 있지만, 조금씩은 자연(자연적 존재)의 서로 다른 도착의 현상이다. 그런 점에서 인간의 앎(지식)은 인간만을 위한 것이기에 결국 자연을 배반하고, 자연의 보복을 받게 될 것이다. 인간은 영원히 살고자 하는 꿈(환상)을 가지고 있고, 그것을 대상화하는 바람에 '현재, 여기(이것은 시공간이 아니다)'의 삶의 기쁨(열락)을 놓치고 마는 '쾌락의 생물종'이다. '주체-대상'은 세계를 '정신-물질'로 만들어버리고 세계가 알수 없는 신비한 것인 줄을 느끼지 못하게 하고 있다. 인간의 질병은 시각에서 비롯된다. 성도착은 성을 바라보기 때문에 발생하는 것이다. 그런 점에서 과학과 권력과 성도착은 같은 것이다.

과학은 사물과 사건의 관계를 도착시킨 것이고, 권력은 사회의 인간관계를 도착시킨 것이고, 성도착은 남녀의 성을 도착시킨 것이다. 종합적으로 존재를 소유로 도착시킨 것이다. 인간의 경쟁(경기)과 승부(위계, 계급)는 생존경쟁과 평등과 평화를 도착시킨 것이다. 생물 종 내부(인간집단)의 경쟁은 전쟁에 이르고, 전쟁은 가장 잘못된 사육제이다. 전쟁(경기)은 그런 점에서 역설적으로 축제의 도착이면서 가장 난장판의 축제이다.

경구 464

성기적(性起的) 계기와 축제

신체의 존재성은 결국 자연의 본래적 존재성을 말하는 것이다. 이는 인간이 파악한 혹은 개념으로 규정한 존재성이 아니라 그것의 기저에 있는, 혹은 집단무의식적 이분법(dualism)의 기저에 있는 그 무엇을 말하는 것이다. 이는 결코 말로서 다 드러나는 것이 아닌 어떤 신체의 신비성과 통하는 것이다. 신체의 존재성은 굳이 말하자면 자연으로서의 신과 같은 것, 어떤 전체성을 함유(含有)한 미분화된 혼돈(渾沌)과 같은 것이라고 은유할 수 있다. 거꾸로 말하면 현상으로서 다 드러나지 않는 성스러움과 같은 것이라고 말할 수 있다. 이러한 신체의 존재성은 축제를 통해서 드러난다고 할 수 있다. 신체야말로 본래의 자연이며, 신체의 만남과 접촉과 교감은 축제의 가장 큰 특징이다.

축제는 인간의 감각 전체에 자극을 주고, 어떤 점에서는 멀티미디어적 존재로서의 존재성을 깨닫게 함으로써 종합예술적 존재성을 회복하게 하면서 우주적 전체성과 통하는 혹은 잃어버린 전체성을 회복하는 계기라고 말할 수 있다. 축제는 신체의 존재성이 드러나는 순간이면서 인간의 자연으로서의 본성이 드러나는(일어나는) 성기적(性起的) 계기이다. 이것을 두고 축제의 존재성이라고 말할 수 있을 것이다.

경쟁과 경기와 축제

인간은 자연을 바라보면서 생존경쟁이라고 이름을 붙였다. 왜 경쟁이라고 이름을 붙였을까. 아마도 경쟁이라는 말을 자신의 내부에 있는 것을 밖으로 투사하였을 것이다. 자연은 언뜻 보면 경쟁하는 것 같지만 실은 경쟁보다는 공생(共生)하고 있다는 편이 옳을 것이다. 인간은 자연으로부터 태어난 존재이지만 경쟁하는 존재로 스스로를 현상하고 있다. 올림픽은 고대에서부터 현대에 이르기까지 경쟁과 축제라는 서로 대립되는 혹은 대칭되는 상관관계에 있는 단어가 함께 공존하고 있는 경기축제(競技祝祭)이다. 경기란 어떤 종목이든 경쟁의 기술을 의미한다.

경기에는 반드시 승패가 따르기 마련이다. 그리스에서 출발한 고대올림픽은 승자가 패자를 신에게 제물로 바치는 축제이다. 생각하기에 따라서는 사람을 제물로 바친다는 것이 끔찍하기도 한다. 그러나 그러한 제의는 매우 상징적이기 때문에, 실제의 피비린내 나는 전쟁을 방지하는(최소한 올림픽 기간 중에는 전쟁을 방지하거나 휴전하는) 축제적 상징이기 때문에 평화라는 이름을 그 제전의 앞에 붙이는 영광을 얻는다. 올림픽은 물론 신체적 경기를 하는 경기축제이다. 오늘날 경기는 게임이라는 이름으로 더 친숙하다. 그리고 게임은 흔히 전쟁으로 번역된다. 말하자면 게임 속에는 항상 전쟁의 의미가 들어 있는 셈이다. 경제전쟁, 문화전쟁 등은 그 좋은 예이다.

경기와 축제의 의미가 공존하고 있는 어쩌면 모순관계에 있기도 한 올림픽을 연구하는 것은 불가피하게 서로 대립되는 단어들을 사용하지 않을 수 없다. 이것은 올림픽을 연구하든 혹은 모든 다른 대상을 연구하는 학문의 현상학적인 운명이다. 우리는 올림픽 현상을 연구함에 있어 경기/축제라는 상관대립어와 병행하여 전쟁/평화, 승자/패자, 지배/피지배, 질서/무질서, 성/속, 문명/자연(야만) 등 여러 단어들을 사용할 것이다. 그러나 그 어떠한 대립어도 절대적인 자리에 오를 수 없다. 현상학은 대립어 가운데 어느 한 쌍을 절대적인 자리에 올려놓으려고 하지만 그것은 항상 모순에 빠지게 되어 있다. 이는 현상학적인 대립어들이 순환하는 자연을 현상하기 위해 잠시 자연의 거대한 근본(본성)을 위배하고 있는지도 모른다. 이들 대립어는 마지막에 소유/존재로 귀결될 것이다.

오감은 세계로 통하는 문

인간의 오감이 하나로 통하지 않으면 결국 우주는 본래 다섯 감각으로 나뉜 것이 된다. 만약 그렇다면 우주는 본래 하나가 아닌 것이 된다. 따라서 우주가 본래 하나가 되려면 반드시 오감이 통하는 곳이 있어야만 한다. 그렇다면 그것이 무엇일까. 무(無) 혹은 공(空)이다. 결국 우주는 '정신-물질'의 이분법적인 현상학적 차원에 있는 것이 아니라 본래 하나인 차원에 있지 않으면 안 된다. 그 본래 하나인 차원이 존재론적 차원이다.

보편적 진리와 일반적 진리

존재적 진리란 종래의 '보편적이고 일반적인' 진리가 아니라 '일반적이고 보편적인' 진리라는 뜻이다. 그렇지만 "존재는 진리가 아니다." 단지 진리라는 말에 익숙한 인간이 진리라는 말을 버리지 못하는 것일 뿐이다. 존재는 그냥 존재이다. 우주가 설명되지 못한다고 해서 존재가 아닌 것은 아니다. 바로 설명되지 못하기 때문에 존재(본래존재)인 것이다. 신비롭지 않으면 본래존재가 될 수 없다. 바로 여기에 신이 존재한다. 그래서 만물만신이다. 우주(자연)는 단 한번도 끊어진 적이 없다. 우주가 끊어진 것은 인간이 시간과 공간을 만들었기 때문이다. 인간이 자연에 제도(制度)하기 시작한 때문이다. 인간이 신화를 만든 것도 일종의 제도행위이다.

경구 468

기계와 정신병

서양철학과 과학은 동일성(실체)을 추구하는 것이다. 그런 점에서 인간은 동일성을 추구하는 정신 혹은 정신병적 존재이다. 인간은 그 정신병 때문에 만물을 이용할 수 있었고(그런 점에서 건설적 정신병자이다), 자칭 '만물의 영장'(호모사피엔스사피엔스)이 되었지만 결국 자연을 기계(혹은 의식)로 환원시켜버림으로써 스스로 기계(혹은 의식, 무의식)의 노예가 되어 기계라는 주인을 섬기다가 언젠가는 그 기계라는 주인에 의해 공멸의 위기에 직면할 것이다. 이성이 욕망이고 욕망이 기계이다. 인간의 뇌의 알고리즘은 결국 기계였고, 기계는 인간을 닮았고, 기계는 스스로에게 충실한 나머지 자신을 만든 인간을 멸망시킬 수밖에 없다. 이것이 인간 종의 공멸의 시나리오이다.

경구 469

주체, 자기, 존재의 비밀

인간이 파악한 자연, 역사, 사회, 의식은 모두 인간성을 투사한 것에 불과하다. 이는 물리학, 심리학(현상학), 생물학, 생태학과 평행을 이루고 있다. 인간성이라는 것은 바로 사물을 대상으로 보는 '언어-사물'의 관점에서 보는 해석학의 주체(주권적 개인)를 말한다. 인간에게 있어 의식을 넘어선다는 것은 그것 자체가 바로 의식이다. 진정으로 의식을 넘어서기 위해서는 의식을 놓아버리는 수밖에 없다. 그것이 의식의 해방이다. 의식의 지향과 의지는 좀 다르다. 전자는 대상지향이고 현상학(현상학적 해석학)이다. 후자는 주체(욕망)지향이고 해석학(해석학적 현상학)이다.

결국 해석학은 주체와 대상 둘 중에 어느 쪽을 중심으로 할 것이냐의 문제가 되고, 주체지향은 '자기의 해석학'이 되고, 대상지향은 '타자의 해석학'이 된다. 이 둘 사이에 보편적 해석학(가다머)이나 철학적 해석학(리쾨르) 등 기타의 여러 해석학을 예상할 수 있게 된다. 현상학과 해석학은 분명히 어떤 지향점(志向點), 즉 대상이나 목적을 가지고 있다. 그렇지만 한 번 반성해보자. 타자(대상, 목적)가 계속해서 이 세계에 나타나는 것은 무엇을 말하는 것인가. 광의로 보면 결국 타자가 자기라는 뜻이 아닌가. 주체(subject)가 아닌 자기(self) 혹은 존재(Being) 말이다.

경구 470

발정기의 자유와 만족

동물은 발정기를 구속으로 느끼지 않는다. 단지 발정기가 되면 짝 짓기를 할 뿐이다. 발정기를 시간적 한계로 느끼는 것은 인간의 관점일 뿐이다. 그런 점에서 인간의 발정기가 없는 'sex-free'의 상황은 단지 인간의 'free'일 뿐이다.

경구 471
체계는 결국 닫힌 것이다

깨달음이라는 것도 자연이 아니다. 자연은 무엇을 깨닫지 않고(깨달을 필요도 없이) 단지 살아갈 따름이다. 사는 것은 사건이다. 앎이란 삶의 극히 일부이다. 앎이란 아무리 넓은 체계라고 하더라도 닫힌 체계이다. 앎이란 과학과 더불어 가부장제의 환상일 가능성이 높다.

경구 472
신체적 존재론의 등장

"존재는 신체이다." 신체적 존재론이야말로 존재론의 정점이다. 신체는 현존적 신체이다. "존재는 사건이다." 사건이야말로 존재의 모든 것이다. 존재는 현존적 사건이다. 존재는 신체적 사건일 따름이다. 불교의 연기론을 어렵게 설명하는 이가 있는데 그냥 '사건'이다. 세계는 내가 설명할 수 있는 사건이 아니다. '내'가 없는데 무슨 '설명'이 필요한가.

경구 473

자유가 자연을 대신할 수 없다

자연은 자연(自然)이고, 인간은 자유(自由)다. 자유는 내가 존재의 이유(말미암음)가 되는 것인데 이것부터 자가당착(自家撞着)이다. 존재는 생명의 강도의 차이일 뿐이다. 무생명(無生命)은 없다. 동양학에서 물(物)이라는 단어는 참으로 재미있다. '물'은 우선 '사물(事物)'이 된다. '물'은 '남(他者)'이 된다. '물'은 '자연(물자체)'이 된다. 그런 점에서 '물'은 매우 상징적인 단어이다.

전체는 말할 수 없다

인식이란 필연적으로 부분일 수밖에 없으며, 현상이란 필연적으로 본질의 부분일 수밖에 없다. 그래서 전체를 말할 수 없고, 전체를 현상할 수 없다. 전체도 현상이 되면 저절로 부분이 된다.

감각(느낌)은 데이터가 아니다

개념은 이미 '정신-물질'의 상호왕래로 일어난 지각의 현상학의 산물이다. 개념이 물질이라면 개념을 벗어나는 길은 소리를 비롯한 순수한 감각을 그저(자연스럽게) 느끼는(느끼고 흘려보내는) 것일 뿐이다. 존재의 현존은 현상으로 멈추는 것이 아니라 그렇게(자연처럼) 흘러갈 뿐이다. 감각은 감각자료(sense-data)가 아니다. 감각자료에는 이미 정신이 작용했으며, 그렇기 때문에 데이터(죽은 기억 혹은 기록)가 되었다. 순수한 감각은 느끼고 흘러가고, 흘러가고 느낄 뿐이다. 감각을 흘러가게 내버려두는 것은 신체, 즉 몸뿐이다. 그런 점에서 신체의 존재론을 느끼는 것이야말로 자연을 그대로 받아들이는 것이다.

경구 476

길, 진리, 생명의 가교적 관계

"나는 길이요, 진리요, 생명이다"라는 말은 하나의 문장 속에 동양의 도학(道學)과 서양의 철학(哲學), 그리고 둘 사이의 징검다리 역할을 하는 존재론을 내포하고 있다. 인간이 평화를 이루려면 과학의 환상과 가부장제의 허구(권력)에서 벗어나서 자연으로 돌아가야 한다.

경구 477

심물(心物)은 신물(神物)이다

성스러움은 존재의 초월이 아니라 존재 그 자체, 신 그 자체, 만물 그 자체이다. 이를 존재일반이라고 말할 수 있다. 존재일반은 선악(善惡)을 모는 분별을 넘어선다. 결국 선후상하좌우내외(先後上下左右內外)를 넘어선다. 존재는 신물(神物)이고, 심물(心物)이고, 만물만신(萬物萬神)이다.

경구 478

인간문제는 인간이 만든 것

천지인의 순환으로 볼 때 천지가 하나가 되는 것은 자연스런 일이다. 단지 천지가 인(인간)을 중심으로 나뉠 때에 여러 문제가 발생하는데 이는 모두 인간의 문제일 뿐이다. 하늘이 위에 있고, 땅이 아래에 있는 것이 지배–피지배관계를 나타내는 상징으로 되는데 이는 모두 인간을 자연에 투사한 것이다.

축제적 상징과 신체적 상징

축제가 축제적 상징이 되는 것은 모두 신체의 상징성 때문이다. 신체는 사물(대상) 이전에 이미 우주를 닮은(은유하는) 상징체이다. 신체는 우주의 기운생동과 같은 징후(徵候)를 느낀다. 프랑스철학의 특징인 '신체의 현상학'은 나의 '신체의 존재론'에 의해서 하이데거 존재론의 관념적인 특성을 극복하는 계기를 마련해준다.

눈과 존재의 숨바꼭질

어린아이는 종종 자신의 눈을 손바닥으로 가리고 "자신이 없다"고 주장한다. 자신의 눈으로 봄이 사물의 있음의 원인이 되는 것을 터득해서 알기 때문이다. 이는 어른들도 마찬가지이다. 대부분의 어른들은 자기의 눈에 보이지 않으면 없다고 한다. 눈에 보이지 않는 것의 있음을 알아야 한다.

사대하면 모방한다

한국인은 사대하고 모방하는 것이 체질화된 민족이다. 사랑도 모방하고, 미움도 모방한다. 체제도 모방하고, 반체제도 모방한다. 결국 스스로 말할 줄도 모르고, 스스로 행동할 줄도 모른다. 한국인에겐 어떤 것의 내용이 중요한 것이 아니라 모방의 형식과 기술이 중요하다. 이 모방본능을 벗어나기 위해서는 무엇보다도 자신감이 필요하다. 한국에는 자유주의와 사회주의가 있는 것이 아니라 모방주의가 있었을 뿐이다.

국가 만들기의 백치, 한민족

한국인에게는 국가의식과 국가신앙이 부족하다. 동학란은 망해가는 조선에 결정적 타격을 가함으로써 가속도를 붙인 것이고, 근대의 민주화운동은 국가 만들기를 방해한 측면이 적지 않다. 국가도 없는데 좌우날개만 있다.

동양에 도(道)가 있다면
서양에 신(神)이 있다

초월적이고 구성적인 것을 좋아하는 서양인들에게 동양의
순환적이고 자연적인 도(道)는 초월적인 것으로 해석되고 만
다. 동양의 실체가 없는 도(道)는 서양의 실체가 있는 신(神)
으로 설명하지 않으면 서양인들에게 이해되지 않는다.

과학자는 마지막 순교자

기독교의 신은 악마와 이중성(양면성)의 관계에 있다. 말하
자면 신의 다른 면이 악마이고, 악마의 다른 면이 신이다. 악
마야말로 신이 창조한(만들어놓는) 대로 살지 않고 다른 수작
(다른 창조)을 꾸미는(신의 자리를 탐하는) 창조의 화신이 아닌
가. 자연을 누가(절대신) 창조했다고 설명하는 것 자체가 이
미 자연(자연적 존재)을 소유하고자 하는 악마의 발로이다. 악

마야말로 소유욕(소유적 존재) 그 자체가 아닌가.

기독교의 「창세기」는 천사장이 악마로 변신한 것으로 묘사했지만(알리바이를 꾸몄지만) 역사적 악마는 아마도 자신이 천사인 줄 아는 사람에게서 나올 것이다. 자신이 천사라고 확신하지 않는 사람이 철저하게 악마가 될 수 없다. 인간은 신과 악마의 이중성의 관계에 있다. 그런 점에서 악마가 천사장이라고 한 것은 기독교의 원초적 환원주의에 속한다. 아마도 서구 기독교과학문명은 기독교적·현상학적 환원주의에 의해, 다시 말하면 창조–종말의 프로그램 때문에 그것을 실현하기 위해 결국 인류를 종말에 이르게 할 것이다. 그 종말의 프로그램을 실천하는(수행하는) 순교자가 과학일 것이다.

경구 485

올림픽이 세계평화에 기여하려면

인간의 게임(경기) 중에서 가장 큰 게임이 세계대전이다. 인간의 축제 중의 가장 큰 축제가 올림픽축제이다. 그런 점에서 올림픽의 경기적 측면보다는 축제적 측면을 강조하는 것이 세계평화에 기여하는 지름길이 될 것이다.

당파적 사유의 명수, 한국인

한국인은 당파적 사유의 명수이다. 본래 철학에서는 소유
적 사유와 존재적 사유가 있지만 한국인의 경우에는 지속적
인 사유가 없이 단지 상대방과 다른(혹은 반대) 입장에 서기
위한 당파적 사유가 존재한다. 이것은 사유라기보다는 당파
를 통해 자신의 정체성을 찾는 가장 비철학적(비논리적)인 민
족의 사유방법이다. 이는 즉자 아니면 타자로 이분되는 사유
적 특성을 말한다. 당파적 사유를 하는 민족은 반드시 자신
의 사유가 없이 남의 사유를 그대로 모방하는 특성을 보인
다. 철학은 대자적(반성적) 사유가 가능한 개인과 집단에게서
이루어진다. 한국인은 그렇지 못하다.

시와 기술의 엇갈림

시의 언어적 은유(隱喩)는 철학적 존재론의 탈은적(脫隱迹)과 교차관계에 있다. 은유는 언어를 일상에서 해방시킴으로서 존재로 돌아가게 하는 예술이라면 탈은적은 존재를 숨어 있음에서 드러내는 철학적 기술이다. 하이데거는 철학자이기 때문에 포에지(poesis)와 테그네(techne)를 둘 다 존재에서 탈은적하는 '만들어진' 것으로 말했지만, 시는 도리어 일상에서 존재로 들어가는 입존재(入存在, 입은적入隱迹)하는 것으로서의 은유이고, 기술은 존재에서 탈은적하는 것으로서의 환유이다. 하이데거는 과학기술에 빠진 현대의 형이상학을 시로서 구원하고자 한 철학자이다. 시는 언어의 육화(신체화)를 통해 사물을 살아 있게 하는 은유의 기술이다. 그러나 시의 언어도 언어임은 물론이다.

언어를 완전히 벗어나기 위해서는 존재(자연)의 소리를 듣는 것에 그치는 것이 아니라 소리가 존재라는 것을 깨달아야 한다. 그렇게 되면 실체가 없는 존재에 도달하게 된다. 소리의 존재에 도달하기 위해서는 자연의 몸에 관심을 집중해야 한다. 몸은 사람으로 하여금 우주적 존재로의 여행자가 되게 한다. 만물만신은 사람으로 하여금 우주의 연행자(performer)로 변하게 한다.

철학 배우기의 반(反)철학

앎은 '삶의 철학으로서의 앎'이다. 삶과 아무런 관련이 없는 앎은 무의미한 앎이고, 이미 죽은 앎이다. 흔히 남의 철학은 나의 삶과 아무런 관련이 없는 죽은 앎이 되기 쉽다. 살아 있는 철학이 되기 위해서는 앎의 체화와 함께 앎의 주체화(타자에 대한 대자적 자세)가 필요하다.

박이문의 둥지는 철학적 불임의 자궁

박이문의 『둥지의 철학』은 남의 철학의 단지 '둥지'임을 나타내는, 스스로 독자적인 철학을 할 수 없는(철학을 잉태할 수 없는) 한국문화의 여성성을 드러낸 극치이다. 둥지는 철학적 불임의 대뇌(혹은 자궁)을 의미한다. 한국문화의 여성성의 극단은 사대–식민지 전통에서 빠져 있으면서도 그것이 선진인 줄 착각하는 지적 풍토, 문화적으로 남의 씨(아이디어)를 받아들일 수밖에 없는 '알의 입장', 그리고 '평화를 사랑하는 민족' 등에도 그러한 속성이 숨어 있다. 남의 철학을 한 둥지에 모아놓았다고 해서 나의 철학이 될 수는 없다. 이는 철학할 수 없는 민족의, 철학적 환유를 비유로 대체한 시적 표현에 불과하다. 둥지의 철학은 너무나 한국적인, 한국적인 '그릇의 철학'이며, 철학을 개념(concept)에서 '비유적 개념(metaphorical concept)'으로 되돌린 철학 아닌 철학이다. 한국인의 철학할 수 없음과 한국문화의 여성성을 결정적으로 드러내는 주장이다.

니시다 철학은 동양 선(禪)의
서양적 왜곡과 변질

일본의 니시다 기타로의 '선(善)의 철학' 혹은 '절대무의 철학'은 동양의 불교사상을 서양의 현상학(특히 헤겔의 현상학)과 과학에 갖다 바친 '철학으로서의 시대적응'이고, 심지어 사무라이 철학, 군국주의 철학이라고 말할 수도 있다. 이는 물론 일본문화의 정수에서 연원한 매우 일본적인 철학이며, 또한 서양의 근대과학문명에 적응하기 위해 '탈아입구(脫亞入歐)'를 외친 일본의 문제의식에서 비롯된 스스로의 해답이다. 니시다 기타로는 동양의 선(禪)철학을 서양의 정신현상학과 과학에 팔지 않을 수 없었던(맞추어 해석하지 않을 수 없었던) 시대의 산물이면서 동시에 매우 일본적인 철학이다.

근대서양철학의 요약과 도약

서양의 근대철학을 몇 가지 경구로서 정리하면 다음과 같다. "나는 생각한다. 고로 존재한다."(데카르트) "내 위에 별이 빛나는 하늘과 내 안의 도덕법칙이다."(칸트) "신은 죽었다."(니체) "인간은 존재의 목자(목동)이다."(하이데거) "실존은 본질에 앞선다."(사르트르) "텍스트 밖은 없다."(데리다) 등으로 요약된다. 여기에 나는 "존재는 진리가 아니다"("존재는 생명이다." "존재는 선물이다." "존재는 현재가 아니라 현존이다.")(박정진)를 추가하고자 한다. 이것은 철학의 진정한 종언이다.

인간의 모든 의미는 무엇을 대상화하면서 비롯된다. 무엇을 대상화하지 않으면 결코 의미는 생성되지 않는다. 또한 대상은 서로 대칭적인 의미를 생산한다. 그 대칭적인 의미를 대립화하여 하나의 지평에 놓는 것을 절대화한다고 말하고 이를 현상학이라고 말한다. 철학은 무엇을 절대화하는 것이다. 이에 비해 문화는 무엇을 상대화하는 것이다. 절대화는 어떤 체계의 소산이다. 문화도 하나의 체계이지만 다른 체계를 인정하지 않을 수 없다는 점에서 상대적이다. 그렇지만 존재는 의미가 아니다. 따라서 의미가 아닌 존재는 진리도 아니다.

철학의 백치와 평화철학의 아이러니

한국인은 대자적(對自的) 사고 혹은 타자적(他者的) 사고를 잘하지 못하기 때문에 결국 주체적(主體的) 사유를 잘하지 못한다. 주체적 사유를 잘하지 못하기 때문에 결국 철학을 잘할 수가 없다. 한국인은 즉자적(卽自的) 사고의 특징을 보인다. 그런데 즉자야말로 역설적으로 존재론적 사고를 하는 첩경이고, 결국 '평화론'의 철학을 할 수 있는 힘이고 요체이다. 즉자야말로 자연이고, 존재이기 때문이다. 한반도의 평화는 '남성-전쟁-권력'의 패권경쟁의 패러다임으로는 도저히 달성될 수 없는 것이기에 지구촌이 '여성-사랑-생명'의 패러다임시프트(paradigm-shift)를 전제하지 않으면 안 된다. 한반도평화의 구체적인 방안으로는 한반도에 '제5유엔'을 설립하고 그것으로 북한의 핵을 막는 '핵 글러브(glove)'로 활용하는 것이 가장 유효한 방안으로 생각된다. 이것은 북한 핵개발에 대해 남한도 핵무장을 하는 것보다 훨씬 효과적이고 실현가능한 방안이다.

철학의 과학으로부터의 독립

결국 서양문명은 자유와 평등의 모순 속에서 기독교의 사랑을 외치지만 사랑마저도 섹스가 되어버린 문명이다. 결국 정신이 불질이 되어버리고, 이성이 도구적 이성이 되어버린 문명인 셈이다. 서구의 근대문명은 본래 과학문명으로 출발한 기계우상숭배 문명이다. 기독교가 기계우상을 섬기는 과학종교가 되어버렸다. 과학이 종교가 되지 않기 위해서는 다시 새로운 철학이 필요하다. 그것이 나의 소리철학(Phonology)이다.

수재를 바보로 만드는 서울대학

주체적 사유의 입장에서 보면 서울대학교는 한국의 수재들을 모아서 앵무새 혹은 바보로 만들어 내보내는 지식공장이다. 그런 점에서 경성제국대학의 후신이라는 혈통을 속일 수가 없다. 서울대학교가 개과천선하지 않은 한 한국의 문화적 독립은 요원하다. 사대식민의 전통과 학풍은 혈통처럼 전수될 것이기 때문이다. 서울대학교 교수들은 절묘하게도 제자 가운데 가장 말 잘 듣는 제자들을 후계자로 삼는다. 그렇게 해야 사대식민의 전통이 잘 전수될 것이기 때문인가? 한국의 인문학이 서구의, 혹은 중국의 텍스트에서 벽돌장을 찍어내는 것과 같은 글을 계속해서 생산해내는 한 한국의 선진국화는 힘들다.

경구 495

보통사람론의 일반성

민중론보다는 '보통사람론'이 좋은 것 같다. 보통이라는 말에는 보편성이라는 말이 가지는 지배의 의미가 없을 뿐만 아니라 민주주의 선거의 보통선거의 원칙과 통하는, 일정연령에 도달한 모든 사람들을 포함하는 일반성을 포함하고 있기 때문이다. 민중론은 계급론을 포함하고 있기 때문에 어딘가 전투적이다. 보통사람론은 일반적이고 평화적이다.

철학은 역사풍토학(歷史風土學)

철학도 어떤 지역의 풍토나 역사의 산물이다. 그런 점에서 한 국가의 철학은 좋은 것이든 나쁜 것이든 그 혈연성이 있다. 예컨대 독일의 역사철학(절대주의)은 파시즘과 관련성이 있고, 한국의 사대주의(식민주의)는 역설적으로 나의 평화철학과 이중성의 관계에 있다. 나의 평화철학은 한국문화의 피정복성이라는 내홍(內訌)의 역전적인 승리이다.

신(神)에서 출발한 철학의 여정

주체와 대상은 신에게서 이미 출발했다. 인간에게 신의 문제는 있고 없음의 문제가 아니라 필요의 문제이다. 인간은 살기 위해 신이 필요했던 것이다. 신이든 메시아든 다른 어떤 것이든 인간이 만든 것은 모두 동일성의 다른 표현이다. 동일성은 인간에게 수단과 목적을 제공하지만 동시에 인간

을 영원히 구속하는 '주체와 대상'을 선물한다. 동일성은 초
월성이고 절대성이다. 인간의 생각은 처음부터 동일성이었
고, 인간은 동일성의 환자였고, 기계적 환상을 가진 생물종이
었다. 기계적 환상은 남자의 환상이었고, 힘(권력)의 환상이
었고, 전쟁의 환상이었고, 결국 가부장제의 환상이었다.

경구 498

자유자본-공산사회의 현상학

자유자본주의와 공산사회주의도 인간이 만들어낸 현상학
적 대립구조의 한 종류에 불과하다. 따라서 이것을 극복하는
대안을 찾는 것이 인류의 과제이다. 이데올로기는 진리가 굳
어져서 정치화하고, 도그마화하고, 의례화된 것이다. 그런 점
에서 '의례화된 진리'라고 말할 수 있는데 이는 또한 신체를
가진 인간이 요구하는 축제(퍼포먼스)이기도 하다. 이데올로
기의 축제와 운동, 예컨대 한국의 민주주의 운동(운동권 문화,
운동으로서의 문화)은 창조적 진리를 스스로 개발하지 못하는
민족에게 두드러진 현상이다.

서구문명은 자유자본주의와 함께 그것에 대립되는 공산사회주의, 즉 마르크시즘의 이론을 스스로 생산하면서 저들의 문명을 창조적으로 이끌어왔지만, 비서구 지역은 그러한 이론을 생산하지는 못하고, 그 이론의 이데올로기화·퍼포먼스화(신체적 표현, 실천)에 몰두하는 진리의 축제와 운동을 벌인다. 이러한 축제와 운동은 신제의 기화(氣化)를 통해 은유와 상징 등 예술적 효과를 거두기 때문에 특히 젊은 대학생들의 호응을 받게 된다.

깨달음의 진정한 근거

무명(無明)이 없으면 깨달음도 없다. 그런 점에서 깨달음이라는 것도 무명과 한 몸이다. 다시 말하면 깨달음이라는 것도 무명의 반대측면이며 둘은 음양 관계에 있다. 생각이 없으면 무명도 없다. 생각이 없으면 깨달음도 없다. 그런 점에서 무명은 깨달음이다. 무명도 깨달음도 없는 것이 바로 자연이다.

악질스승과 훌륭한 제자

자신에게 가장 나쁘게 한 자가 자신에게 가장 소중한 스승이다. 그것을 넘어설 때 가장 큰 깨달음이 오니까 말이다. 그런 점에서 악은 선의 스승이다. 악과 선(혹은 신)은 한 몸이다. 배반이 없다면 이 세상에 어찌 큰 깨달음이 오겠는가. 배반은 성인의 가장 가까이에 있는 친구이다. 배반과 성인은 한 몸이다.

'나'와 우상의 최종승리

"나 이외의 다른 우상을 섬기지 말라"고 하던 기독교는 절대라는 우상을 만들고, 절대라는 우상은 과학을 만들었다. 그런데 이제 과학은 기독교의 원리대로 '천지창조'에 이은 '종말구원'이라는 자신의 프로그램을 증명실현하기 위해 인류종말, 지구종말로 치닫고 있다. 그런 점에서 인간은 스스로의 운명을 스스로 결정하는 존재이다. 인간은 절대라는 우상으

로 힘(권력상승과 증대)을 길러 만물의 영장이 되었으나 그 우
상에 힘입어 멸망하게 되었다. 이것이 우상으로 인한 생멸과
정이다.

경구 502

문명은 주술의 은폐이다

언어학의 시니피앙/시니피에의 관계는 문학의 메타니미/
메타포의 관계와 같다. 역동적인 의미의 중층적 구조를 가지
고 있는 인간의 언어(기호)는 항상 의미가 굳어져 있는 표층
구조(표상)와 의미가 생성되고 있는 심층구조(질료)를 지니고
있다. 그런 점에서 인간의 문명은 '의미'라는 동종주술(메타
포, 메타니미, 메타피직스, 피직스)의 순환적 왕래에 불과하다. 그
렇기 때문에 진정한 '존재'는 반대로 신체의 접촉주술일 수
밖에 없다.

기억과 사물과 도둑

인간은 소유, 절대의 동물이다. 사물에 자신의 기억이라는 칩을 넣고 자신의 것이라고 말한다. 그런 점에서 인간은 사물의 도둑이다. 그런데 아무리 도둑이라고 하여도 자연을 도둑질할 수는 없다. 자연은 잡을 수 없는 것이고, 사물이 아니라 사건이기 때문이다. 인간이 잡은 것은 이미 사건이 아니고 사물이다.

자연을 훔치는 도구집합체

기독교는 과학과 마찬가지로 권력일 뿐이다. 권력은 인간이 자연을 훔친 것이다. 인간의 뇌는 자연을 훔치는 기술(도구)의 집합체이다.

억압은 전염병이다

인간은 진리를 찾는 정신병자인지도 모른다. 진리가 이데올로기가 되면 더더욱 강박관념이고 심한 정신병이다. 억압된 자는 반드시 남을 억압한다. 억압은 전염병과 같다. 우리는 선(善)과 정의(正義)가 악(惡)과 부정의(不正義)에 봉사하는 것을 종종 본다. 어떤 것을 좋아하고(善) 싫어하는(不善, 악惡) 것은 인지상정이지만, 이것이 도덕적 선악으로 굳어지면서 그야말로 선악이 된다. 그런 점에서 선과 정의라는 것도 의심해볼 필요가 있다.

선과 정의라는 것은 악의 지배와 소유를 가장한 깃발인지도 모른다. 자연에 선악이 어디에 있는가. 선악이라는 것은 인간의 기준(중심)에 의해 설정된 허위의식에 지나지 않는다. 인간은 이제 자신을 의심해볼 필요가 있다. 그렇지 않으면 인간은 스스로 멸망할지도 모른다. 나의 진리와 선과 정의를 남에게 강요하고 싶은 것은 권력이고 폭력이다. 인간은 자신의 뇌 속에 갇힌 수인(囚人)이다. 그런 점에서 생각 자체를 안 할 수 있는 힘이야말로 진정한 힘이고, 진정한 자유이다. '무엇으로부터'의 '무엇'이 없기 때문이다.

종교의 원형과 샤머니즘

모든 종교는 샤머니즘이다. 소위 고등종교를 믿는 현대인은 샤머니즘을 미신(迷信)이라고 하지만 종교야말로 미신의 방식으로 세계를 이해하고 소통하는 전형적인 방식이다. 그 미신의 방식이란 나에게는 행운을 빌고 적에게는 저주를 하는 방식이다. 전자는 백주술(white magic)이고 후자는 흑주술(black magic)이다. 오늘날 모든 종교는, 사람들은 여전히 그렇게 하고 있다. 중세에 무소불위의 권력을 가졌던 기독교는 마녀사냥을 했다. 마녀사냥이야말로 바로 기독교가 미신임을 드러내는 결정적인 사건이다. 기독교가 마녀였던 것이다. 인간은 흔히 자신의 나쁜 점을 상대방에게 뒤집어씌우는 버릇이 있다. 이것도 일종의 생존전략이다. 자연을 합리적으로 지배하는 과학이 등장하기 전에 인간은 주술이라는 형태로 자연과 사람을 지배해왔다. 그런 점에서 인간존재의 가장 핵심은 가장 먼저 '종교적 인간'이고, 동시에 '소유적 인간'이다. 자기 것이 아닌 자연을 자기 것으로 만들지 않으면 안 되었기 때문이다. 과학에도 주술적인 원형이 있다.

과학은 우선 틀리든 맞는 가설을 정하고 가설에 따라 사물을 이해하기 시작한다. 나중에 가설이 맞으면 진리라는 이름의 왕관을 쓰고, 그렇지 않으면 오류라는 판단과 함께 폐관을 당하게 된다. 그런데 과학이야말로 오류의 연속이었다는 점에서 여전히 주술과 다를 바가 없다. 말하자면 과학적 주술인 셈이다. 근대라는 시대는 신(神)의 자리에 인간의 이성과 과학을 대체한 시대이다. 칸트는 이성의 범위 내에서의 신의 이해라는 명제를 수행했다. 그러면서 신과 '물자체'를 이성 밖으로 몰아냈다. 그런데 칸트는 기독교의 천지창조와 종말구원이라는 방식이 이성의 산물, 즉 인간의 이성에서 미래 수행된 종교적 현상학이라는 것을 몰랐다. 과학이라는 것은 종교적 현상학을 물리적 현상학으로 옮긴 것에 지나지 않는다. 바로 그런 점에서 절대를 신봉하는 기독교와 과학은 자연스런 승계라고 할 수 있다.

서양철학사는 바로 신의 자리에 이성과 과학을 대체하려는 피나는 노정에 지나지 않는다. 여기에 화폐라는 것을 자본으로 승격시켜서 이성과 과학과 자본의 삼위일체를 이룬 새로운 중세의 전개, 새로운 기독교의 전개라고 할 수 있다. 이것을 우리는 근대라고 부르는 것이다. 이것이 근대라는 우상이다. 상상하는 존재인 인간은 우상(이것이 과학에서는 가설이다)을 세우는 방식으로 살아왔다. 우상과 가설은 모두 동일성을 추구하는 방식이다. 여기서 권력도 동일성을 추구하는 방식의 대열에 포함하면 우상과 가설과 권력은 또 다른 삼위일체이다. 인간의 욕망은 동일성을 추구하는 기계에 지나지 않는다. 대뇌의 욕망은 기계이다. 그런데 인간의 동물적 특성인 신체는 동일성을 추구하는 것이 아니라 자신에게 내재된 차이와 다름을 향유하려고 한다. 이것이 신체와 대뇌의 갈등이고, 대뇌의 신체에 대한 반란이라고 할 수 있다.

대뇌가 아무리 반란을 한다고 해도 결국 신체는 생멸하는 까닭으로 대뇌의 반란을 제압한다. 이것이 자연에 대한 인간의 대반란의 파노라마스토리이다. 미신(迷信)의 미(迷)자야말로 팔방(八方)으로 나아가는 혼미(昏迷)한 우주를 상징(상형)하고 그것을 믿는, 현대의 천문학적 우주론의 역설적 진리라 할 수 있다. 미신이 신앙보다 먼저이다. 신앙 속에는 실은 미신이 숨어 있다. 이는 귀신이 신보다 먼저인 것과 같다. 후자는 전자를 배반하고 매도함으로써 존재하는 것이다. 그것이 문명이다.

서양문명은 기독교가 접두어

기독교의 연속성이라는 관점에서 서양문명을 설명하면, 기독교그리스철학(헤브라이즘헬레니즘), 기독교스콜라철학, 기독교합리주의, 기독교자본주의, 기독교마르크스주의, 기독교과학주의 등으로 서양문명을 설명할 수 있을 것이다. 서양문명의 핵심은 기독교, 과학, 유물론이고 이들의 연결체(연쇄)이다. 이들을 관통하는 공통점은 절대주의라는 동일성이다. 인류의 세계는 이제 그 절대주의로 말미암아 공멸에 빠질 것이다. 공멸을 지연시키는 것만이 평화의 유일한 희망이다.

토테미즘과 샤머니즘의
융합과 국가발생

한국의 고유사상은 단적으로 말하면 '단군(檀君)사상'이다. 제정일치 시대의 제사장이었던 단군은 토테미즘(곰과 호랑이)

을 내포하고 있는 샤머니즘의 상징으로서 종교적 초월과 함께 국가의 초기성립을 나타내는 신화이다. 단군사상은 천지인의 순환사상이다.『천부경(天符經)』의 인중천지일(人中天地一)이 사상의 핵심이다. 신도(神道)는 본래 단군을 신앙하는 동이족의 신선교(神仙敎) 혹은 샤머니즘의 종교이다. 일본이 신도를 섬기는 것은 한반도에서 이주한 집단으로서 신앙만은 지켜야했기 때문이다. 탈아입구(脫亞入歐)를 주장한 일본이 근대에 이룬 문화혁명 혹은 동서 문화융합 중에는 여러 가지가 있겠지만, 가장 중요한 것은 자신의 신도(神道)를 버리지 않고 새롭게 해석하면서 "모든 종교는 신도이다"라고 한 점이다. 이는 일본이 신도를 기독교의 거센 격랑 속에서 구해낸 보기 드문 사건이다.

일본사회의 종교적 지배력을 보면, 신도가 가장 위에 있고, 그다음에 불교, 그다음에 기독교이다. 이것은 문명적으로 오래된 순서이다. 일본은 가장 오래된 동아시아 혹은 세계의 샤머니즘을 근대화한 최초의 나라이다. 그런 점에서 일본의 위대성이 있다. 기독교와 과학으로 무장한 서양과 달리 신도와 과학으로 무장한 일본은 미래에도 자신의 정체성을 잃지 않고 나아갈 문화능력이 있음이 틀림없다. 이에 비해 한국은 자신의 문화적 정체성인 단군샤머니즘을 천시하면서 퇴락한

뒷방 늙은이로 취급하고 심지어 가두어버림으로써 스스로를
비하하고 있는 대표적인 얼빠진 나라가 되어버렸다. 단군을
외면하는 한국은 언젠가는 완전히 얼이 빠진 나라가 될까 염
려된다.

다음은『신천부경(新天符經)』80자와「선선선, 단단단, 무무
무」로써 유불선기독교(기독교는 仙에 포함)를 사교회통(四敎會
通)한 표이다.『신천부경』의 64자(8×8)는 주역의 새로운 현재
적 완성을 의미하고, 80자(8×10)는 경전 전체를 하나로 내포
하여('80+1')『천부경』에 대응시킴으로써 여성시대에 발맞추
어 짝수로『천부경』을 새롭게 완성하는 것을 의미한다.

『신천부경(新天符經)』

無	時	無	空	無	大	無	小	
動	靜	易(逆)	動	理	氣	神	學	
意	氣	投	合	萬	物	萬	神	
萬	物	萬	神	意	氣	投	合	
天	地	天	地	陰	陽	天	地	
自	身	自	信	自	新	自	神	
二	一	三	一	伍	行	八	卦	
人	中	天	地	一	風	流	道	64자
巫	儒	佛	仙	道	天	地	敎	
鬼(歸)	仁	慈	自	無	神	中	道	80자

아래의 「선선선, 단단단, 무무무」는 서로 교차하는 상호관계에 있다. 다시 말하면 유불선기독교 네 종교는 서로 회통하는 사이에 있음을 의미한다. 이들이 모두 한글로 발음이 같다는 것은 각 종교들이 원시 '말글(음성언어) 시대'에 하나의 뿌리에서 출발하였음을 상징하고 있는지도 모른다.

「선선단, 단단단, 무무무」

仙	善	禪	선
檀	壇	丹	단
巫(舞)	武(文)	無	무
仙(基)	儒	佛(道)	종교

경구 509

한국문화의 핵심은 효(孝)와 정(情)

한국문화의 핵심은 효(孝)와 정(情)이다. 한국과 중국과 일본은 동아시아의 유교문화전통인 충효(忠孝), 충서(忠恕), 효제충신(孝悌忠信) 등을 덕목으로 삼지만 한국은 특히 효와 정을 근본으로 삼는다. 이는 한국문화가 중국이나 일본에 비해 상대적으로 자연의 본래에 더 충실하기 때문이다. 효는 충에 비해 자연스럽고, 정은 살아 있는 생물의 근본적인 따뜻함을 말하는 것이다. 한국인이 모인 자리에 정이 흐르지 않으면 그 자리는 이미 망한 자리나 마찬가지이다. 한국문화에서 심정은 원리나 이치에 앞선다. 정(情)이 있어야 인간이다. 기계와 인간을 구분한다면 전자는 정이 없고, 후자는 정이 있음이다. 기계의 정은 설사 있다고 해도 계산된(계획된) 정이기 때문에 진정한 정은 아니다.

타자의 해석학

서양철학의 결론은 '자기의 해석학'과 '타자의 해석학'이다. 자기의 해석학은 존재론적 해석학이고, 타자의 해석학은 현상학적 해석학이다. 그러나 존재론적 해석학일지라도 진정한 자기에 이르는 것은 아니다. 그 속에도 타자(대상)의 속성이 있기 때문이다. 그래서 서양철학은 결국 '타자의 해석학'에 속한다. 그렇다면 동양철학, 정확하게는 동양의 도학은 무엇인가. '자기자신의 발견' 혹은 '자기자신의 깨달음'이다. 이것은 대상으로서의 해석학이 아니다. 자신으로서의 깨달음이다. 그래서 자신자신자신자신(自身自信自新自神)이다. 동서철학을 통틀어 말하면, 동양의 도학이 존재론적 순환이라면, 서양의 철학은 현상학적 순환이다. 도학의 종점이 생멸이 불멸이고, 변화가 불변이라면, 철학의 종점은 초월(초월적 주체)이 대상(영원한 대상)이다.

경구 511

타자의 기독교, 자기의 불교

기독교는 타자의 현상학이고, 불교는 자기의 존재론이다. 오늘날 세계의 기독교는 가장 유대교다운, 유대교전통의 '유대기독교'이다. 그런 점에서 예수를 믿으면서, 예수를 가장 잘 믿고 있다고 확신하면서, 정작 예수를 죽이고 있는 기독교이다. 기독교에 참다운 예수가 없다. 기독교에 유대교만 있다. 예수는 없고, 제사장(목사)과 율법학자(신학자)만 있다. 그래서 서양에서는 기독교가 완성될 수 없다. 기독교의 완성은 동양에서 이루어진다. 타자의 완성(타자의 메시아의 완성)은 결국 '자기의 깨달음'이기 때문이다. 예수는 유대의 부처였다. 예수-부처가 되는 자가 바로 성인이다. 이 속에는 아버지와 어머니가 함께 있다.

합리적 목적과 합리화 수단

인간은 '합리적인 존재'라기보다는 '합리화하는 존재'이다. 인간은 합리적인 선택을 하기도 하지만 그보다 더 원천적인 것은 자신이 선택한 것을 합리화하는 존재이다. 신화도 그러한 것의 일종이고, 과학도 그러한 것의 일종이다. 그러한 점에서 신화는 신화조작이라고 말할 수 있고, 과학도 과학적 조작이라고 말할 수 있다. 이러한 조작을 인간들은 패러다임이라고 말한다. 모든 합리성의 원천이 되는 시간과 공간이라는 것도 실은 합리적인 것이 아니라 감정적 직관에 의한 선택이고 가정일 뿐이다. 과학이라는 것도 그러한 선택(변하지 않는 실체가 있다)의 결과이다. 인간이 합리적이지 않다는 것을 비난하려는 것은 아니다. 합리성의 결과가 도리어 인간을 기계인간의 노예가 되게 할 위험에 처하게 될 공산이 크기 때문이다. 인간은 기계를 노예로 부리고자 한다. 그러나 인간이 만든 기계는 인간이 노예이기를 거부했듯이 역시 인간을 배워서 노예이기를 거부할 것이다. 이것이 미래의 기계노예의 반란이다. 세상은 뿌린 대로 거둔다.

인간의 대뇌는 노예를 상상했고, 기계를 상상했다. 노예와 기계의 반대편에는 주인이 있을 것이다. 그렇다. 셰익스피어의 "사느냐, 죽느냐(to be or not to be), 이것이 문제로다"는 이제 "주인이 될 것이냐, 노예가 될 것이냐. 이것이 문제로다"로 해석되어야 한다. 인간의 역사에서는 이것을 피할 수 없다. 고대신화시대에도 그랬고, 중세종교시대에도 그랬고, 현대과학시대에도 그랬고, 미래기계인간의 시대에도 그럴 것이다. 한 걸음 더 나아가면 "사느냐, 죽느냐(to be or not to be)"는 새롭게 해석되지 않으면 안 된다. "존재하느냐, 존재하지 않으냐"로 해석되어야 한다. 그렇게 하면 셰익스피어는 존재론 철학자가 된다.

창조하는 것이 신이고 예술이다

주술사회와 기술사회는 매우 다른 것 같지만 실은 같은 것이다. 기존의 의식(儀式)과 틀(mechanism), 제도(institution)와 패러다임(paradigm)에 의존하기는 마찬가지이기 때문이다. 인간사회는 누구나 스스로 창조하는 '창조적 이성사회'가 되지 않으면, 다시 말하면 인문학적 창조와 과학적 창조를 실현하지 않으면 결국 기술사회로 전락하게 되고, 그러한 사회는 주술사회에 머물게 된다. 주술(呪術)과 기술(技術)과 예술(藝術) 등 술(術)자가 붙은 것은 매우 다른 것 같지만 실은 공통점이 많다. 우리가 예술에 주목하는 것은 예술은 그 어떤 문화장르보다 창조적인 것을 요구하고 창조적이지 않으면 예술이 아니라고 생각하는 경향이 강하기 때문이다. "신이 세계를 창조한 것이 아니라 창조하는 것이 신이다." 과거는 귀신이고 미래는 신이다. 미래에 있지 않으면 신을 만날 수 없다.

신바람 나는 예술을 위하여

굿을 신바람 나게 하면 예술이 되고 창조가 되지만, 신바람이 나지 않으면 주술과 기술에 머물게 된다. 귀신에서 출발한 굿은 신바람이 나는 '현재적 신'에 이르러야 신의 강림을 받게 된다. 현대인이여, "신바람이 나는가, 안 나는가, 그것이 문제로다."

단군과 마고의 신화적 융합

"단군은 한민족의 하나님 아버지이다.""마고는 한민족의 하나님 어머니이다." 한국인이 단군샤머니즘을 사탄이라고 규탄하고 저주하고 비난하고 비하하는 것은, 자신을 규탄하고 저주하고 비난하고 비하하는 것이다. 샤머니즘을 유대기독교와 비교하면, 여호와가 환인(하나님)이고, 아브라함이 단군(조상)이고, 모세나 예수가 샤먼(살아 있는 사제)이다.『구약』

의「출애굽기」라는 것은 자신의 신을 버리고 남의 신을 믿는 유대인을 데리고 당시 제국이던 이집트 파라오왕조를 탈출하는 과정을 그린 것이다. 이를 오늘의 한국을 중심으로 말하면 기독교를 믿는 한민족을 데리고 식민지(노예)를 벗어나서 단군을 믿도록 하는 고난의 여정과 같은 것이다. 그런 점에서 한민족의 출애굽기는 반기독교가 되어야 하는 셈이다.

얼빠진 민족은 무엇을 말하는가? 나의 얼을 빼고 남의 얼을 바꾸어놓은 민족을 말하는 것이 아닌가? 가장 완벽한 노예는 자신이 노예인 줄 알고 주인을 섬기는 자가 아니라, 자신이 노예인 줄도 모르고 주인을 섬기는 자이다. 한국인은 샤머니즘을 욕할 것이 아니라 현재(시대)에 맞는 네오샤머니즘을 달성할 때 제대로 자신의 하나님을 찾게 된다. 그 하나님은 '분노의 하나님'이 아니라 '평화의 하나님'이다. 이제 '평화의 하나님'이 아니면 하나님이 아니다.

한국문화의 역사적으로 수많은 침략을 받아온 내홍(內訌)이 역설적으로 '평화의 하나님'을 발견하게 했다. 한국은 주체사상에 이어 통일사상, 그리고 평화사상에 의해 후천철학을 완성해야 한다. 나의 평화의 철학은 '평화의 현상학'이 아니라 '평화의 존재론'이다. '평화의 현상학'은 현상학적인 것이기에 '전쟁의 현상학'과 대립을 이루지만, 평화의 존재론

은 전쟁과 대립을 이루지 않는 경지에서 이루어지는 평화이
다. 단군이 하나님 아버지인 것은 실은 마고가 하나님 어머
니이기 때문이다. 단군은 초월의 하나님이고, 마고는 내포의
하나님이다. 단군은 현상학적인 하나님이고, 마고는 존재론
적인 하나님이다.

경구 516

부르주아·프롤레타리아의 한국 변종

한국의 공산사회주의운동에는 프티부르주아만이 있는 것
이 아니라 프티-프롤레타리아 및 부르주아프롤레타리아가
있다. 이는 한국의 남북분단 상황과 종북(從北)좌파라는 매우
한국적이고 기형적인 사회주의운동에서 비롯된다. 프티-프
롤레타리아는 프롤레타리아를 가장해서 부르주아계급을 위
장한 사람을 말하는데 귀족노조와 좌파국회의원, 직업적 민
중운동가 등이 여기에 속한다. 부르주아프롤레타리아도 자
신은 실제 부르주아이면서 사상적으로는 프롤레타리아인 것
처럼 스스로를 속이고 노예근성으로 인해 사회적 책임을 다

하지 않는 사람을 말한다. 부르주아프롤레타리아가 프티부르주아와 다른 점은 이들은 실지로 프롤레타리아를 위해 사회주의운동을 실천하는 것이 아니라 무늬만 프롤레타리아인 사람이다. 프티-프롤레타리아나 부르주아프롤레타리아의 공통점은 둘 다 위선적이고 노예근성의 사람이라는 데에 있다. 이들이 설치는 사회는 위선과 노예의 사회이다.

경구 517

사상체계로 본 권력관계

권력관계를 사상(四象)체계로 보면 다음과 같다. 권력은 자칫하면 폭력이 되고, 폭력은 자칫하면 전체주의가 된다. 전체주의는 자칫하면 노예주의가 된다. 여성, 민중, 노예는 남성, 귀족, 주인으로 상호 보완되지 않으면 단순 노예로 전락한다. 여성이 철학과 작곡과 정치를 잘하지 못하는 것은 존재와의 거리가 너무 가깝기(존재적이기) 때문이다. 존재와의 거리두기를 하지 못하면 철학과 작곡과 정치를 할 수가 없다. 여성은 그것보다(텍스트생산)는 생의 연주(텍스트의 변주)에 급급하

태양	권력주의	마키아벨리즘, 제국주의, 세계주의, 국제주의	남성, 귀족, 주인
소음	폭력주의	독재주의, 국가주의, 민족주의	상류층 (소상공인)
소양	전체주의	볼셰비즘, 스탈리니즘, 파시즘, 군국주의	중류층(중산층)
태음	노예주의	마르크시즘, 식민주의, 피시즘(peacism)	여성, 민중, 노예

다고나 할까. 이것이 한국문화의 내홍이기도 하다. 여성은 결코 철학과 작곡에 매력을 느낄 수가 없다. 여성적 삶이야말로 진정한 삶의 정수이고, 삶의 예술이다. 여성은 저마다의 삶의 퍼포먼스, 연주와 예술에 바쁜 족속이다.

경구 518

이상한 한국인

한국의 역사는 참으로 이상하다. 세종대왕은 거의 혼자서 훈민정음(한글)을 만들었는데 조선의 선비들은 나라가 망할 때까지 훈민정음을 공용어(公用語)로 쓰지 않았다. 임진왜란은 거의 이순신 장군 혼자서 막은 전쟁이나 마찬가지인데 조선의 선비들은 반성과 참회를 하지 않다가 결국 구한말에 가서 일본에게 나라를 넘겨주고 식민지가 되었다.

한국의 산업화는 거의 박정희 대통령 혼자서 이루었다고 해도 과언이 아니다. 그런데 한국의 대다수 학자들과 선비들은 산업화를 비판하였고, 산업화 덕에 잘 먹고 잘살면서도 박정희 대통령을 독재자라고 매도하는 것을 멈추지 않는다. 통일교는 한국의 자생기독교로서 세계 194개국에 선교되어 세계종교가 되었는데도 한국의 기독교도들은 통일교의 창시자인 문선명을 이단 혹은 사탄이라고 하면서 모함하기를 끊이지 않는다. 한국에는 역사상 자생철학이 하나도 없었다. 그런데 박정진이 아무리 자생철학인 소리철학(일반성의 철학, 여성철학, 평화철학, 생태철학)이라는 서양철학의 종지부를 찍는 '종언의 철학'을 완성하여도 어떤 철학자, 어떤 인문학자도 거들떠보지도 않는다.

이 같은 현상들을 관통하는 공통점은 '아직도 주인이 되지 못했다'는 사실이다. 참으로 이상한 것은 그럼에도 불구하고 한국에는 왜 그러한 특출한 개인이 계속해서 태어나는가 하는 점이다. 또 그럼에도 불구하고 한국은 망하지 않고 지구상에 그 이름을 계속해서 등재시키고 있는가 말이다. 참으로 신의 섭리는 알 길이 없다. 사대주의, 더 정확하게는 '사대적 문치주의'도 이만하면 세계사에서 찾아볼 수 없는 기록이다. 이러한 자기부정에 길들여진 민족, 주인이 되지 못하는 바보 같은 민족, 사대-식민지적 노예들의 배은망덕도 이만하면 세계사에서 기록될 만하다. 스스로 생각하지 못하는 민족의 자아(주체)상실도 이만하면 세계사에서 기록될 만하다.

참으로 한국인은 역설의 민족이다. 평화를 사랑하는 민족이면서 동시에 사대와 배반과 질투의 민족이다. 한국인을 노예로부터 벗어나게 할 「출애굽기」가 필요한 시점이다. 한국인과 유대인은 참으로 닮은 점이 많다. 그런데 한국인은 자신의 경전이 없고, 유대인은 자신의 경전(토라)이 있는 점이 다르다. 한국인이 만약 유대인처럼 수천 년을 나라 없이 떠돌아다닌다면 아마도 민족이 없어질 것이다. 그래서 신은 한반도에 작은 땅덩어리라도 지키게 했을지도 모른다. 새로운 지구의 역사, 후천(後天)을 위해서 이러한 '순진결백(innocent)한 민족'이 필요했을지도 모른다.

사물에서 놀이까지의 여정

우리는 자신도 모르게 자연(nature)을 사물(thing)이라고 말한다. 이는 자연을 대상화한 결과이다. 우리가 그렇게 사물이라고 말하는(말하는 것이라기보다는 처음엔 '부르는'이라고 표현하는 게 더 적합하다) 이면에는 어떤 고정불변의 무엇(실체)이 있다고 생각하는(가정하는) 습관이 있다. 바로 생각과 습관이 '사물의 탄생'을 이루게 한 것이다. 왜 자연이 사물인가? 왜 자연은 사건(event)이 아닌가. 우리는 자연을 자연과학으로 이해(대체)하고 있다.

말하자면 자연이 자연과학처럼 있는 것으로 생각하고 있다. 그런 점에서 자연은 비록 사건이라고 하더라도 사물이 전제된 '사물의 사건'인 것이다. '사물의 사건'은 자연을 설명하는 방식이다. 말하자면 '자연을 설명하는 방식'이라는 것은 '자연이 존재하는 방식'이 아니라는 뜻이다. 우리는 우리가 설명하는 방식을 존재하는 방식인 것처럼 착각하고 있는 것이다. 자연이 사물이 되는 것은 자연에 이름(특히 표기하는 문자언어; 음성언어는 사물을 장악하는 힘이 약하고 사물을 표현하는 데 불과하다)을 붙이고부터이다. 이름을 붙이는 것은 그것

(It=thing)을 소유하고자(이것은 일종의 의지이면서 의식이다.) 함이다.

소유는 사물과 언어(이름)의 합작품이다. 언어가 없으면 사물을 소유할 수 없고, 언어는 이미 인간이 사물을 소유하고자 하는 의지의 발로이다. 그런데 인간은 언어-사물의 연쇄(연결, 결합) 속에 자신이 신체적 존재라는 사실을 잊어버리고, 또한 잃어버렸다. 인간이 축제행위 혹은 축제연행을 벌이는 것은 인간이 신체적 존재라는 사실, 인간이 자연의 일부(자연의 생물종)이라는 사실을 재확인하는 문화적 과정이고, 문화적 장치·기제이다. 올림픽도 그러한 축제의 행위의 일환이다. 축제는 항상 신체와 더불어 있고, 특히 다른 동식물은 음식과 술이 된다. 그러한 점에서 축제는 신체를 서로 주고받는 사육제(謝肉祭)이다. 축제는 다시 말하면 신체적 존재로서의 인간을 재확인하는 장소인 셈이다.

자연의 생태학적 환경은 신체를 주고받으면서(먹고 먹히면서) 살아가는 상태를 말한다. 신체의 존재라는 것은 그런 점에서 '사물의 사건'이라기보다는 일종의 '신체의 사건'의 연속이었을 것이다. 그런 점에서 삶 자체가 바로 일종의 퍼포먼스(performance)였다. 이 말은 삶 자체가 예술이고 축제라는 평범한 진리(진리 아닌 존재)에 도달한 것이다. 예컨대 '사물의 탄생'을 통해서 사물의 움직임의 이면에 존재할 것으로 생각되는(가정하는) 불변의 원리, 혹은 진리 같은 것을 추구하는 것이 삶이 아니라는 뜻이다. 진정한 삶은 자연을 철저하게 대상화(사물화)하고 그것을 소유하는 것이 아닌 삶이라는 뜻이다. 그러한 점에서 퍼포먼스는 '소유(권력)나 노동'보다는 '놀이와 축제'에 가까운 삶이다.

가부장-국가사회 이전에 자연 상태에 가장 가까운 모계사회는 요즘으로 말하면 '신체의 존재'에 가까운 삶이었다고 유추된다. 모계사회는 소유와 권력에의 의지나 의식이 약한 자연 상태이기 때문에 생존경쟁에서 살아남을 수 없었다. 오늘을 사는 우리는 우리도 모르게 이미 소유와 권력을 지향하는 사회문화적 환경에 살고 있는 셈이다. 소유와 권력의 사회인 가부장-국가사회는 승자와 패자가 있는 '경쟁의 사회' '게임(game)의 사회'가 되었다. 고대올림픽이 그러한 점에서 신체의 경기(game)를 중심으로 하는 축제였다고 하는 것은 의미심장하다. 그런데 그 경기축제의 축제에는 놀이의 성격이 잔존하고 있었던 것은 당연한 것인지도 모른다.

그 후 인류의 문명은 놀이의 요소보다는 게임의 요소가 강화되었고, 게임은 승패의 원리에 따라 지배(승자)-피지배(패자)의 원칙에 의해 운영되었다고 해도 과언이 아니다. 고대올림픽의 부활인 근대올림픽을 문명사적 입장에서 보면, 신체적 경기의 부활이라고 하지만 실은 그것에 편승한 '놀이(축제)의 부활'이라고 말할 수 있을 것이다. 왜냐하면 경기적 요소는 위계적인(그것이 계급적이든 계층적이든) 일상생활에서 다반사로 경험하는 것으로서, 특히 경제전쟁, 문화전쟁이라고 하는 사회문화적 환경에서 알 수 있듯이 일상에서 치르는 경쟁적 요소이기 때문에 다분히 놀이적 요소를 선호할 수밖에 없기 때문이다.

올림픽은 또한 신체적 경기이기 때문에 인간이 신체적 존재라는 자연적 소여를 재확인하는 기회도 된다는 점에서 축제를 통한 평화의 증진은 물론이고, 신체적 존재라는 재인식을 통해 인간의 평등의 실현에도 의식적·무의식적 작용을 하고 있다고 볼 수 있다. 올림픽이 4년마다 한 번씩 축제를 통해 인류의 평화와 평등을 회복하는 데에 기여하는 것은 놀랄 일이 아니다. 올림픽이 경기적 성격을 가지고 있지만 동시에 축제적 성격, 즉 의례성을 가지고 있다는 것은 바로 신체가 직접 만난다는 '신체적 존재'로서의 인간을 바탕으로 하고 있기 때문이다. 신체적 존재로의 인간이 가장 잘 드러나는 것은 축제 속에 있을 때이다. 그런 점에서 신체적 존재는 축제적 존재라고 말할 수 있다. 경기축제의 경기는 남성적 특성(요소)이고, 축제는 여성적인 특성이다. 도리어 남자는 경기(경쟁, 전쟁, 메시지)를 통해서 축제를 느끼고, 여자는 축제(식탁, 출산, 마사지)를 통해서 경기를 느낀다. 결국 여성적인 것이 남성적인 것을 포용하는 것이 축제이다.

그런데 자연에 이름을 붙이는 것은 남성(가부장)이 여성과 아이들에게 이름(성씨)을 붙여주는 것과 불가분의 관계에 있다. '사물의 탄생'은 '가족의 탄생'과 불가분의 관계에 있다. '사물과 가족'이 탄생함으로써 가부장제와 문명이라는 것이 탄생하였다. 그 이전에 여자와 아이들이 중심이 되는 모계사회가 있었지만 그것은 가부장사회와 더불어 거의 소멸하였다. 여자와 아이들은 언어적 관계라기보다는 신체적 관계(물론 언어적 관계가 없다는 뜻은 아니다)를 기초로 한 사회라고 말할 수 있다. 신체적 관계의 사회라는 것은 소위 생존경쟁(적자생존)에서 살아가는 자연 상태의 일종의 존재양식(방식)이라고 말할 수 있을 것이다.

언어-사물의 연쇄가 만들어내는 기계적인 환경 속에서 올림픽은 인간이 까마득하게 잃어버린 '놀이의 존재'라는 사실을 깨닫게 하는 데도 큰 역할을 하고 있다. 인간은 '생각하는 존재'라기보다는 '놀이하는 존재'이다. 어떤 점에서는 생각도 놀이의 일종이다. 인간을 비롯한 만물은 사물이 아니라 사건이다. 여기서 사건이라는 것은 만물은 본래 운동하는 존재라는 것을 말한다. 운동하는 존재는 본래 놀이하는 존재라는 것을 말한다.

인간의 신체는 정신의 대상(사물)으로서의 육체(물질)가 아니라 부단히 움직이고 행동하는 존재이고, 이는 주체로서의 존재의 특성이기도 하다. 비록 주체-대상로서의 현상학적인 인간을 감안하지 않더라도 세계는 '존재적 사건'이고 '사건적 존재'이다. 축제는 바로 신체적 존재, 사건적 존재에로 참여하는 인간의 통로이자 소통체계·교감체계이다.

불국토와 지상천국

땅은 지옥(地獄)이 아니라 생명과 바탕이다. 천지(天地)가 지천(地天)이 됨으로써 땅은 하늘이 되고, 하늘은 땅이 되었다. 지천시대에 이르니 지상천국(地上天國)이 등장하고, 천상천국은 '천일국(天一國)'이 되었다. '심정(心情)의 하나님'은 다분히 존재론적이다. 물(物, 일물一物)은 심(心, 일심一心)

이 되고, 심(心, 일심一心)은 기(氣, 일기一氣)가 되니, 물즉심(物卽心), 심즉기(心卽氣)로서 '존재론적인 하나님'이 등장하기에 이른다. 존재론적인 하나님은 부처(佛)를 말한다. 통일교의 지상천국은 불국토(佛國土)의 개념과 같다. 하늘(天)과 불(佛)은 땅에 내려와야 인류에게 평화를 가져다준다. 존재는 마음이다. 마음이 평화로워야 진정한 평화가 이루어진다. 통일교가 현상학적인 가정연합이라면 가정연합은 존재론적인 통일교이다. 존재는 마음이고 마음은 사랑할 때 한계가 없어진다.

경구 521

큰 덕(德)자의 해자적 의미

큰 덕(德)자 하나에 만물의 이치(원리)가 사건(심정)이 숨어 있다. 두 인(彳)변은 천지인(天地人)을 나타내고, 두(二)자 혹은 십(十)자는 태극음양(陰陽)과 이성성상(二性性狀, 이성성상二性性相)을 나타내고, 사(四)자는 사방(四方, 사상四象)과 사위기대(四位基臺)와 음양오행(陰陽五行)을 나타내고, 마지막 일심(一心)은 심정(心情)을 나타낸다. 결국 현상학적 '천국(천일국)'과 '극락(용화세계)'은 존재론적 '일심'을 말한다. 일심, 즉 하나의 마음(하나님, 부처님)이 되는 것이 천국과 극락의 주인이 되는 것이다.

경구 522

생기(生起)에서 생기(生氣)로

생기(生起)하는 것과 생기(生氣)하는 것은 다르다. 전자는 현상학적인 차원이고, 후자는 존재론적(생성론적)인 차원이다. 철학적 존재론은 대상이 아니라 근본(근원)을 추구하는 것이다. 그런 점에서 존재론은 인과론을 존재로 숨기는 것이고, 존재를 발견하는 것이다. 더 정확하게는 본래(자연 본래)로 돌아가는 것이다. 하이데거는 만물만신(萬物萬神)과 만물생명(萬物生命)에 가까이 도달했지만, 시간과 공간으로 인해서 이것에 도달하지 못했다. 이는 서양철학과 문명의 한계이다.

실재적 신은 살아 있는 신

인간은 항상 '현존(존재)'을 '현재(실체=가상실재)'라고 생각한다. 이는 인간의 시각-언어 중심적 지각과정 때문이다. 따라서 신에 대해 생각할 때도 신(존재)의 현존인 '육화된 신'을 '실체적 신'이라고 생각한다. 이 '실체적 신'은 실은 보이지 않는 기(氣, 靈氣, 聖靈)로 인해서 '실재적 신'이다.

추상과 상상이 없다면

개념이나 추상이나 상상이 아니면 동일성은 없다. 따라서 동일성은 자연에는 없는 것이다. 따라서 동일성은 존재(실재)가 아니고 가상실재이다. 인간은 가상실재를 먹고 사는 동물이다. 추상의 마지막은 기계이다. 그런 점에서 인간의 알고리즘은 기계이고, 인간만이 기계적인 동물이다. 자연은 기계가 아니다. 인간만이 자연에서 기계를 끄집어낸다.

추상은 없고 열광만 있는 한국인

한국인에겐 추상의 정신은 없고 열광된 의식만 있다. 이는 종교적 심성 때문이다. 한국인은 예로부터 가무를 좋아한 민족이다. 가무를 좋아하는 민족은 축제의 민족이라고 말할 수 있다. 축제를 좋아하는 민족은 존재론적으로 살기 때문에 철학을 할 수가 없다. 철학하기에는 존재에 너무 가깝다. 한국인에겐 항상 자신이 없고, 자신을 바라볼 힘이 없다. 그래서 한국인은 항상 남을 바라본다. 한국인은 항상 자신을 건너뛰고 생각한다. 한국인에겐 자신의 얼이 없다. 그것이 몸으로 몸부림치며 살아가는 한국인의 여성성이다. 한국인은 살기 위해서 생존의 몸부림을 친다. 이것은 생각하는 철학적 사유라기보다는 삶 자체를 위한 존재론적 몸부림이며, 샤머니즘적(혼돈적) 몸부림이다.

철학은 자연의 절도행위

철학은 생성(존재)에서 존재(존재자)를 훔치는 것이다. 철학은 자연(구체)에서 추상(개념)을 훔치는 것이다. 철학은 자연에서 언어(대상)를 훔치는 것이다.

과학의 노예와 아류들

과학이 인문학에 가장 심각한 폐를 끼친 것은 바로 '과학적 사회학'에서다. 과학적 추상은 자연에서 이용할 '대상'을 제공하였지만 인간정신을 추상과 계산과 기계로 황폐화시켰다.

사대주의-식민주의-
마르크스주의의 연합전선

한국인은 아직도 사대주의와 식민주의와 마르크스주의를
완전히 떨치고 벗어나지 못하고 있다. 한국의 문민에게 가장
큰 적은 사대주의이고, 그다음이 식민주의이고, 그다음이 마
르크스주의다. 한국인의 문화적 병의 원천은 사대주의다. 사
대주의를 하면 국내적으로 정치지향적이 되고, (주체적이고 창
조적인 노력이 없이) 정치지향적이 되면 필연적으로 당쟁을 하
게 마련이다. 결국 당쟁을 하지 않으려면 (당쟁을 하지 말아야
한다는 비판은 소용이 없고) 사대주의를 하지 말아야 한다. 세계
의 어떤 누구(민족이나 국가)도 한국을 위해서 생각하고 고민
하지 않는다. 왜냐하면 자신의 문제를 해결하기 위하기에도
급급하기 때문이다. 한국인은 밖에서 안을 구한다. 이제 안에
서 밖을 구하는 대전환을 이루어야 한다. 『천부경(天符經)』의
아들딸이 아닌가. 원시반본(原始反本)의 시대이다. 한국인이
여! 일어나라.

인간은 도그마적 존재

인간은, 특히 한국인은 도그마적(dogmatic) 존재이다. 한국인이 참으로 어리석은 것은 아직도 박정희의 5·16군사혁명이 쿠데타냐, 혁명이냐 하고 물으면서 공방을 벌인다는 것이다. 혁명도 아닌 것에 혁명이라는 말을 붙이기를 좋아하고, 정작 혁명에는 군사정변이라는 의미의 쿠데타라는 말을 붙인다. 이는 오래된 사대문민주의(事大文民主義)의 불치병 때문이다.

한국인은 국가 만들기(nation-building)를 파시즘(fascism)이라고 부를 정도로 국가체제에 대한 피해망상증에 시달리고 있다. 얼마나 국가지도층의 부정부패와 가렴주구(苛斂誅求)에 시달렸으면 백성(국민)이 국가불필요, 혹은 반체제를 마치 생리처럼 체득하게 되었을까.

한국인이 참으로 어리석은 것은 공산사회주의(전체주의)의 종주국들도 모두 마르크스주의를 포기했는데 아직도 종북(從北)세력들은 지구상에서 최악의 세습왕조 파시즘정권인 북한을 추종하고 있다는 사실이다. 종북세력들은 종북사대주의자들이다. 이들은 주체사상의 주체라는 말의 껍데기를 사대하는 자이다. 이것이 한국인의 반체제심리의 이중성이다. 도그마의 폐해가 이 정도라면 인간은 대뇌와 기억의 죄인이다.

한국의 많은 지식인들은 북한의 빈곤과 전체주의를 보고서도 아직도 5·16혁명을 욕하고 독재라고 폄하하고 있다. 4·19의거세력과 5·16혁명세력을 하나로 묶는 것이야말로 우리 시대의 화쟁(和諍)사상의 빛나는 실천이다. 남북당파(남북분단), 남남당파(남남갈등)! 당파싸움에 여념이 없는 이 '역사적 굴레'를 벗어날 길은 없을까. 남이 만들어놓은 길을 무작정 따라가는 역사적 백치(白癡)여! 민주주의가 새로운 사대주의가 되지 않게 하는 길은 어디인가? 한국인이여, 너의 선각자! 너의 성인(聖人)을! 보라. 왜 밖에서만 보려는가? 너 안의 선각자, 너 안의 성인을 보라! 한국인은 서양의 자유자본주의-공산사회주의와 중국 중심의 동양을 넘어설 때, 그리고 동서(東西)철학을 충분히 소화한 뒤에『천부경』의 천지인 사상을 재해석하여 고금(古今)소통을 이루는 경지에 도달할 때에 진정한 한국인이 될 수 있다.

신체와 권력

인류문명은 모계사회의 신체(근본, 몸)에 부계사회의 왕관 (권력, 말)을 씌운 것이다. 인류문명에서 모계사회의 흔적은 마치 무의식처럼 의식의 지하에 숨어 있다. 인류문명의 가장 최근에 융성한 장르라고 할 수 있는 과학이 가부장제의 연장 이라면 가장 오래된 장르라고 할 수 있는 종교는 모계사회 에 기원을 두고 있다. 모계사회에서는 남녀의 성관계와는 별 도로 하늘이 아이를 점지(點指)해준다고 생각했다. 이것이 종 교의 출발이다. 종교적 사고가 과학적 사고에 앞섰다면 인간 은 무엇보다도 종교적 동물이다. 제정일치사회를 인류문화 의 원형으로 보면 종교(祭祀, 축제祝祭)가 정치(政治, 계급계층) 를 낳고, 정치가 과학을 낳았다고 할 수밖에 없다. 이렇게 보 면 고등종교는 가부장제와의 공모이다.

환자-의사, 죄수-검사, 사물-과학자

현대문명인은 정신질환자의 가능성으로 존재한다. 정신분석학의 핵심은 분열된 만큼 분석한다는 것이다. 정신분석학적 해석은 결국 해석학적 순환론(해석과 이해의 순환)에 빠지게 된다. 원인과 결과, 주체와 대상이 서로 꼬리를 물고 있다. 여기에 상징과 가면이 개입하면 사태는 더욱 복잡해진다. 정신분석학에서 환자와 의사의 관계는 마치 재판정에서 죄수와 검사의 관계에 흡사하다. 유능한 의사와 검사는 환자와 죄수를 추체험(推體驗)하지 않으면 안 된다. 사물에 대한 과학자의 입장도 마찬가지이다. 그런 점에서 인간의 정신은 정신병이다.

서양문명은 다른 문명을
자신의 영양분으로 만든다

서양의 근대문명은 동양 혹은 제3세계, 심지어 원시문명까지도 철저하게 자신의 영양분으로 만들었다. 마르크스는 원시모계사회에서 '원시공산사회'의 아이디어를 훔쳤으며, 빅터 터너는 원시제의에서 '코뮤니타스'의 정신을 훔쳐 연극론에 집어넣었으며, 칸트는 동양의 성리학의 천명(天命, 천리天理)에서 '이성 속의 하나님'과 '정언명령'이라는 아이디어를 훔쳤으며, '양심'이라는 것도 심학(心學)의 양지양능(良知良能)에서 얻었을 확률이 높다. 헤겔은 아예 '미네르바의 올빼미'를 비유적으로 들면서 종합적으로 동방의 문명이 서양에서 완성된다는 서양 중심의 '오리엔탈리즘'을 천명했다.

니체는 디오니소스축제라는 인류공통의 원시축제에서 '예술생리학'의 아이디어를 훔쳤으며, 이것을 아폴론과 함께 서양문명의 양대 기둥으로 삼아 '권력에의 의지' 철학을 만들어냈다. 이렇게 철저한 소유의 문명은 결코 존재의 바다에서 안심입명(安心立命)하며 죽을 수 없다(죽지를 못한다). 그들은 죽음마저 소유하고 싶은 욕망 때문에 천국(天國)을 만들어냈다. 그래서 죽음에 대한 불안과 공포가 실존의 한계이다. 실존의 한계가 또한 현상학의 종말이다. 타자의 메시아를 찾고, 존재론 대신에 윤리학을 찾지만 그것 또한 현상학적 종말(종말적 현상)에 대한 자기 나름의 정신적 몸부림이다.

죽음을 극복하지 못하면 존재는 결코 스스로를 드러내지 않는다. 서양철학자들은 기껏해야 존재의 바다에서 배를 띄우거나 항해를 하거나 살려달라고 메시아에게 애원할 뿐이다. 그래서 그들은 기껏해야 삶의 환상(가상실재)을 본다. 서양의 한계는 오늘날 인류의 한계이다. 왜냐하면 서양문명이 인류를 이끌고 있기 때문이다. 서양문명으로부터 벗어나지 않으면 인류는 소유적 존재로서 생(종말)을 마칠 것이다.

경구 533

우상의 동일성

귀신은 죽은 영혼(정령)을 자연화한 것, 즉 자연으로 돌려보낸 것이다. 이때만 해도 인간과 자연의 거리감은 없었다. 그런데 인간은 귀신을 점차 초월적인 존재로 생각하기 시작했다. 이것이 신의 발명이다. 샤머니즘의 여신-여사제의 시대는 인간과 신이 하나였던 것인데 점차 신을 초월적인 존재로 생각하면서 신은 남신화(男神化)되었다. 그런 점에서 귀신과 여신은 가부장제 이전의 공동운명이었다. 현대인은 신을 책(『성경』) 속에 있는 귀신(죽은 신)으로 섬기고, 옛 인류들은 귀신(조상)을 신(살아 있는 신)으로 섬겼다. 그래서 현대에는 신이 죽을 수밖에 없다. 이것을 제일 먼저 용감하게 선언한 철학자가 니체이다. 신은 살아 있는 우주의 기운생동이 아닌, 다른 동일성(同一性)의 우상(偶像)으로 변했다.

신의 발명, 인간의 번영과 몰락

인류의 밖에서 인류의 삶을 일별하면 신을 발명한 생물종으로서 지구를 지배하였다가 결국 자신이 발명한 신을 죽이고, 신을 기계로 대체함으로써 종(種)의 생을 마치는 하나의 생물종일 확률이 높다. 선과 악은 그러한 생을 통한 하나의 줄기찬 의식이었을 뿐이다.

예술인류학에서 철학인류학으로

나의 예술인류학이 철학인류학을 거쳐서 인류의 축제를 연구하다가 '놀이의 존재론'에 이르게 된 것은 철학이라는 것이 결국 현상학적 '말놀이'에 불과한 것을 넘을 수 없고, 예술과 축제라는 것은 결국 단순한 말놀이가 아니라 그것을 넘어서 신체가 참여하는 일종의 개인적 혹은 집단적 놀이라는 것을 알게 된 때문이다. 예술과 축제의 핵심은 결국 '놀이하는 존재'로서의 인간을 드러내는 행위, 퍼포먼스이다.

팍스(Pax＝peace)의 뒤에 숨은 폭력

인간의 평화라는 것이 역사적으로 볼 때 항상 팍스로마나(Pax Romana) 혹은 팍스아메리카나(Pax Americana)와 같이 어떤 특정한 나라 혹은 제국에 의해 주도되는 팍스(Pax＝peace)가 될 수밖에 없는 까닭은 무엇인가. 인간의 평화라는 것이 역설적으로 전쟁에 의해서 실현되고, 다시 전쟁에 의해서 깨어지는 일종의 '전쟁과 평화'의 현상학적 왕래의 성격을 벗어날 수 없기 때문이다. 진정한 평화는 마음의 평화, 존재론적 평화에서 이룰 수밖에 없다. 역사적 혹은 논리적이라는 말은 결국 집단에 의해 만들어진 일종의 허상이다. 진정한 평화는 그러한 점에서 비역사적·비논리적인 것이 될 수밖에 없다. 이를 존재론적 평화라고 말할 수 있을 것이다. 진정한 평화는 평화를 목적할 때 달성되는 것이 아니라 춤추고 노래할 때 평화가 저절로 깃든다.

경구 537

성인과 범인

성인(聖人)들의 결함은 자신의 깨달은 경지에서 세계를 설명(설법, 설교)하기 때문에 일반 보통사람들은 알아듣기 어렵다는 데에 있다. 그래서 성인의 말씀은 제자들과 후손들에 의해 해석을 기다리지 않으면 안 된다.

신체적 만남은 축제

모든 신체적 만남은 작은 결혼 혹은 작은 축제와 같다. 신체적 만남은 자연의 소여(所與)에 따른 신체적 일반성(사물이면 누구나 가지고 있는)에 따라 서로 교감할 수밖에 없기 때문이다. 이것이 신체적 존재론이다. 신체적 존재론은 일종의 현대판 연기론(緣起論)과 같다.

동일성과 차이성의 상호모순

차이로 이루어진 자연은 차이를 주장하지 않는다. 차이는 있는 그대로, 존재 그 자체이다. 차이를 주장하는 인간은 이미 차이성이 아닌 동일성을 전제한 가운데 차이성을 주장하고 있다. 모든 주장은 이미 동일성을 감추고 있다.

삶(live)과 믿음(believe)

인간의 원형적(최초의) 존재방식은 종교적 인간이다. 그러한 점에서 삶(live)은 자연스럽게 믿음(believe)이다. 종교적 인간이 정치적 인간이 되고, 정치적 인간이 과학적 인간이 된 것이다. 이는 모두 종교의 변형이다. 예술적 인간은 이들 모두를 관통하는 것으로서 마지막 미래인간상으로 남아 있다.

단순소박과 복잡계

단순소박(單純素朴), 이것만큼 세계를 관통하는 말은 없다. 복잡성(복잡계)은 단순소박함의 복잡화일 뿐이다. 천지의 기운생동으로 기후(氣候)가 만들어지고, 단세포 DNA는 인간이라는 다세포동물에 이르렀다. 주체와 권력(주권적 개인)이라는 것은 이런 일반적인 현상을 보편적 현상으로 세운(배열한) 것이다.

팽창과 소멸의 비(非)자아

작은 것이 팽창되듯이 큰 것은 소멸된다. 팽창된 것은 언젠가는 소멸되고, 소멸된 것은 언젠가는 팽창된다. 그러나 작은 우주든, 큰 우주든 자아(ego)는 없다. 실체로서의 자아는 없지만 전체성으로서의 자기(itself)는 있다.

존재는 존재감

존재는 그냥 존재감(存在感: 존재의 느낌), 존재의 분위기, 존재의 기분일 뿐이다. 존재는 존재이유(why, reason)가 아니고 어떤 육하원칙(六何原則)으로도 말할 수 있는 것이 아니다. 인간이 알고 있는 모든 존재는 실체화된 가상존재(가상실재)일 뿐이다.

마르크스보다는 니체를 배워라

한국인은 마르크스를 배우기보다는 니체를 배워야 한다. 마르크스는 노예의 철학인 반면 니체는 주인의 철학이기 때문이다. 식민지를 거치면서 압박과 설움에 시달린 한국인은 '원한(怨恨)과 분노(忿怒)의 마르크스'가 되기 쉽지만 주권적 개인으로서의 주인이 되기는 어렵다. 그렇다고 해서 니체가 바람직한 인간상이라는 것은 아니다. 마르크스와 니체는 둘 다 파시즘을 발생시킨 서양철학의 마지막 스타이면서 이미 퇴물이다. 인간은 종교와 국가와 과학과 예술과 문화를 통해 개인의 권력을 증대시켜온 것이 사실이다. 그러한 점에서 니체의 '권력에의 의지'는 참으로 맞다. 그의 말대로 세계는 국가라는 조직에 다른 모든 문화장르를 귀속시키고 있고, 국가 이익에 매몰되어 있다. 권력에의 의지가 패권경쟁을 계속해서 지속한다면 이제 인간이라는 종이 종말에 이르는 것을 피할 수 없게 되었다.

법과 법정서

한국인은 신체와 법을 분리시키지 못하는 선천적 결함을 지니고 있다. 그래서 법이 쉽게 감정으로 변신할 뿐만 아니라 남의 법이 큰 거부감 없이 나의 법이 된다. 그런 점에서 한국인은 남의 생각에 의해 살아가는 민족이다. 남의 질문을 나의 질문으로, 남의 답을 나의 답으로 자연스럽게 받아들이는 삶을 산다. 때로는 역사적으로 희생양을 만들거나 몸부림을 치면서 살아간다. 한국인에게 삶은 일종의 몸부림이다. 진정한 질문은 나의 것이 되지 않으면 안 된다.

자연적 존재로 태어나
역사적 존재로 죽는다

인간은 자연적 존재로 태어나서 역사사회적 존재가 되었다. 역사사회적 존재라는 것은 한마디로 어떤 동일성을 추구하는 존재라는 뜻이다. 인간의 역사와 과학은 서로 반대되는 것 같지만 실은 '문장화'라는 공통점이 있다. 역사는 의식을 문장화한 것이고, 과학은 사물을 문장화한 것이다.

경구 547

섹스의 환상과 상상력의 환상

신체가 섹스의 환상을 불러일으키는 것은 상징이 상상력의 환상을 불러일으키는 것과 같다. 그런 점에서 상상력의 원동력은 섹스이다. 그러한 점에서 문화는 삶의 환경에서 벌어진 섹스의 여러 변형이다. 오이디푸스콤플렉스와 안티-오이디푸스콤플렉스는 집중과 분열의 현상학적 차이에 지나지 않는다. 진정한 안티오이디푸스콤플렉스는 한국의 고부콤플렉스이다.

압축성장과 세뇌공작

경제의 압축 성장은 의식의 세뇌 공작과 같다. 남한은 전자를 이루었고, 북한은 후자를 이루었다. 그런데 남북한은 모두 하나를 잃고 다른 하나를 얻은 제로섬 게임을 벌였다. 둘다 절름발이이다.

자기에게 속는 것은 좋은 일인가

인간은 누구나 자기에 속고 있다. 자기방식으로 살고 있는 것 자체가 이미 자기에 속고 있는 것이다. 자기방식은 흔히 다른 방식으로 살고 있는 것을 부정하게 만든다. 존재방식 혹은 존재에 대한 이해는 존재가 아니다.

사대주의는 불안을
일시적 편안으로 바꾼다

한국인은 자신도 모르게 사대주의를 한다. 마치 사대주의를 하는 것이 선신문화를 누리는, 선진국사람들이 되는 것처럼 착각한다. 사대주의는 삶의 불안을 일시적 편안으로 바꾸기 때문일까. 아니면, 수동적 삶에 길들여진 때문일까. 아니면, 한국문화의 특성인 여성성의 정치적 발로 때문일까. 한국문화의 여성성은 사대주의가 아니라 거의 노예주의의 수준이다. 한국인이 사대주의와 식민주의와 마르크스주의를 넘어서는 것은 거의 기적에 가까운 사건이다.

주인이 되는 것은 천명을 받는 것이다

세계의 주인이 되는 것은 마치 한 사람으로 하여금 세계의 신이 되는 배포나 포부가 있는 것과 마찬가지이다. 주인이 된다는 것은 극단적으로는 스스로 세계의 절대적 존재인 주(主)를 만나는 것과 같고, 천명(天命)을 받는 것과 같다.

십자군전쟁의 악마성

인간은 종종 적을 공격하면서 자신을 드러낸다. 악마성은 바로 그 대표적인 것이다. 전쟁의 악마성은 가장 극적(劇的)이다. 특히 '나'에게서 '악마'를 발견한다는 점에서 극적(劇敵)인 것이다. 어떠한 전쟁에도 악마성이 숨어 있다. 그런 점에서 십자군전쟁은 기독교의 악마성이 드러난 전쟁이었다.

자유, 평등, 실체

자유자본주의가 자유의 기독교라면, 공산사회주의는 해방

의 기독교이다. 그러한 점에서 자본주의는 자본주의기독교,
마르크시즘은 마르크시즘기독교라고 명명되어도 좋다. 둘
다 '대중적 기독교'이다. 니체는 기독교를 대중적 플라토니
즘이라고 명명했지만 이제 기독교야말로 대중적 설명을 필
요로 하고 있다. 그렇다면 자연과학에 대해서도 이렇게 말할
수 있다. 자연과학은 자연과학기독교라고 말이다. 이들은 동
일성을 찾아간다는 점에서 같다. 자유의 동일성, 평등의 동일
성, 실체의 동일성 말이다.

경구 554

죽음은 삶만큼 신비롭다

죽음은 삶만큼이나 신비롭다. 어찌 죽는다는 말인가! 미
지야말로 영원이 아닌가. 영원, 영혼, 불멸은 역설적으로 죽
음으로써 달성되는 것이다. 죽지 않는다면 어찌 불멸이 있을
수 있겠는가. 죽음이야말로 불멸이다. 생멸이야말로 불멸이
다. 변하는 것이야말로 변하지 않는 유일한 진리이듯이 모순
이야말로 유일한 진리이다. 진리는 존재가 아니듯이 존재는

진리가 아니다. 근거 아닌 근거, 진리 아닌 진리인 존재에 도
달하여야 본래존재, 진정한 존재 '참존재'에 참여하는 선물
의 기쁨을 누릴 수 있다.

경구 555

엽기적인 남북한의 모습

현재(2016년 12월 31일)로서 한국인(한민족)은 통일된 근대
국가를 만드는 데에 실패했다. 남한은 '국가 없는 국민'이 되
었고, 북한은 '국민 없는 국가'가 되었다. 남한은 방종(放縱)
에 가까운 해방(解放)국가, 역동적 국가가 되었고, 북한은 감
옥(監獄) 같은 병영(兵營)국가, 폐쇄된 국가가 되었다. 국경을
마주하면서 남북한만큼 태극음양으로 대조되는 국가는 없
을 것이다. 역사의 신은 한반도(한민족)에게서 어떤 드라마
를 꿈꾸는 것인가. 신의 한 수인 유엔의 탄생으로 건국한 대
한민국은 역시 신의 한 수인 유엔군의 힘으로 북한의 침략을
막아냈고, 이제 다시 세 번째 신의 한 수로 통일을 기대하고
있다. 인류의 제3의 역사드라마를 전개할 한국인은 그 임무

를 잘 수행할 자질을 갖춘 것인가. 이 시점에서 한국인의 네거티브를 떠올리지 않을 수 없게 된다. 당파적 본능은 국가를 만들기에는 치명적 결함인가? 언제부턴가 한국인은 본능적으로 반체제적 기질을 가진 것인가? 조선조의 가렴주구의 수탈의 잔재인가, 일제식민지 억압의 잔재인가? 국가와 문명이라는 것이 본래 자연적 삶을 위배한 것인가? 지구촌 문명은 한반도에서 원시반본의 혁명과 전회를 꿈꾸고 있는 것인가?

경구 너머

나는 이 책을 나의 아버지 박재명(朴在明)에게 바친다.
아버지는 내가 의사가 되는 것을 마다하고
시인이 되고자 했을 때 가장 마음 아파한 분이다.
아버지는 항상 밝음(明) 속에서 존재(在)한 분이었다.
철학은 불효자의 일인 것 같다.
나는 나의 아버지의 천재와 어머니의 모성애의 작품이다.

우익은 부패로 망하고,
좌익은 거짓으로 망한다

한국의 좌파들은 조선조의 성리학자들처럼 탁상공론과 당쟁, 그리고 저주의 바이러스를 뿌리면서 한국의 발전을 막고 역사를 후퇴시키고 있다. 한국의 지식인들은 지식을 사유화·권력화 함으로써 결국 지식을 배반한다. 우익은 부패하고 좌익은 거짓말을 한다. 우익은 부패로 망하고 좌익은 거짓말로 망한다. 부패는 경제의 거짓말이고, 거짓말은 뇌의 부패이다.

계절의 상징과 축제

존재에서 솟아오른 현상 중에 가장 존재를 배반하지 않는 것은 계절이다. 계절이 돌아오는 것은 과학에 의해 실현되지 않을 뿐만 아니라 존재를 현존으로 보존하고 있는 축제이다.

계절의 보존은 보수가 아니라 생멸의 진화이다. 진화 속에는
간혹 발전의 양상도 있겠지만 실체는 없다.

수컷은 운동의 불안이 있다

수컷과 정충은 방향을 설정하기 때문에 이성적이다. 여기
서 이성적이라는 것은 우선 용감하다는 뜻이고, 결국 모험을
즐긴다는 뜻이다. 수컷에게는 개척과 죽을 사명이 있다. 수컷
은 영웅이 되거나 성인이 되는 것 중 하나를 선택해야 한다.

모든 종교는 제도가 되어 타락한다

모든 종교는 유대교가 되어 타락한다. 유대교는 절대유일
신을 섬기는 종교이지만 절대를 제도화하는 것으로부터 타

락하기 시작하고 제도는 기술이 됨으로써 숨쉬기를 멈춘다. 기계는 스스로 재생산을 하지 못하고 스스로 숨을 쉬지 못한다.

가부장제의 끝은 파시즘이다

모든 사회주의는 열등성을 드러내는 것이다. 공산사회주의든, 국가사회주의든 그것은 이상적이기 때문에 위선적이고, 위선적이기 때문에 이상적이다. 지나친 국가주의(절대국가)도 결국 사회주의다. 개인과 개인의 자유가 없어진 사회는 결국 전체주의가 될 수밖에 없다. 특히 개인과 개인의 차이가 없는 평등은 처음부터 계량적 평등이기 때문에 과학보다 앞서 오는 전체주의다. 철학이 마르크스의 유물론과 유물사관에 의해 평등을 실천하는 이데올로기가 되고, 과학에게 자신의 본령을 내줌으로써 기계주의(입자주의 혹은 파편주의)에 굴복하게 된 것은 인류로 하여금 역사적 진행속도와 정도의 차이는 있지만 결국 최종적으로 전체주의-기계주의로 향하게 하는 것이다. 기계주의도 과학적 전체주의다. 유물론과 과학은 전자는 이데올로기적 전체주의, 후자는 과학적 전체주의로 향하는 전체주의의 동지이다. 자유자본주의도 생산의 효율과 기계주의를 벗어나지 못했다는 점에서 결국 전체주의가 된다. 가부장제의 끝은 결국 파시즘이다.

경구 너머 006

자유와 해방의 선후교차

노예는 해방을 기다리지만 해방은 다시 자유를 기다린다. 그러나 자유를 기다리는 모두가 자유인이 되는 것은 아니다. 해방이 자유로 승화되는 것은 매우 힘들다. 노예민족이 주인민족이 되는 것은 하늘의 별을 따는 것만큼이나 어렵다.

상반된 세계의 수수께끼

내가 닫혀 있으니까 열려 있는 것을 생각하고, 내가 악하니까 선을 생각한다. 만약 내가 닫혀 있지 않으면 열려고 하지 않았을 것이고, 내가 악하지 않으면 선을 떠올리지 않을 것이다. 그런데 사람들은 자신이 열려 있으니까 닫혀 있는 것을 생각하고, 자신이 본래 선한데 잘못되어 악한 일을 했다고 생각한다. 인간은 결국 역설적 존재이다.

도덕과 타락의 물고 물림

변하지 않는 도덕은 타락과 부패의 출발이다. 성리학이 아니라 조선의 성리학은 그 대표적인 것이다. 조선의 위선적인 도덕은 조선을 사대의 노예로 만들고 조선이 망하는 데에 이르고서야 운행을 멈출 수밖에 없었다. 사대주의-식민주의-마르크스주의야말로 한국인이 넘어야 할 세 가지 장벽이다.

존재는 스스로를 배반한다

존재는 인간에 이르러서 존재를 전체적으로 배반하게 되었고, 그러한 배반을 문명과 기계라는 이름으로 포장하여 빛나게 하고 있다. 그러나 기계는 다시 인간을 배반함으로써 존재를 존재로 돌려놓을 것이다. 세계는 존재의 가상의 가상의 가상의 가상…이다.

애니미즘에서 종교통합의 순환고리

불교의 영혼불멸설과 윤회설은 인류문명의 토테미즘과 샤머니즘의 집단적 상징을 개인의 영혼의 초월적 차원에서 해석한 것이라고 볼 수 있다. 인류의 종교는 애니미즘(A: animism)에서 토테미즘(T: totemism)으로 나아감으로써 생태계에 훌륭하게 적응하는 한편 샤머니즘(S: shamanism)에 이르러 처음으로 초월적인 영혼을 가정하였다. 그 후 인간으로서의 성인을 섬기는 불교(B: Buddhism)와 유교(C: Confucianism)와 기독교(C: Christianism)로 신인합일(神人合一)의 경지를 개척하였고, 가장 최근에 이르러 종교의 통합(U: Unification of Religion)을 모색하는 단계에 이르렀다. 그런데 종교의 통합은 역설적으로 애니미즘과의 만남으로 이루어진다. 말하자면 A-T-S-(B-C-C)-U는 순환관계에 있게 된다.

경구 너머 011

한국의 대학,
무덤에서 제사지내는 사람들

서울대는 학문의 무덤이다. 최악의 경우 그들은 무덤에서 제사를 지내는 집단이다. 지금과 같이 서울대마피아집단이 있는 한, 한국은 귀신사회를 면할 수 없다. 남(구미 선진국)의 텍스트(혹은 경전)에 사로잡힌 앵무새(노예)의 무리이며, 사대주의와 식민주의와 마르크스주의의 족쇄를 벗어날 수 없을 것이다. 조선의 성균관(성균관대학의 전신)도 마찬가지였다. 성균관도 남(중국)의 텍스트(성리학)를 숭배하는 인간을 길러냈을 뿐이다. 성균관의 말로는 조선의 멸망에서 찾을 수 있다. 미국사대주의의 덫에서 천신만고 끝에 벗어나면 다시 중국 사대주의의 덫에 갇히는 것이 한국의 지식인이다. 여기에 일본 식민주의라는 독사가 마르크스주의라는 새끼 독사를 거느리고 도사리고 있다. 이런 삼중사중의 벽을 넘어선 학자는 드물 수밖에 없다.

창조에는 도약과 비약이 있다

진정한 창조에는 반드시 도약과 비약이 있다. 창조적이지 못한 민족은 그러한 건너뜀을 도저히 인정하지 못한다. 그래서 기껏해야 논문은 주석 혹은 각주에 불과하다. 이러한 고증은 기껏해야 기존의 것을 다시 확인하거나 그것에 의존하는 언저리에 있는 것에 불과하다. 한국의 대학들은 바로 이러한 수준에 있다. 시를 좋아하는 한국인이 창조적이지 않다는 것은 이해가 가지 않는 일이다. 이는 어떤 시기부터(특히 조선조부터) 외국의 철학이나 이데올로기가 한국인을 억압한 때문일 것이다. 진정한 시의 정신은 저항에 있는 것이 아니라 찬미에 있다.

유동적 의미를 찾아가는
상징과 은유의 궤적

현상학과 구조주의와 동양의 음양 상징주의는 차원이 다른 것이다. 현상학은 실체를 전제하는 목적(대상) 혹은 목적으로의 지향을 의미하며 구조주의는 실체와 상관없는 일종의 관념주의다. 이에 비해 동양의 음양 상징주의는 실체도 관념도 아닌 생성주의다. 생성주의는 동일성을 의미하는 실체를 인정하지 않지만, 그렇다고 머릿속의 관념을 실재라고도 생각하지 않고, 변화하는 자연의 세계를 인정하면서 상징형식으로 세계를 해석하고 적응하는 방식이다.

상징형식은 세계를 연장하거나 지연(외연)하는 것이 아니고 내포하면서 세계의 동질성(동일성이 아닌)을 느끼게 하는 방식이다. 이들은 모두 세계의 이원구조(이원대립항)를 전제하지만 현상학은 이것을 대립(갈등)으로, 구조주의는 대칭(구조)으로, 음양 상징주의는 상보관계(상호보완)로 여긴다. 이것들을 뒤섞어서 어떤 이론을 만들어낸다면 이는 잘못된 혼합이며, 일종의 주술이라고 할 수 있다. 상징은 명사적·고정적 의미가 아니라 동사적·유동적 의미이며, 나아가서는 이중적·다중적(다차원에서) 혹은 모순적(하나의 차원에서) 의미이며, 종국에는 무의미에 도달함으로써 무(無)에 도달하는 유동적 의미라고 할 수 있다. 상징은 은유의 일반적·대중적 명칭이다.

경구 너머 014

경계는 불안하고, 창조적이다

의례이든, 연극이든, 철학이든, 과학이든 항상 경계가 있다. 그 경계는 항상 불안하고(안정적이지 않고), 불확정적이지만(결정적이지 않지만), 사회적 지위의 변동과 사회의 변증법적 발전과 형이상학적·과학적 발전은 항상 그 언저리에서 일어난다.

언제 만물평화에 이르겠느냐

진리는 가상실재일 뿐이다. 만물이야말로 그 자체가 생명이다. 그래서 만물생명이고, 만물평등이고, 만물평화이다.

남자의 머리, 여자의 몸

불확정성의 세계는 남자(머리와 언어)가 보는 여성의 세계(몸의 생명의 세계)이다. 남자(인간)는 존재(생성, 자연)를 정지시키고자 하고, 심지어 정지된 것을 존재(존재자)라고 하고, 그것에 폭력(도구)을 행사하고자 한다.

주술과 과학의 순환

주술과 과학의 차이는 전자는 남(관찰자, 구경꾼)의 눈을 속여서 어떤 동일성을 연기하는 것이라면 후자는 나(관찰자)의 눈에 속아서 어떤 동일성(입자, 궤도)을 규정하는 행위를 하는 것이다. 결국 둘 다 동일성의 퍼포먼스에 불과하다. 존재는 진리(동일성)가 아니라 퍼포먼스이다. 진리라는 것은 존재(생성)를 거꾸로 추적하는, 사후적(事後的), 환원적(還元的) 행위에 불과하다. 그래서 무시무종(無始無終)의 존재에서 유시유종(有始有終)의 점을 찍는 것에 불과하다. 물질과 과학은 정신의 현상학이다.

눈을 멀리하라, 귀를 가까이하라

존재를 깨달으려면 눈에 의존해서는 안 된다. 눈은 결국 속임수를 벗어날 수 없기 때문이다. 존재는 동일성(입자)이 아니라 소리(파동)이다. 그 소리를 들으려면 귀의 세계에 자신을 맡겨야 한다. 소리야말로 본래 세계이다. 음악이 아름다움과 예술의 정상의 지위에 있는 것은 소리를 재료로 한 덕분이다. 음악이 좋은 이유는 비록 사상이 숨어 있더라도 그것을 직접적으로 표출하지 않고, 파동(음파)으로 표현함으로써 존재에 도달하기 때문이다.

신체가 가는 곳에 축제와 예술이 있다

신체야말로 존재이고, 축제이다. 신체를 거치지 않은 것은 시도 아니고 예술도 아니다. 시는 신체를 거친 일상어의 은유이다. 상징은 신체를 거친 언어의 다의미(多意味), 고정된 의미가 아닌 살아 있는 의미이다. 신체는 존재의 근본과 통하는 매개이면서 존재 그 자체이다. "존재는 진리가 아니다. 존재는 퍼포먼스이다." 그런 점에서 예술은 종교나 과학(주체-대상으로 이원화된 장르)보다 존재가 일원화된 놀이(주체-대상이 하나가 된 장르)로서의 의미가 있다. 예술의 조형은 신체의 소리(나의 요청과 신의 부름)를 언어(예술언어, 상징언어)로 번역한 것이다. 예술과 축제는 먼 미래를 위한 현상학적 대상이 아니라 지금 즐기는 존재론적 퍼포먼스이며 향유이다. 즉 자발적 놀이이다. 인간은 예술과 축제를 통해 존재감을 느낀다. 존재는 사유(철학)가 아니라 퍼포먼스(놀이)이다.

양심의 소리, 백성의 소리, 관세음보살의 소리

우리는 항용 '양심의 소리'에 귀를 기울이라고 말한다. 또 '백성의 소리'를 귀담아들어야 한다고 말한다. 더욱이 우리는 관세음보살(觀世音菩薩)을 섬긴다. 관세음보살은 천수천안(千手千眼)이라고 말한다. 이는 손(파악把握, 소유)과 눈(지식知識, 소유)을 극복하고 지혜(智慧)에 도달하라는 의미이다. 도대체 소리란 무엇인가.

진리와 신비

우리는 진리로 밝혀지지 않는 신비를 인정하지 않을 수 없듯이 인간존재가 저지른 죄를 용서하지 않으면 안 된다. 왜냐하면 신비와 죄도 존재에 속하기 때문이다.

자유인과 죄수

진정한 자유인은 어떤 경우에도 자신이 속박되어 있는 것을 모르는 자이다. 만약 어떤 지식인이 지식을 자신의 사리사욕으로 바꾸는 것이라면 그는 진정한 자유인이 아니며 진정한 학인도 아니다. 대개의 인간에게 지식은 자유가 아니라 감옥이 된다. 인간은 결국 수인(囚人)이다. 해방이 남의 힘에 의해 자유를 얻는 것이고, 해탈이 자신의 힘에 의해 자유를 얻는 것이라면 어느 것이 진정한 자유인가. 성인만이 자유인이라고 말할 수 있다.

욕망과 본능

욕망은 이미 이성화된 본능이다. 이성은 이미 도구화된 욕망이다. 욕망과 이성의 끝이 기계라는 사실은 어느 것에 매달려 발버둥을 쳐도 종말을 면할 수 없음을 말한다. 천지창조를 설정한 곳에 동시에 종말구원이 설정되어 있음은 인간 드라마의 본질적 시종(始終)이다.

죽음 내려놓기

인간은 죽음을 자신의 끝이라고 생각함으로써 극명하게 현상학적 존재임을 증명한다. 자신이 있기 때문에 죽음이 있다. 죽기 전에 죽음을 내려놓을 수 있는 사람은 결국 해탈한 사람이거나 순교자밖에 없다. 대부분의 인간은 죽음으로써 죽음을 내려놓는다.

말과 도구

인간은 죽을 때가지 말의 감옥을 만들어놓고 그것을 끝까지 달아내기를 계속하면서 감옥을 벗어나지 못하는 종자이다. 인간의 말이라는 도구는 처음엔 인간의 생존을 보장했으나 마지막에는 변절하여 멸종을 기약하는 도구로 변한다. 이것이 도구의 본질이자 양면성이다.

어리석은 학자들

어리석은 학자들에는 두 종류가 있다. 하나는 자신의 것(전통 혹은 문화)을 남에게 주어버리는 학자이다. 결국 남의 관점에서 자신을 해석하는 일에 평생토록 종사하는 노예가 된다. 예컨대 동양의 음양론 혹은 음양 상징론은 결코 변증법과 현상학이 될 수 없는데 이를 이원적 변증법이라고 주장하는 경우이다. 음양론은 결코 관념론이 될 수 없는데 음양을 마치 대립적 관념처럼 사용하게 된다. 흔히 동양권의 학자가 서양에 유학한 경우 이러한 함정에 빠지게 된다. 음양 혹은 음양오행은 결코 관념이 아니라 실재(실체가 아닌 존재)이며 계절의 변화와 같이 동일성이 없는 기운생동(氣運生動)의 변화를 표상하는 상징징후이다. 필연적으로 이런 학자는 음양의 상호보완적인 성격을 마치 서양의 변증법적 통합(unification, integration)이나 음악적 조화(harmony)처럼 해석하게 될 것이다.

어리석은 학자의 또 다른 예는 남의 것을 마치 자신의 것처럼 표절하는 경우이다. 남의 텍스트를 그대로 공부(학생)했거나 번역(번역가)하는 일에 종사한 것에 불과했으면서도 마치 자신을 독자적인 학자 혹은 철학자로 오해하게 된다. 이런 학자는 결국 남의 학설을 자신의 것처럼 훔치거나 살짝 변조하여 자신의 것으로 포장하고, 자신의 과시용으로 사용하면서 혹세무민하게 된다. 이런 학자는 공유물인 전통을 마치 자신의 개인적 소유물로 오인하고, 정작 자신의 독자적인 학설을 세우지도 못하면서도 평생 허장성세의 큰소리를 치면서 자신을 위대한 학자로 스스로 기만하게 된다. 이런 학자는 대중을 상대로 학문을 엔터테인먼트하는 광대는 될 수 있어도 결코 학자는 될 수 없다. 두 경우 모두 주술사 혹은 광대에 불과한 학자들이다.

경구 너머 027

성인 팔아먹기와 종교의 죄악

인간은 자신의 사리사욕을 숨기는, 이를 위해 성인마저도 팔아먹는 자기기만의 존재이다. 이것이 성인이 태어난다고 해도 종국적으로 인간문제를 해결할 수 없는 이유이다.

경구 너머 028

심정적·신체적 체휼을 위하여

시인(예술가)의 존재에 대한 감흥을 일반인들은 축제 혹은 종교의례를 통해 느낀다. 과학자는 시인이 일상어를 은유적으로 사용해 느끼는 감흥을 사물의 환유적 재조합(재구성)을 통해 달성한다. 종교는 시인과 과학자의 감흥을 각종 상징과 심정적·신체적 체휼로 느끼게 하는 장르이다.

존재는 퍼포먼스이다

"존재는 진리가 아니라 퍼포먼스(놀이)이다." 이는 다시 말
하면 "존재는 이론이 아니라 실천이다"라는 뜻과 통한다. 그
런 점에서 마르크스도 존재가 놀이라는 것을 깨달은 인물이
다. 그런데 마르크스의 놀이는 계급투쟁의 놀이로서 '저주의
놀이'이다. 마르크스의 놀이가 '저주의 놀이'가 된 것은 이
세계를 유물론과 무신론으로 본 때문이다. 놀이가 진정한 놀
이가 되려면 '축복의 놀이'가 되어야 한다. '축복의 놀이'가
되려면 스스로 축복해야 한다. 스스로 축복하려면 용서(容恕)
를 해야 하고, 사랑을 해야 하고, 희생을 해야 한다. 희생도
기꺼이 해야 한다. '저주의 놀이'는 '악령의 놀이'이다. 그런
점에서 악령을 풀어주는 놀이를 해야 한다.

굿에는 '엑소시즘(exorcism: 악령을 풀어주는 놀이)'과 '축복
의 놀이'가 동시에 있다. 축복의 놀이는 남을 저주하는 놀이

가 아니라, 남으로 인해(남에 의해서) 일어나는 놀이가 아니라, 자신의 흥(興)과 신(神, 신명神明)에 겨워서(자신에 의해) 일어나는 자발적인 놀이이다. 축복의 놀이는 자발적으로 일어나는 '신의 놀이'이다. 축복의 놀이를 할 때 인류는 평화에 도달할 수 있다. 굿은 부족(tribe)사회 혹은 커뮤니티(community)사회에서 마을공동체를 유시하기 위한 종교적·사회문화적·심리적인 치유를 위한 종합처방으로서 결과적으로 코뮤니타스(communitas)를 이루기 위한 의례이다. 비록 오늘날 과학시대의 입장에서 보면 비과학적이고 비합리적인 측면이 없는 것은 아니지만 오늘날 사회갈등을 치유하기 위한 코뮤니즘(communism)의 철학사상적 전략인 계급투쟁보다는 훨씬 효과적이고 앞선 전략이다.

굿의 전략이 신령(神靈)을 인정하고 신과 더불어 노는 오신(娛神)의 전략으로서 '선(善)의 전략'이라면 코뮤니즘의 전략은 신(神)을 부정하고 인간의 갈등을 부추기는 '악(惡)의 전략'이라고 말할 수 있다. 코뮤니즘의 전략이 악의 전략인 것은 상대를 적 혹은 악으로 보고 계급투쟁을 전개함으로써 사회전체에 적대감, 혹은 악령을 퍼뜨리기 때문이다. 이렇게 보면 철학의 마지막이라는 유물론과 유물사관의 마르크시즘과 과학이라는 것이 커뮤니티사회의 샤머니즘보다 못하다고 할 수 있다.

샤머니즘의 '신난다(신바람)' '기 산다'는 스피노자의 코나투스(conatus) 중 '능산적(能産的) 자연'에 가깝다. 또 반대로 '신 죽다' '기죽다'는 '소산적(所産的) 자연'에 가깝다. 자연을 창조-피조로 이분화한 서양문명은 다시 이것을 일원화하기 위해 스피노자에 이르러 자연 안에서 능산-소산을 두었다. 능산적 자연은 창조적 기능을 하는 자연으로서 종래의 신에 해당하고, 소산적 자연은 종래 피조물에 해당하는 것이다. 능산-소산의 구분에는 생사(生死)를 구분하는 스피노자의 실존적·현상학적인 태도가 숨어 있다. 그는 자연의 밖에 있던 신을 자연의 안에 들여놓음으로서 신을 내재성으로 바꾸었다. 스피노자는 신과 세계(자연)의 모순을 극복하기 위해 '신=세계(자연)'로 일원화한 뒤 능산-소산을 두는 전략을 택했지만 결국 자연의 밖에서 세계를 이분한 것이나 자연의 안에서 이분한 것이나 이분화를 벗어나지는 못한 것은 마찬가지였다.

절대유일신을 전제한 서양철학은 이원론을 벗어날 수 없으며 헤겔과 마르크스에 이르러서는 유심론-유물론으로 불거졌다. 이분법은 인간의 인식(의식)구조의 모순이며 함정이며 근본적 질병이다. 이성은 인간의 질병이라고까지 말할 수 있다. 진정한 세계는 실체의 '구조와 운동'이 아니라 비실체인 기(氣)의 '생성과 변화(파동)'일 뿐이다. 서양의 이성(정신)과 과학(물질)은 동양의 이(理)와 기(氣)로 보완되어야 인류를 구원할 수 있게 된다. 그것도 동양의 기(氣)를 물질로 보지 않을 때에 가능하다.

경구 너머 030

상징학에서 징후학으로

상징학은 징후학(徵候學)이 되어야 기운생동과 연결된다. 서양문명은 언어와 상징에는 이르렀지만 징후학에 이르지 못함으로써 역학(易學)을 생산하지 못했다. 서양문명은 결국 언어의 의미 혹은 추상의 기계에는 이르렀지만 자연의 본래에 이르는 데는 실패한 문명이다. 자연을 자연과학처럼 존재하는 것으로 생각하는 서양문명은 과학의 틀에 갇힌 수인이다. 서양문명은 정신병과 광기를 혼잡한 섹스로 해소하려고 할 것이지만 그러한 피상적인 신체적 접촉은 축제가 되지 못함으로써 자연으로의 복귀나 본래존재로 향하게 하는 것이 아니라 욕망만을 극대화할 것이다. 서양은 세계를 소유하기

위해 혈안이 된 족속이다. 그들에게는 소유하지 않으면 존재
하지 않는다.

서양인의 알고리즘은 논리와 기계이다. 논리와 기계라는
것은 기계에게 종속되거나 가두어지거나 멸망하게 되는 알
고리즘이다. 만약 서양문명 식으로 말하면 기계가 인간보다
낫다는 결론에 이르게 된다. 인간은 기계를 신으로 신앙하는
집단이 되어가고 있다. 도구적 인간인 호모사피엔스사피엔스
는 처음부터 힘(힘 있는 동물, 하나님과 악마도 힘이다)을 신앙한,
기계를 신앙할 위험이 있는 생물종이었는지 모른다. 인간은
자연의 존재로서 자연을 배반한 존재이다. 이제 남은 것은 자
연의 무차별한 보복일 것이다. 자연이야말로 본래존재이다.

<hr>

경구 너머 031

메시지와 마사지의 철학

메시지(message)는 마사지(massage)이고 마사지는 메시지이
다. 인간과 세계의 몸의 내외는 없다. 모두 그것 자체, 존재일
뿐이다. 인간이 시간과 공간의 좌표에 의해 만든 선후상하좌

우내외는 없다. 세계는 하나의 몸이다. 철학은 메시지와 마사지로 요약된다. 메시지는 남자이고, 마사지는 여자이다.

경구 너머 032
불의 문명에서 물의 문명으로

불의 상징으로 대표되는 서양문명이 물의 상징으로 대표되는 동양문명으로 대체되지 않으면 인류는 멸망할 것이다. 불은 문명과 권력과 전쟁을 상징하지만 물은 생명과 사랑과 평화를 상징한다. 불은 남성을, 물을 여성을 상징한다. 여성과 어머니에게 인류는 구원을 요청해야 한다.

경구 너머 033
시간과 존재의 간극

시간이야말로 존재를 느끼지 못하게 하는 간극(間隙)이다.

눈이야말로 보이지 않는 세계를 감추는 장막이다. 그런데 우리는 시간과 눈에 의지해 살아간다. 결국 우리는 존재는 느끼지 못하고, 이미 기계와 더불어 살아가고 있고, 결국 기계 인간의 노예가 되고 말 것이다. 우리는 자연을 기계로 보고 있지만 자연은 결코 기계가 아니다. 자연에는 시공간이 없다. 시공간은 과학의 제도일 뿐이다.

경구 너머 034

자비(慈悲), 만물만신의 사랑

도덕은 인간이 개발한 위선이며, 진리는 잠정적 합의에 불과하다. 사랑은 자신이 포용할 수 있는 지배이다. 만약 어떤 사람이 하나도 소유하지 않고 사랑을 한다면, 그 사랑은 만물에 대한 사랑이며 신에 도달한 사랑이다. 만물만신(萬物萬神)의 사랑이다.

이치(理致)라는 것의 가상실재

물(物)에 가장 가까이 다가간 것이 물리(物理)이다. 심(心)은 물(物)과 하나가 되는 것이 궁극적 목표이다. 정신은 물질과 하나가 되는 것이 최종적 목표이다. 정신은 물질의 파생체가 아니라 정신의 현상학적 결론이 물질이다. 이치(理致)는 결국 관리이고, 지배이며, 따라서 권력이다. 유물론은 과학이 아니고 이데올로기이며, 심물일체(心物一體)라는 것을 모르는 사이비과학이다.

인공위성과 대지

문명을 권력으로 말하면 페니스-눈-창(총)-미사일(인공위성)로 대변되고, 이에 반하는 비권력으로 말하면 버자이너-귀-몸(신체)-땅(大地)이 된다.

너무나 인간적인, 신적인

인간의 역사를 보라. 인간이 악이고, 인간이 신이다. 인간 밖에서 따로 악과 신을 찾을 수가 없다. 신이 인간을 구원해 줄 것이라고 꿈에도 생각하지 말라. 망해도 인간에 의해 망하고, 흥해도 인간에 의해 흥한다. 인간만이 자신(自神)이다.

죽음만이 평등이고 삶이다

죽음만이 저절로 평등이다. 죽음 이외에 어떤 평등도 아직 부족한 평등이며, 사사로운 평등에 불과하다. 절대평등 혹은 무상정등각에 이르려면 죽음을 극복해야 한다. 다시 말하면 죽음이 삶과 전혀 다르지 않는 세계라는 것을 자각하는 데에 이르러야 한다.

한글, 소리, 춤, 그리고 소리철학

한글은 자연의 본질과 표상이 거의 딱 붙어 있는(거리가 없는) 소리글자이다. 그렇기 때문에 추상화의 힘이 부족하지만 존재가 다원다층의 의미를 가진 상징의 세계이며 퍼포먼스 (춤)이라는 것을 보여주는 글자이다. 소리는 존재의 궁극이 놀이라는 것을 보여주는 허(虛)와 무(無)의 실체 아닌 실재이다. 소리철학을 알라. 그리고 스스로 소리가 되어라.

구성주의의 반대는 자연주의

구성주의의 반대는 해체주의가 아니고, 자연주의이다. 해체주의는 구성주의의 현상학적 반운동이지만, 구성주의의 진정한 반대는 자연주의이다. 보다 정확하게는 존재론적인 자연, 심물자연이다.

오이디푸스콤플렉스의 반대는
고부(姑婦)콤플렉스

오이디푸스콤플렉스의 반대는 안티오이디푸스콤플렉스가
아니라 고부(姑婦)콤플렉스이다. 서양철학자는 대개 전자의
편에 서겠지만, 동서양철학 전체를 조망하는 자는 후자의 편
에 설 것이다. 철학이 철학인류학이 되어야 하는 이유가 여
기에 있다.

앎의 철학은 과학의 시녀

앎의 철학은 과학의 시녀가 되었다. 삶의 주인이 되는 철
학이 다시 부활하여야 한다. 그런데 삶의 철학의 정점이자
바탕은 결국 나와 남을 축복할 것이냐, 저주할 것이냐의 문
제로 돌아온다. 그렇다면 철학이 샤머니즘의 백주술(white
magic)/흑주술(black magic)과 다른 것이 무엇인가. 축복하면

선이 되고, 저주하면 악이 된다.

세계는 본래 자기자신이다

내 일이 없으면 내일이 없다. 일은 일종의 퍼포먼스, 예술의 출발이다. 세계를 예술로 보는 예술적 사유가 구원이다. 인간은 종교와 과학에서 구원을 기다리다가 이제 예술에 이르렀다. 예술에 대한 이해는 삶이 철학이고, 철학이 삶이라는 깨달음에 이르는 철학인류학의 경지이다. 삶은 아는(knowing) 것이 아니라 되는(becoming) 것이다. 세계는 본래 자기자신이다.

소유를 인정한 가정 중심의
공생공영공의

인류의 이상사회는 모두 실패를 했다. 인간의 욕망과 소유를 인정하지 않는 공산주의의 원시공산사회 환원주의와 기독교의 낙원환원주의는 실은 인간의 관념적 가상세계에 불과했다. 그렇다면 개인의 욕망과 소유와 사유재산제도를 인정한 가운데 인류평화를 실현하는 길은 없을까? 가장 유력한 대안으로는 가정의 윤리를 중심으로 공생공영공의(公生公榮公義, 공생공영공의共生共榮共義)를 실천하는 사회를 들 수 있을 것이다.

서양의 과학적 이(理)와
동양의 도덕적 이(理)

서양의 과학이 들어오기 전까지 동양에서 이(理)는 '도덕적 이(理)'를 의미하는 것이었다. 이(理)의 반대인 기(氣)는 물질(육체) 혹은 감정과 물욕을 의미하는 것이었다. 성리학의 '존천리(存天理) 알인욕(遏人慾)'이라는 말은 이러한 사정을 잘 말해주는 말이다. 그렇다면 과학은 무엇인가. 물질도 이(理)로 파악하는 것이 과학이다. 물질을 수식(數式)의 이(理)로 파악하지 못하면 과학이라고 말할 수 없다. 수식이 없이 기(氣)의 계열인 기질(氣質) 혹은 기물(氣物)로 사물을 파악하는 것은 서양적 의미의 과학이 아니다. 도덕을 도덕적 이성이라고 말한다면 과학은 과학적 이성이라고 말할 수 있을 것이다.

경구 너머 046

인공지능은 제조적 신관의 결과

기독교의 천지창조신화, 즉 제조적(製造的) 신관은 오늘날 인조인간(인공지능)을 제조하는 인간을 처음부터 의지(意志)하거나 지향(指向)한 '인조인간의 현상학'이라고 볼 수 있다. 말하자면 기독교와 과학(기독교과학)은 오늘의 인조인간을 내재했었다고 말할 수 있다.

니체는 실패한 부처, 실패한 예수

니체가 "신은 죽었다"고 천명하였으면서도 다른 한편으로 '권력의 의지' 혹은 '힘의 의지'를 주장한 것은 '권력의 신'으로 다시 회귀한 것이다. '권력의 신'이야말로 바로 '제조적 신'의 다른 말이 아니고 무엇인가. 니체의 영원회귀라는 것도 실은 '천지창조(제조)의 신=권력의 신'을 끝없이(무한대로) 지향하는 것을 의미하는 것에 지나지 않는다. 니체의 권력의 의지와 힘의 증대는 어린아이의 '놀이하는 인간' 혹은 '예술하는 인간'과는 모순관계에 있다. 니체는 결국 자기모순에 빠졌기 때문에 정신적으로 문제를 일으켰을 가능성이 높다. 니체는 실패한 부처, 실패한 예수이다.

동서양문명의 근대적 도전과 응전

서양의 기독교적 오류인 실체론적 세계는 과학적 오류를

낳았지만, 그 오류는 과학의 발전을 낳았다. 서양의 스피노자(에티카: 실체와 양태)는 기독교의 절대유일신과 자연의 세계(물질세계)를 연결하기(통합하기) 위해 노력하였고, 라이프니츠(단자론)는 이를 수학적으로 접근하고 체계화하는 데에 기여하였다. 스피노자는 기독교와 성리학의 융합을 통해 그의 에티카(윤리학)를 완성했다. 그의 윤리학은 칸트에 이르러 과학세계에 걸맞은 도덕철학(이성철학)으로 완성되는데 여기에는 동양의 성리학의 영향이 매우 컸다. 성리학은 도덕적 이성의 하이라이트였기 때문에 자연스럽게 물리적 이성에 잘 맞았다.

스피노자와 칸트는 성리학을 자신의 기독교 문화적 전통 위에서 재해석하여 자기화하는 데에 성공함으로써 자연과학의 시대에 걸맞은 서양인문학, 즉 윤리학과 도덕철학을 서양 사람들에게 제공하였다. 이에 비해 성리학적 세계관에 젖어 있던 중국과 한국의 인문학자들은 서양과학문명을 받아들이는 데 있어서 성리학의 도덕적 이기론(理氣論) 중에서 기(氣)라는 개념을 물질(物質)에 대입하여(도덕적 이성인 성리학의 도그마에서 벗어나기 위해서는 기를 중심으로 세계를 역으로 바라보지 않고는 다른 길이 없기 때문에) 과학을 받아들이기는 했지만 실질적으로 과학을 하는(계량하고 관찰하고 추측하는) 데에는 실패했다. 말하자면 그러한 태도는 여전히 과학에 대한 성리학적(인문학적인 혹은 유교적) 해석에 불과하였기 때문이다. 실학의 집대성자로 불리는 다산(茶山) 정약용(丁若鏞)마저도 부분적으로 기독교와 과학의 세계에 눈을 뜨고 실천하기도 했지만 그의 핵심적 관심은 여전히 성리학에 있었고, 결국 '성리학적 의례(儀禮)의 집대성'에 머물렀다.

한편 '신기(神氣)와 추측(推測)'이라는 개념의 '기학(氣學)'으로 서양과학문명을 해석한 혜강(惠崗) 최한기(崔漢綺)마저도 종교를 신기(神氣: 활동운화活動運化하는 자연의 신)로 설명함으로써 비기독교적인 근대적 신관을 보여주긴 했지만 '성리학적 해석 틀'에서 벗어나서 본격적인 과학세계로 들어가는 진전을 보지는 못했다. 혜강은 성리(性理)의 '도덕적 이(理)'에서 벗어나서 '일기(一氣)'라는 개념을 통해 '물리적 이(理)', 즉 물리(物理)를 바라보려고 했지만 이것은 어디까지나 인문학자의 입장에서 과학을 해석하는 것에 불과하였다. 인문학자의 과학은 결국 물질의 운동과 변화를 수학적으로 계산하고 장악하는 데에 이르지 못했기 때문이다.

18~19세기 조선의 실학이라는 것은 종합적으로 보면 과학에 대한 인문학자들의 전망이나 이해의 수준에 머물렀다. 말하자면 실질적으로 과학을 할 수 있는 능력을 가지지 못했

다. 성리학적 틀에서 말하는 기(氣) 혹은 기질(氣質)의 개념으로서는 서양적 개념의 물질(物質)을 다룰 능력을 획득한 것이 될 수 없다. 예컨대 기(氣)는 심기(心氣)도 포함하고 있으며, 본래 심물일기(心物一氣)이기 때문이다. 그러한 점에서 혜강의 '신기론'은 19세기보다는 도리어 과학문명의 폐해에 시달리고 있는 인류문명을 구원하는 미래종교의 프레임으로 작동할 가능성이 높은 것이다.

거의 동시대에 살았던 최한기의 '천인운화(天人運化)'는 수운(水雲) 최제우(崔濟愚)의 동학의 '인내천(人乃天)'과 비슷한 세계관이었으며 시천주(侍天主)의 시(侍)의 의미인 '내유신령(內有神靈), 외유기화(外有氣化), 각지불이(各知不移)'로 정착되어 종교적인 세계에서 일단의 완성을 보인다. 여기서도 한국문화의 도덕적·종교적 특성을 볼 수 있다. 서학의 과학·기독교의 도전에 조선은 여전히 동학·도덕으로 맞선 셈이다. 이를 동아시아의 시각에서 보면 결국 중국과 한국은 서양문명의 물결을 맞아서 종교를 근대화(기독교의 도입 혹은 신神에 대한 새로운 해석)하는 데에는 진전을 보였지만 자연과학을 장악하는 데는 실패했다고 볼 수 있다. 학자에 따라서는 기학(氣學)이 자연과학을 도입한 것이라고 해석하지만 실질적으로 최한기의 이론에 따라서 자연과학이 발달하였다거나 그가 자연과학적 업적을 낸 증거는 없다. 과학을 '추측(推測)의 학문'으로 바라본 근대적 자각 이상으로는 볼 수 없다.

좀 더 평가한다면 그의 일신운화(一身運化), 통민운화(統民運化), 천지운화(天地運化)가 오늘날의 인문과학, 사회과학, 자연과학에 해당하는 분류학으로서 서양의 학문체계를 성리학적 용어로 번안한 것으로 볼 수는 있지만 그가 자연을 실험하고 관찰하여 법칙을 발견한 경우는 없으며 서양의 과학적 성과를 인식론적으로 수용하고, 과학이 어떤 것인가에 대한 이해를 심화시켰을 뿐이다. 동서문명교섭사에서 보면 서양은 근대에 들어 과학과 인문학의 정립에 둘 다 성공한 반면, 동양은 근대적 종교개혁에는 일부 성공하였지만 과학입국에는 실패했다고 볼 수 있다. 그렇지만 동양의 종교개혁은 서양의 기독교과학의 파고(波高)에 눌려 빛을 발휘하지 못했다.

중국과 한국은 아이러니컬하게도 기독교를 도입했지만 과학의 발전은 한참 뒤에나 일어났다. 동양에서 근대과학문명과 자신의 전통종교의 근대적 재정립(신도神道는 좋은 예이다)에 성공한 나라는 일본뿐이다. 그래서 일본은 아시아의 지배자가 되었다. 일본은 성리학을 도입하기는 했지만 동시에 순자(荀子)의 성악설과 심학(心學)을 발전시켰고, 선(禪)불교의 재해석을 통해 서양의 근대에 지혜롭게 적응한 것으로 보인다. 한국의 경우 최한기에 이어 최제우가 동학(東學)을 일으켜서 서학(西學)의 도전에 대응하였지만 이는 종교적 응전에 지나지 않았다. 기(氣)개념을 통한 서양문명에 대한 응전은 종교적 성공(한때 동학교도들은 100만 명에 이르렀다고 한다)은 거두었지만 과학에서는 실질적인 빛을 보지 못했고, 동학마저도 나중에 기독교세력에 밀려났다.

동학을 중심으로 여러 전통자생종교들이 일어났지만 기독교세력에 눌려 기독교가 주류종교로 자리를 잡았다. 근대 동서양의 문화교류에서 서양은 동양에서 인문학을 가져가서 저들의 것으로 소화하여 저들의 문화적 힘으로 만드는 데에 성공하였지만 동양은 자신의 종교를 일부 쇄신하는 데에 그침으로써 서양의 지배하에 들어갔다. 그 후 동양은 서구열강의 지배가 고착화한 뒤 19세기 말과 20세기 초에 이르러서야 과학에 눈을 떴고, 한국은 20세기 중반(1960년 이후)에, 중국은 한국보다 조금 뒤에 과학화와 산업화에 본격적으로 뛰어들었다. 이것이 근대 초기에 벌어진 동서양 문화교류의 요약이다.

문화의 원형은 주술(呪術)

종교는 인간이 실체가 없는 세계를 믿는 것이고, 과학은 인간이 실체가 있는 세계를 다스리는 것이고, 예술은 인간(개체적인 인간)이 실체가 없는 세계와 놀이하는 것이다. 종교는 신기(神氣)의 세계요, 과학은 물리(物理)의 세계요, 예술은 풍류(風流)의 세계이다. 종교와 과학과 예술의 세계를 교차적으로 말하면 실체가 있는 종교가 과학이고, 실체가 없는 과학이 종교다. 예술은 종교와 과학의 종합놀이며 결국 주술(呪術 =呪文+技術)이다. 신화는 종교를 만들고, 종교는 철학을 만들고, 철학은 과학을 만들었다. 과학은 다시 철학을 만들고, 철학은 종교를 만들고, 종교는 신화는 만든다. 신화와 종교와 철학과 과학이 창조적이 되면 예술이 된다. 이들은 서로 가역한다.

인도유럽어문명권과 한자문명권

세계를 현재 지배적인 언어문명권으로 크게 나누면 인도유럽어문명권과 한자문명권으로 나누어볼 수 있을 것이다. 인도유럽어문명권은 '언어-사물'문명권이고, 여기서 불교와 기독교와 철학과 과학이 탄생하였다. 한자문명권은 '상징-기(氣)'문명권이고, 여기서 유교와 도덕과 한의학과 시(詩)가 탄생하였다. 물론 두 문명권이 교차적인 특성을 가지고 있긴 하지만, 특징적으로 나누면 그렇다.

보편성에서 일반성으로

초월이란 분리된 우주가 전제된 것이고, 그렇기 때문에 계속 초월해야 하는 운명인 반면 존재는 분리되어 있지 않은 우주이기 때문에 초월할 필요도 없다. 진정한 존재는 진리를 추구할 필요도 없고, 그냥 그대로 자연의 일반성이다.

영원과 순간은 현상학이다

영원이나 무한대는 결코 도달할 수 없는 것이다. 영원은 순간의 계속되는 연장이고, 무한대는 한계의 계속되는 연장이기 때문이다. 신도 아마 그런 것일 것이다. 역설적이긴 하지만 영원을 잡는 것은 순간이고, 무한대를 잡는 것은 한계이고, 신을 잡는 것은 기운생동이다.

역사적 종말과 여성적 지혜

지혜와 사랑과 평화의 여신이 오기 전에 질투와 저주와 무지의 여인이 먼저 온다. 신이 오기 전에 사탄이 먼저 온다. 사탄에 속기 쉬운 여인은 역사를 지배할 수 없으며, 역사의 종말에 가서야 지혜와 사랑과 평화에 이른다.

무선전자기체

세계는 본래 존재이다. 그런데 인간은 반드시 우회로를 거친 뒤에야 존재 그 자체에 돌아온다. 이는 도구적 존재의 운명이다. 본래 존재는 실체가 없다. 비유하자면 무선전자기체(無線電磁氣體)로서 불생불멸이다.

스마트폰과 포노로지

인간을 컴퓨터로 말하자면 스스로 프로그래밍하는 컴퓨터이고, 인간을 스마트폰으로 말하자면 스스로 프로그래밍하는 스마트폰이다. 인간을 기계로 말하자면 스스로 프로그래밍하는 기계이다. 그러나 컴퓨터와 스마트폰과 기계는 저절로(스스로) 생성되지 않기 때문에 결코 인간이 될 수 없다.

신들의 전쟁, 신들의 평화

서양문명에 평화가 없는 것은 아니지만, 서양문명은 전쟁을 지향하는 문명이다. 동양문명에 전쟁이 없는 것은 아니지만, 동양문명은 평화를 지향하는 문명이다. 서양문명은 '신들의 전쟁'문명이고, 동양문명은 '신들의 평화'문명이다. 서양이 주도하는 인류문명은 현재 '패권(권력)과 저주의 문명'이다. 이를 '평화와 축복의 문명'으로 바꾸지 않으면 인류는 멸망할 것이다.

인간은 성인을 희생으로 사는 존재

세계는 '정신의 전쟁'으로 가득 차 있다. 이를 '정신의 평화'로 바꾸지 않으면 인류의 앞에는 공멸이 있을 뿐이다. 이제 성인은 평화를 달성하는 스승이 아니라 단지 인류의 공멸을 지연시키는 지혜자일 뿐이다. 인간 종의 역사는 그동안 성인들의 출현을 통해 종을 영속시켜왔다고 해도 과언이 아니다.

자연은 실체가 없는 무시무종

인도유럽어문명권은 사물(실체)을 잡기(집착하기) 위한 '소유의 문명체계' '소유의 언어체계'였고, 그것은 '정신병'을 낳았고, 그것을 스스로 치유하기 위해 불교와 기독교가 생겨났다. 한자문명권은 자연의 변화에 적응하기 위한 '존재의 문명체계' '존재의 언어체계'였고, 그것은 평화를 낳았고, 그것을 달성한 것이 도교와 유교였다. 인도유럽어문명권은 과학을 낳았고, 한자문명권은 자연을 숭상했다. 과학은 자연의 사후적(事後的) 일이었을 뿐이다. 과학에 의해 선후(先後因果)가 생기고, 실체가 생겼다. 그래서 과학은 유시유종(有始有終)의 종교이다. 그러나 자연은 사전과 사후가 없다. 자연에는 시간과 공간이 없이 변화무쌍만 있다. 자연은 실체가 없는 무시무종(無始無終)이다.

귀신이 신이 되고, 신이 정신이 되다

귀신(鬼神)이 신(神)이 되고, 신(神)이 정신(精神)이 되고, 다시 정신이 귀신이 된 것이 현대문명이다. 지식이나 정보라는 것이 바로 현대판 귀신이다. 그런데도 현대인은 자신이 귀신을 섬기는 줄 모르고 귀신을 욕하고 있다. 서양이 주도하는 현대문명은 '실체라는 유령'과 '유령이라는 실체'를 오가는 정신병의 문명이다. 죽음을 두려워하는 현대인의 실존이야말로 귀신사회임을 증명하는 현상이다.

누가 더 현명한가

옛사람들은 귀신을 신으로 사용했는데 오늘날 사람들은 신을 귀신으로 사용하고 있다. 누가 더 현명한 것인가.

살아 있는 신, 죽은 신

농업사회의 신은 '살아 있는 신'이었다면, 산업사회의 신은 '죽은 신'이다. 농업은 생명을 다스리기 때문이고, 산업은 물질을 다스리기 때문이다. 인간은 자신이 다스리는 것에 자신도 모르게 오염된다.

자연은 소리의 퍼포먼스

한글문명권의 사명은 존재가 소리라는 것을 인류에게 가르쳐주고 일깨우는 데에 있다. 한글은 자연의 소리를 일깨우는 말글(음성언어)이다. 자연은 소리의 퍼포먼스이다.

동양의 일, 서양의 일

동양의 일(一 : 태극음양)과 서양의 일(一 : 절대유일하나님)은
다르다. 동양의 일은 생성적인 일로서 "도는 일을 낳고(道一
生), 일은 이를 낳고, 이는 삼을 낳고, 삼은 만물을 낳는다"
의 낳는(生, 생성生成)에서 잘 나타나 있다. 서양의 일은 "태초
에 하나님이 천지를 창조하셨다"에 잘 나타나 있다. '낳다'와
'창조'의 차이는 전자는 저절로 생성되는 것이라면 후자는
인위적으로 만드는, 제조하는 것이다. 후자를 두고 특히 '제
조적 신관'이라고 한다. '낳다'가 여성적 이미지를 갖는 것이
라면 '창조'는 남성적 이미지를 갖는다. 그래서 서양에 철학
(哲學)이 있다면 동양에는 도학(道學)이 있다. 서양의 철학이
애지(愛知)와 인위(人爲)·유위(有爲)의 학이라면, 도학은 자연
에 대한 순응(順應)과 무위(無爲)의 학이다.

위대한 어머니는 귀를 쫑긋 세운다

위대한 어머니는 소리를 듣는다. 소리는 존재의 울림이고, 몸 전체의 요청이고, 그 소리는 하늘에 올라 끝내 하늘의 명령인 천명으로 변한다.

남성성과 여성성의 갈등

인간의 갈등은 인간의 좌뇌와 우뇌의 갈등이고, 뇌와 몸의 갈등이고, 남성(남성성)과 여성(여성성)의 갈등이고, 오프라인과 온라인의 갈등이다.

사회주의와 포퓰리즘

초기 자유자본주의의 모순으로 발생한 것이 유물론과 공산사회주의이고, 후기 자본주의와 민주주의의 모순으로 발생한 것이 포퓰리즘이다.

무상정등각, 왕중왕

기독교와 불교의 소통과 융합은 생각보다 어렵지 않다. 그 이유는 불교와 기독교가 둘 다 인도유럽어문화권에서 발생한 종교이기 때문이다. 말하자면 기독교의 '실체'는 불교의 '실체 없음'으로 대체하면 만사에 통하기 때문이다. 예컨대 부처의 무상정등각(無上正等覺)은 예수에 의해 왕중왕(王中王, King of kings)으로 번역되었다.

산술적 평등과 내재적 평등

불교의 만물평등은 산술적 평등이 아니라 내재적 평등이다. 내재적 평등은 밖에서 주어지는 현상학적 평등이 아니라 안에서 주어지는 존재론적 평등이다.

자유와 평등과 박애의 한계

자유는 자연의 첫아들이고, 평등은 문명의 막내딸이다. 사랑은 만물의 운동이다. 인간이 만든 서구문명의 세 이상적 개념은 상호모순관계에 있다. 자연에서 보면 이들은 모두 정신의 질병이다. 소유하지 않는 자만이 문명의 질병에서 구원될 수 있다.

선물을 주는 자연

진정한 자유와 진정한 평등과 진정한 사랑은 죽음에 임해서도 결코 소유하지 않을 수 있는 풍요함에 있다. 자연만이 여기에 속한다. 한없이 선물을 주는 자는 자연뿐이다.

일반성의 철학시대를 예축(豫祝)하며

필자의 일반성의 철학은 특수성과 보편성을 넘은, 개별성의 무화(無化)로서의 변화(變化)를 말하는 문화(文化)의 한 특이점이다. 문화도 화생만물(化生萬物)하는 대자연의 언어적 표현에 지나지 않는다.

존재의 종말은 악의 종말

선(善)이라는 것은 본래 있는 것 '본래존재'에 대한 이름붙임이고, 이런 명명은 존재를 대상으로 하는 초월적 행위이다. 이런 존재의 대상화에서 악(惡)도 발생하는 것이다. 그런 점에서 선과 악은 동시에 발생하는 것이다. 대상을 악으로 규정하거나 악을 대상화하는 것은 존재의 모든 현상에서 가장 창조-종말적인 행위이다. 존재의 종말은 악의 종말이기도 하다.

지도와 기계, 음식과 사랑

남자는 이(理)이고, 여자는 기(氣)이다. 남자의 필수품은 지도와 기계이고, 여자의 필수품은 음식과 사랑이다. 여자의 주인공은 종교와 예술이고, 남자의 주인공은 철학과 과학이다. 여자는 자연과 내통해 있다. 존재인 여자는 자신이야말로 신인 줄도 모르고 존재자인 남자의 신을 섬긴다.

대뇌(大腦)와 위족(僞足)

인간의 대뇌(大腦)는 아메바의 위족(僞足)과 같은 것이다. 대뇌는 삶을 위해 도구를 찾을 수밖에 없는 신체(피부)의 연장이다.

'있다' '잇다' '이다'

한국어에서 '있다'와 '이다'는 이중적 관계에 있다. '있다'는 '존재하고 있다'의 존재의 의미, 상태의 의미가 있다. 이에 비해 '이다'는 사물 사이를 이어주는 '잇다'의 연결의 의미가 있고, 동시에 무엇과 무엇이 같다는 '등식(等式)의 의미'가 있다. 그런데 '있다'와 '잇다'와 '이다'는 불확실성과 확실성의 이중적 의미를 주고받고 있다.

씨앗과 의미

여성은 남자의 씨앗(seed, semen)만 받는 것이 아니라 의미적인(semantic) 것까지도 받아먹는다.

기계와 포르노의 이중성

현대는 '기계와 포르노의 시대'라고 압축해서 말할 수 있다. 기계와 포르노는 같은 것이면서도 다르다. 포르노에는 사람의 성을 기계처럼 다루는 측면이 있는가 하면, 동시에 기계와는 다른 사람의 살갗을 그리워하는 측면이 동시에 있다. 현대의 기계적 환경에 시달리는 남자(인간)는 자연(여성)의 살갗을 통해서 존재의 근본인 신체(자연)와 접촉하기를 갈망하고 있다. 이는 욕망의 변태이다. 그러한 점에서 현대는 변태의 시대라고 말할 수 있다.

여성의 존재론

현재 세계에서 존재론적인 것은 여성이 아이를 낳는 것밖에 없다.

미래 원시인의 꿈

원시인들은 실은 자연스러움의 발로를 통해 존재론적인 삶을 살았다. 현대인만 그것에서 가장 멀어진 기계적인 환경 속에 살고 있다. 인류는 다시 원시반본의 꿈을 꿔야 한다.

신체적 온라인과
기계적 온라인의 차이

우뇌-여성-오프라인(신체)은 우주생멸적 온라인이고, 좌뇌-남성-온라인(기계)은 전자기기적 온라인이다. 그런 점에서 우리가 요즘 말하는 온라인이야말로 우주적으로 오프라인이다. 다시 말하면 우주적 온라인은 생멸이고, 전자기기적 온라인은 기계이다. 따라서 전자기기적 온라인이야말로 우주적 오프라인이다. 자연은 인간을 낳고, 인간은 기계를 만들었다. 인간의 알고리즘은 기계이다.

천지시대의 충(忠)과
지천시대의 효정(孝情)

가부장시대-천지(天地)시대에는 천리(天理)를 중심으로 살았지만 모성중심시대-지천(地天)에는 지정(地情)을 중심으로 살아야 한다. 천지시대에는 충(忠)을 중심으로 살았지만, 지천시대에는 효(孝)를 중심으로 살아야 한다. 기계의 정은 결국 기계의 명령에 불과하다. 효는 가정적 존재인 인간의 정(情)의 구체화이다. 정이 없으면 효도 있을 수 없고, 효정(孝情)은 따라서 심정의 제도화이다. 생명을 정이 자발적으로 나오는 것이라고 말한다면 효정은 생명의 근본이다.

추천사

김형효(전 한국정신문화연구원 부원장)

박정진 선생은 이미 여러 권의 철학인류학 혹은 철학서적을 저술하였던 관계로 여러 차례 추천사를 쓴 적이 있다. 이번에는 최근에 쓴 경구 500여 편을 책으로 묶는다고 한다. 박 선생은 지난 25년간 번호를 매겨서 이미 3만 3,333번의 경구를 순차적으로 쓴 바 있는데 200자 원고지로 거의 3만 장에 가까운 분량이라고 한다. 실로 놀라운 성실의 집대성이고, 한국인으로서의 의식발전의 중요한 흔적이다. 아마도 한국의 자생철학을 위해서는 보물 같은 '형이상학적 일기'라고 할 만하다.

이 같은 업적을 집약적으로 회고한 555번의 경구를 정리한 『위대한 어머니는 이렇게 말했다』는 철학계에 신선한 충격을 줄 것으로 생각된다. 참으로 한국철학사에서 초유의 일이다. 평가는 후일에 맡기겠지만, 우선 그 양에 있어서도 놀라운 사건이다. 박 선생의 경구는 촌철살인할 만한 것들로 채워져 있지만 그중에서 서양철학사 전체를 요약하여 '사물(Thing)-시·공간(Time·Space)-텍스트(Text)-기술(Technology)' 등 네 단어, 4T로 요약하는 모습은 감탄을 금할 수 없다. 서양철학의 밖에서 서양철학을 본 쾌거라고 하지 않을 수 없다.

또 하나를 더 소개하면 "존재는 진리가 아니다"라는 구절이다. 지금까지 동서양의 철학은 진리를 찾아 수많은 여정을 감행하였다고 할 수 있다. 그런데 존재가 진리가 아니라니! 우리는 하이데거의 존재론적 진리조차 '존재적 진리'라고 번역해왔다. 그런데 그것을 단숨에 꺾어버렸으니, 실로 하이데거의 존재론을 더욱더 불교에 가깝게 다가서게 하는 명구라고 생각된다.

박 선생은 내가 벨기에에서 유학하고 돌아와서 처음 쓴 '『평화를 위한 철학』의 전통을 계승하여 지난해에 『평화는 동방으로부터』와 『평화의 여정으로 본 한국문화』 두 책을 펴냈다. 철학의 사자상승(師資相承)에 감사하게 생각하며, 철학자로서의 행운을 빌어본다.

아무쪼록 이 책이 세상에 나가서 한국의 철학하는 풍토, 사유하는 풍토를 진작시키는 데에 기여했으면 하는 것이 나의 소박한 바람이다.

2017년 5월 15일 스승의 날에

심원(心遠) 김형효(金炯孝)

저자 후기

    지혜와 지성은 지식의 양이 아니다. 지혜를 말로서 전달하기는 힘들다. 이 책을 통해 미래의 지혜에 도달할 몇 사람이라도 있다면 이보다 더한 보람은 없을 것이다. 이 책을 통해 한국인이 주체적이 되고, 세계인이 되고, 나아가 태양계의 지구인을 넘어서게 된다면 이보다 더한 보람은 없을 것이다.

    샘솟는 지혜의 무궁한 에너지를 끌어올리고 집약하여 다시 새로운 말로써 기록한 이 책을 통해 한국인이 고금소통, 동서남북의 소통의 경지에 이른다면 이보다 더한 보람은 없을 것이다. 이 책은 또한 인간이 쓴 가장 방대한 아포리즘의 인터넷망(internet web), 말의 매트릭스(matrix), 워드와이드웹(wordwideweb)이다.

이 아포리즘, 명상은 또한 자신(自身), 자신(自信), 자신(自新), 자신(自神)의 깨달음을 얻은 과정이고 집약이다. 따라서 이 책은 사람으로 하여금 스스로 신이 되게 하는 책이다. 신이 된 사람은 검소하고 겸손하고 자유롭고 창의적일 것이다. 이것이 시(詩)의 정신이고, 예(禮)의 정신이고, 역사(歷史)의 정신이고, 신(神)의 정신이다.

신이 창조한 것이 아니라 창조하는 것이 신이다. 이 말들은 무위의 말놀이이고, 목적 없는 말놀이이다. 무위의, 무목적의 것이니 시대를 너머 있는 것이다. 인류역사의 중심이 다시 한국(동방의 해 뜨는 나라)에 온 것은 지극이 자연스런 현상으로, 그 자연현상의 지혜로 이 책이 나온 것이다.

이 책은 한국의 것도 아니고, 지구의 것도 아니다. 무시무종(無始無終)한 우주, 무시무공(無時無空)한 우주, 무대무소(無大無小)한 우주, 동정역동(動靜逆動)하는 우주, 이기신학(理氣神學)하는 우주의 것이다. 태극은 음양이고, 음양은 태극이다. 하나님에게는 남성성과 여성성이 동시에 있으며, 하나님 아버지(남성성의 하나님)와 하나님 어머니(여성성의 하나님)가 동시에 있다.

이 책은 지난 25년간(1992년부터 2017년) 나 자신과 세계를 바라본 내성(內省)의 기록이자 관음(觀音)의 기록이다. 이 기록은 우주의 소리와 그것의 의미에 대한 기록이다. 이 기록은 독백이자 대화이다. 기(氣)를 가지고, 기(記)를 이기고, 기(機)를 제압함으로써 인류를 구원하고자 한 독백대화이다.

'무(無)철학'의 민족인 한민족이 권력을 경쟁하는 인간의 역사에서 실종되지 않고 살아남은 것은 신(神)의 뜻, 천지신명(天地神明)의 뜻이라고 할 수 있다. 나는 그 천지신명의 뜻에 따라 이 아포리즘을 세상에 내놓는다.

서양철학은 21세기를 맞아 니체와 마르크스를 극복하는 시대적 과제를 안고 있다. 그러나 누구도 이를 완수한 사람은 없다. 그 이유는 서양철학 안에서 서양철학을 극복하는 것은 한계에 부딪혔기 때문이다. 그래서 '철학의 종언'을 말하기도 한다. 개인적 자유와 집단적 평등이라는 것은 '주체-대상(목적)'이라는 현상학적 한계에서 길을 잃고 말았다. 따라서 동서고금의 울타리를 넘나드는 '경계적(境界的) 인물'을 요구하고 있다. 세계는 더 이상 칸막이 지어진 범주적(範疇的) 세계가 아니다. 세계는 천지인-음양의 역동적(易動的) 세계이다.

이 아포리즘은 내가 1992년 바르셀로나 올림픽 때 문화시찰단으로 현지에 들렀다가 교통사고를 당한 뒤 천지신명의 도움으로 간신히 목숨을 건진 후 그 살아 있음의 환희에 감사하는 마음과 보답으로 쓴 인간의 명상대기록이다. 지구촌 인류에게 주는 말의 선물이다. 우리는 왜 『성경』을 복음(福音)이라고 하는가. 관음과 복음은 소리의 우주에 대한 불교와 기독교, 각자의 깨달음의 표현이다. 나의 소리철학은 오늘날의 복음이고 관음이다.

원고지 3만 장에 해당하는 이 명상은 여인네들이 한 땀 한 땀 바느질을 하듯, 한 올 한 올 뜨개질을 하듯 기록한 것이다. 앞으로도 계속 명상록을 쓰고 싶지만 그것의 실현 여부는 모두 천지신명의 몫이다. 이 책의 경구명상은 정확하게 경구 3만 3,333번을 쓴 후 다시 가장 최근에 심심한 마음으로 쓴 555편의 명상이다. 경구 3만을 책으로 내기 전에 경구 500을 먼저 세상에 내보낸다.

끝으로 이 책은 내가 1998년에 펴낸 『단군은 이렇게 말했다』(화담)의 속편 격에 해당하는 것이다. 김영삼 문민정부는 당파적·사대적 민주주의 끝에 IMF사태(경제신탁통치)를 맞았다. 당시 필자는 한국의 젊은이들이 주체적인 철학을 가짐으로써 난국을 극복하고 자신감을 갖도록 하기 위해 니체의 『차라투스트라는 이렇게 말했다』를 패러디해서 『단군은…』을 낸 기억이 있다.

지난해부터 올해까지 최근 한국은 다시 '박근혜 대통령 탄

핵 승인'이라는 정치·문화적 대혼란에 빠졌다. 통일을 이루지 못하고 민족적 분열에 휩싸인 '노예민족의 악순환' '귀신이 귀신을 욕하는 희극 혹은 비극'을 참다 못해 20년 만에 휴전선이 코앞인 새하(塞下)에서 다시 아포리즘을 내놓는 셈이다. 저주는 저주를 부를 뿐이다.

이 원고의 첫 독자가 되어 부족함을 보완해주고 격려해준 시인 이달희 형과 진형준 교수(홍익대)의 폭넓은 이해와 성원, 그리고 한 마음이 되어 교정과 토론을 해준 조형국 박사(하이데거학회 국제협력이사)에게도 심심한 감사를 드린다. 이 책의 출판을 선뜻 맡아주신 살림출판사 심만수 사장에게도 감사드린다.

2017년 4월 19일 파주(坡州) 통일동산 자락 우거(寓居)에서

심중(心中) 박정진(朴正鎭)

저자 약력

1950년 대구에서 태어나 대구고등학교를 졸업하고 한양대 의예과를 수료한 뒤 국문과로 옮겨 졸업했다. 영남대학교 대학원 문화인류학과에서 석사와 박사과정을 마쳤다. 대학 졸업 후 경향신문사에 입사, 주로 문화부 기자로 활동하다가 자리를 옮겨 세계일보 문화부장, 논설위원을 지내는 등 40여 년간 언론계에 몸을 담았다. 지금은 세계일보 평화연구소장으로 있다.

1992년 시 전문지 월간 「현대시」를 통해 시인으로 등단했다. 〈현대시〉회제2대 회장을 지냈고, 서울문예상을 받았다. 서울시 강남구 대모산에 자작시 「대모산」이 시탑으로 세워졌고(2002년 5월 13일), 울릉도 독도박물관 경내에 자작시 「독도」가 비로 세워졌다(2008년 9월 9일).

나는 아버지의 뜻에 따라 의사가 되려다가 결국 내 뜻에 따라 시인이 되었다. 내가 얼마나 미친놈이었는가는 한참을 살고 뒤늦게 알았다. 아마도 나는 인간사회의 병을 일찍이 감지했고, 그것을 고치고자 시인이 되려고 하였던 것 같다. 그러다가 언론인이 되었고, 인류학자가 되었고, 세계에서 처음으로 '예술인류학'이라는 장르를 만들었고, 이제 '철학인류학'이라는 장르를 만들었다. 예술이 인류의 구원이 될 것을 꿈꾸었고, 삶 자체가 예술이라는 것을 알았다. 가만히 생각해보면 나에게는 시와 철학이 함께 동거하고 있다. 말하자면 지금은 낯선, 일찍이 아시아의 황금시대에 존재했던 시철(詩哲)인 셈이다. 백여 권의 책을 썼고, 천여 편의 시를 읊었다. 참으로 숨 가쁘게 살아온 인생여정이었던 것 같다.

위대한 어머니는 이렇게 말했다

-소리철학자 박정진의 철학노트

펴낸날	초판 1쇄　2017년　8월　25일
	초판 2쇄　2017년 12월 22일

지은이	박정진
펴낸이	심만수
펴낸곳	(주)살림출판사
출판등록	1989년 11월 1일 제9-210호

주소	경기도 파주시 광인사길 30
전화	031-955-1350　팩스　031-624-1356
홈페이지	http://www.sallimbooks.com
이메일	book@sallimbooks.com

ISBN	978-89-522-3781-1　03100

이 도서의 국립중앙도서관 출판예정도서목록(CIP)은 서지정보유통지원시스템 홈페이지
(http://seoji.nl.go.kr)와 국가자료종합목록시스템(http://www.nl.go.kr/kolisnet)에서
이용하실 수 있습니다.(CIP제어번호: CIP2017019841)